U0892656

面向21世纪课程教材
Textbook Series for 21st Century

环境与自然资源经济学概论

HUANJING YU ZIRANZIYUAN JINGJIXUE GAILUN

（第三版）

马　中　主编

高等教育出版社·北京

内容简介

本书是在第二版基础上,根据多年的教学和科研实践,为更好地满足环境与自然资源经济学教学的需要,编写修订而成的。

本书介绍了环境与自然资源经济学的产生与发展、基本理论、分析和评价方法,环境经济政策的基本原理、类型及其在实际中的应用。

本书可作为普通高等学校环境类专业的本科教科书,也可供经济管理类专业师生选用及环境保护部门、科研机构的人员参阅。

图书在版编目(CIP)数据

环境与自然资源经济学概论/马中主编. --3 版. --北京:高等教育出版社, 2019.4

ISBN 978-7-04-051338-7

Ⅰ.①环… Ⅱ.①马… Ⅲ.①环境经济学-高等学校-教材②自然资源-资源经济学-高等学校-教材 Ⅳ.①X196②F062.1

中国版本图书馆 CIP 数据核字(2019)第 025361 号

策划编辑 陈 文　责任编辑 张梅杰　封面设计 张 楠　版式设计 马敬茹
插图绘制 于 博　责任校对 马鑫蕊　责任印制 赵义民

出版发行	高等教育出版社	网　址	http://www.hep.edu.cn
社　址	北京市西城区德外大街 4 号		http://www.hep.com.cn
邮政编码	100120	网上订购	http://www.hepmall.com.cn
印　刷	北京中科印刷有限公司		http://www.hepmall.com
开　本	850mm×1168mm 1/16		http://www.hepmall.cn
印　张	15.5	版　次	1999 年 6 月第 1 版
字　数	380 千字		2019 年 4 月第 3 版
购书热线	010-58581118	印　次	2019 年 4 月第 1 次印刷
咨询电话	400-810-0598	定　价	36.00 元

本书如有缺页、倒页、脱页等质量问题,请到所购图书销售部门联系调换

物 料 号　51338-00

前　言

本书是在1999年出版的《环境与资源经济学》(教育部"面向21世纪课程教材")和2006年出版的《环境与自然资源经济学》(第二版)(普通高等教育"十五"国家级规划教材)基础上,根据多年来的教学实践,综合全国高校本课程教师反馈的意见,吸收环境与自然资源经济学的研究成果,编写修订而成的。

本书可作为普通高等学校环境类专业的本科教科书,也可作为环境类研究生专业的研究生教学参考书,还可供经济管理类专业学生选用及生态环境部门、科研机构的人员参阅。

本书由马中主编,参加编写人员有马中、吴健、石磊、马本、蓝虹、张世秋、李慧明、杨利、邱劲、崔平、王灿,马中负责全书的统稿。谭雪、买亚宗、杨喆、林思宇、谭骁喆、徐湘博、文扬、张梅、周楷、蒋姝睿、陈迪、杨晓明、蔡治华、文峰参与了本书的编写工作。毛显强教授对本书做了审阅,高等教育出版社的张梅杰编辑为本书的编辑和出版付出了辛勤劳动,在此表示衷心感谢。

真诚希望读者对本书提出宝贵意见。

马　中

2018年12月11日

第二版前言

《环境与资源经济学概论》第一版出版于1999年,是教育部“面向21世纪课程教材”。该书出版后,被全国各高等学校环境类专业广泛选用。

本书是第二版,更名为《环境与自然资源经济学概论》,是普通高等教育“十五”国家级规划教材。本书根据几年来在教学中的使用情况,综合全国各高校使用该教材教师反馈的意见,并吸收近年来环境与自然资源经济学研究的最新进展,修改充实而成。第二版增加了环境和自然资源稀缺性、环境资源优化配置、环境产权理论、环境财政等内容;在全书的体例上,分为导论篇、理论篇、方法篇和政策篇。内容更加丰富,体例更为完善。本教材突出的特点是综合运用现代经济学理论,与环境科学知识紧密结合,使读者学习后能够运用经济学工具对环境与自然资源问题进行理论和实证的分析,并为环境与可持续发展政策的制定提供分析基础和参考依据。

本教材可供普通高等学校环境类专业本科生学习,也可作为环境类专业研究生的教学参考书。考虑到不同环境类专业对环境与自然资源经济学知识的需要,作者建议在教学内容安排上可以有所取舍。

本书是集体努力的成果。参加编写的人员有:马中(第一、五章部分内容和第三、八、十二章),蓝虹(第一、五章的部分内容和第四、六、十五章),杨利(第二章),邱劲(第七章),吴健(第八、九、十三、十四章部分内容),张世秋(第九章部分内容和第十章),崔平(第十一章),李慧明(第十三章和第十四章部分内容),王灿(第十四章部分内容)。马中负责全书的统稿。

杨小明、蔡治华、文峰参与了本书的编写工作。本书在编写过程中,参考了国内外专家、学者的相关研究成果。在此表示衷心感谢。

真诚希望读者对本书的不足之处提出修改意见。

马　中

2006年2月12日

第一版前言

本书是“面向21世纪课程教材”,可供普通高等学校环境类专业本科生学习,也可作为环境类专业研究生的教学参考书。考虑到不同环境类专业对环境与资源经济学知识的需要,作者建议在教学内容安排上可以有所取舍。

本书是集体努力的结晶。参加编写的人员有马中(第一、三、四、六、十章)、张世秋(第七章和第八章)、李慧明(第十一章和第十二章部分内容),杨利(第二章)、邱劲(第五章)、崔平(第九章)及王灿(第十二章部分内容)。马中负责全书的统稿。

我的导师张象枢教授为本书的审稿人,为本书总体结构的形成及内容选取提出了宝贵的意见,而且解决了许多具体问题。对于我来说,同张老师讨论问题,永远是一个学习过程。

高等教育出版社的张月娥、陈文两位编辑为本书的编写和出版做出了重要贡献。

作为教育部高等教育“面向21世纪课程教材”,本书的写作得到了“面向21世纪教学内容和课程体系改革项目”的支持。

真诚希望读者对本书的内容提出意见。

马　中

1999年3月19日

目　录

第一章 导论

稀缺资源的有效配置是经济学研究的主题。当今环境污染和资源枯竭影响到人类的生存和发展，这使我们认识到环境质量和自然资源也是稀缺资源。环境保护和自然资源可持续利用是人类社会发展的基础。

第一节 复活节岛的兴衰

复活节岛，也称“拉帕努伊”，意为“石像的故乡”，是南太平洋一个偏僻荒凉的小岛，位于南纬27°和西经109°交会点附近，面积163.6 km^2。它是地球上有人居住的最偏僻、最遥远、最孤独的海岛，距最近的大陆——南美洲西海岸约3 000 km，距最近的有人居住的岛屿——皮特凯恩群岛也有2 075 km之遥。复活节岛文明的兴衰史，昭示着人类不要沉迷于眼前的繁荣，而应关注自己的未来。

1722年的复活节，荷兰探险家洛加文（Jacob Rogeveen）发现了这个位于南太平洋的小岛，复活节岛也因此而得名。当时复活节岛处于野蛮落后的原始社会，岛上大约有3 000人，都生活在破烂的芦苇棚或山洞中。为了生存，岛民之间整日械斗不断，因为食物极度匮乏，人们甚至同类相食。但是，复活节岛上沿海岸分布有300多处石头平台和887尊神秘的巨人石像，这些石像平均高3.9 m，重14 t，岛民们将这些石像称为“摩艾”，复活节岛因此闻名世界。后来不断有来自欧洲的探险者登上复活节岛，包括著名的英国探险家库克（James Cook）船长（1774年）。所有的来访者无不为岛上的文明遗迹与落后野蛮的社会现实之间的巨大反差感到困惑。

专栏1-1 复活节岛之谜

关于复活节岛887尊神秘的巨人雕像，人们有各种各样的猜测。20世纪初，当考古学家开始研究复活节岛的文化和历史时，他们一致认为，以当时岛上的雕刻和运输等技术条件，这些雕像不可能是18世纪贫穷落后的岛上居民制作的，复活节岛显然有过一段文明和发达的历史。但是谁是这个文明的创造者，却成了一个谜。有人认为这是“外星人”的杰作，也有人认为复活节岛是一片沉没大陆的最后遗存。

1950年，挪威考古学家海耶达尔（Thor Heyerdahl）出版了《阿库-阿库》一书。他认为复活节岛居民的祖先来自南美洲，从那里带来了雄伟的雕刻和建筑艺术（类似于印加文化）。岛上的“摩艾”石像都是以一些重要酋长的面貌为原型创造出来的，在当地人的生活中有神圣的宗教意味，是他们与神灵沟通的一种方式。他对于复活节岛文明衰落的解释是，从西方去的移民与土著居民发生了冲突,他们之间的战争毁灭了岛上的文明社会。虽然这一推测不似其他设想那么危言耸听,但是也未被其他考古学家普遍接受。

考古发现证明,复活节岛上曾经有过辉煌的文明。岛上的居民属于波利尼西亚人,他们在公元5世纪到达复活节岛,当时已是全球大迁徙的晚期。最早的波利尼西亚人来自东南亚,公元前1 000年到达汤加岛和萨摩亚岛,公元后约300年东迁到马克萨斯岛,然后分两路进一步迁徙。东南一路到达复活节岛,北路抵达夏威夷。

波利尼西亚人登陆复活节岛时,岛上土地肥沃,覆盖着乔木、灌木、蕨类植物组成的茂密亚热带阔叶林,是一个自然生态的天堂。波利尼西亚人把香蕉、芋头、甘薯、甘蔗等植物,以及鸡、猪、狗等动物带到了岛上。1722年加洛文在他的航行日志上写道:“岛上果实累累,出产有香蕉、马铃薯、长得特别粗壮的甘蔗,还有与地球上其他地方一样的各种各样的果子……这个岛上有着肥沃的土壤和良好的气候条件,如果能很好地开发栽培,它将成为一个世外桃源、人间天堂。”

据估计,公元5世纪时复活节岛的居民为20~30人。在西方人发现此岛前的一两个世纪人口达到了顶峰,8 000~20 000人。公元800年左右,随着人口数量的不断增加,为了给粮食作物开辟农田,为了建造船只出海捕鱼,为了建造和运输石像,人们开始大规模砍伐森林,这直接导致了复活节岛文明的衰亡。

当时的居民们散居在农舍中,并在农舍周围播种庄稼;社会活动则集中在祭祀中心,即被称为阿库(Aku)的大石头平台。人们在这里举行葬礼、祭祀和纪念亡故的族长。由于农业生产很容易完成,因此人们有充裕的时间进行宗教活动。岛民们精心组织宗教仪式,沿着海岸线在全岛建造了300多处宏伟的阿库,每处阿库都有一至数尊石像。这些石像成为复活节岛文明一度兴盛的见证。

制作石像是一项巨大的工程。石像在采石场制作,再运输到全岛各处的阿库上。因为缺乏运输设备,岛民就砍伐森林,用圆木滚动雕像。1550年,复活节岛人口达到7 000人,部族之间的争斗开始加剧。人们竞相建立阿库,以树立本族的权威。到16世纪,岛上共建了几百个阿库,竖立了800多尊雕像。就在此时,由于岛上森林被砍伐殆尽,运输雕像的工作不得不停了下来。几百尊未被完成的雕像遗落在采石场周围。

森林消失对岛民的生活和生产产生了严重影响。从16世纪初开始,树木匮乏迫使许多人不得不去住石洞。1个世纪以后,人们已经找不到适用的木材制船,渔业生产也难以为继。森林砍伐还使得水土流失日趋严重,农业收成锐减,粮食供应出现危机。

更为严重的是,没有了船,岛民甚至无法逃避环境厄运。社会和文化危机也接踵而至。不能继续竖立雕像,使人们产生了信仰危机。为了争得有限的资源,部族之间开始了无休止的战争。战争的主要目标是破坏对方的阿库,石雕像在战争中被推倒。到1830年,岛上已经没有站立的雕像了。

18世纪登上复活节岛的欧洲人看到,除了火山口的底部外,岛上的森林已经荡然无存。1877年,秘鲁人宣布岛上的全体居民成为他们的奴隶,但是此时岛上只剩下111个土著居民。最后复活节岛被智利接管,成为一个由英国公司管理的有40 000只羊的牧场,岛上最后剩下的几个人生活在一个小村庄里。

复活节岛的岛民一度建立了繁荣的物质文明,但是当社会和经济的发展超越了环境资源的承载力时，文明就走向衰败，这段兴衰史让人们更清醒地去思考人类与自然的关系。复活节岛的岛民没认识到，他们生活在一个几乎与世隔绝的岛上，他们的生死存亡与小岛上有限资源的可持续性息息相关。如果他们不能协调环境与发展的关系，只能看着资源一点点被消耗殆尽，自己一步步走向死亡。复活节岛的历史昭示后人，人类社会与自然环境之间存在唇齿相依的关系。人类对自然环境不可逆转的开发利用，虽然在短期可以建立一个十分繁华的社会，但是如果毫无节制地利用，乃至到破坏的程度，其后果是不堪设想的。灾难最终还是要降临到人类头上。

地球就像是一个大复活节岛，千百万年来，人类为了获取更多的食物，开发更多的资源，创造了一个高度繁华的社会。但是，地球上的资源是有限的，一旦资源消耗殆尽，厄运将降临，人类也将无路可逃。今天的生活方式会不会引起资源的衰竭，会不会对生命支持系统造成不可逆转的损害？地球的公民会不会重蹈复活节岛的覆辙？这是每一位现代人应当认真思考的问题。

第二节　重新认识经济学的基本概念

学习环境与自然资源经济学，可以从重新思考一些基本经济学概念开始。这些概念在人们的头脑中已经根深蒂固，以至于我们常常不问其所以然，就在学习、生活和工作中习以为常地应用了。

一、生产

在经济学意义上的生产，是将物质投入转化为产出的活动，或是将生产要素组合制成产品的活动。实际上，经济系统的投入（如水、煤炭、矿石）只是携带某种功能的物质载体，经过加工和转化过程，这些物质投入一部分转换成为有效用的产品，另一部分变成废弃物，排放进入环境。当生产者“生产”产品时，他们关注的是产品在加工制造过程中形成的效用。因此，生产实际上是某种效用、功能和服务的形成过程，而不是生产新的物质。经过生产，产品的物质实体仍然存在，或者被利用，或者被排入自然环境中。根据物质平衡理论，在一个足够长的时期内，进入生产系统的物质投入的质量必然大致等于产品的质量（已被消费的和未被消费的）加上生产和消费过程中产生的废弃物的质量。

二、消费

经济学意义上的消费，是指使用商品和服务以满足当前需求的活动。当消费者使用（消费）商品时，他们关心的是商品这一物质实体所具有的效用，即消费商品时获得的满足程度。很少有人关心制造商品的物质从何而来，经过消费之后又到何处去。可是，如果把自然系统和经济系统作为一个整体来考察，就会发现消费的另外一层含义：在经济系统中用于制造消费品的物质材料全部来自自然界，经过加工后，一部分物质转换成为商品，一部分作为废弃物排入环境。经过一定时间之后，商品也会成为废弃物，排入自然环境。因此，我们所说的消费，只是商品效用的消费，商品的物质实体依然存在，并没有被“消费”掉。

三、稀缺

稀缺是指在一定时间内可供使用的资源是有限的,或相对于人们无限多样的需求来说,可用的资源是不足的。在经济学里,稀缺被用来描述资源的有限可获得性,人的欲望是无限的,但资源是有限的,相对于无限的欲望,有限的资源就是稀缺。西方经济学认为,资源稀缺是经济学产生的前提,由于资源稀缺才产生如何合理配置利用资源,以满足人们需要的问题。经济学自产生之日起,就一直把有效率地利用稀缺资源视为己任。但是必须看到,稀缺是一个相对的概念。对于稀缺资源,不同的社会发展阶段有着十分不同的认识。在地理大发现的时代,经济学家们认为拥有丰富的自然资源是一个国家实力和财富的象征,即资源禀赋直接影响国家的经济增长。工业革命以后,一些本来十分丰裕的自然资源(例如,土地、森林)和一些新发现的自然资源(例如,矿石、石油),由于社会需求的迅速增长,而变得日益稀缺。随之出现了土地经济学、矿产经济学等新的经济学分支。但是今天,我们发现即使是清洁的空气和水体等这些传统的自由取用物品,也在变成稀缺资源。

面对这些新问题,传统的经济学理论已经无法做出令人满意的解释。长期以来,环境资源被认为是取之不尽、用之不竭的公共物品,因此传统经济学的一个重要假设是:环境和自然资源是外生的、可以无限供给、不存在稀缺性的充裕资源。然而,随着社会经济的发展,环境和自然资源的稀缺性开始显现,稀缺程度也迅速提高。实践表明,这一传统经济学假设与当今的社会经济现实已经不相符合。环境与资源经济学理论就是基于环境和自然资源的稀缺性而构建的。环境和自然资源的稀缺性,以及由此而产生的环境和自然资源的最优配置和合理利用问题,就是环境与资源经济学理论和实证研究的出发点和基石。

四、市场

市场是买卖双方相互作用并得以决定商品交易价格和交易数量的一种组织形式或制度安排。任何一种可交易的物品都有一个市场。所有可交易的物品分为生产要素和商品两类,相应地,所有的市场也可以分为生产要素市场和商品市场两类。根据不同的市场结构特征,可以将市场划分为完全竞争市场、垄断竞争市场、寡头市场和垄断市场四类。

经济学认为,理想状态的市场应当是:① 充分竞争的;② 信息完备的;③ 不存在外部性(有关外部性的理论详见第二章)。在这一系列理想化假定条件下,整个经济达到一般均衡,资源配置达到帕累托最优状态。尽管没有人认为现实世界中的市场就是这个样子的,但是在分析和讨论具体问题时,仍然把它作为一个值得向往的参照系去加以比较,设法追求。然而环境问题的出现提示人们,现代生产和消费过程产生的外部不经济性恐怕已经不是对这种市场模式的偶然背离,而是一种普遍的经济现象。这就提出了著名的"市场失灵"问题。常见的市场失灵包含垄断、外部性、公共物品和不完全信息。而环境作为一种典型的具有非排他性和非竞争性的公共物品,由于存在外部性和不完全信息,市场无法实现资源有效配置,需要政府干预,如制定环境政策,使资源配置达到"次优"甚至逐步逼近"帕累托最优"状态。

五、发展

发展一般指事物由小到大、由简到繁、由低级到高级、由旧质到新质的运动变化过程。发展与增长的区别和联系是:增长是发展的基础,发展是增长的目的,没有增长就没有发展,但有增长不一定有发展。发展不仅包括量和质的增长，还包括内在各种结构的变化。以经济增长和经济发展为例，经济增长是指在一个较长的时间跨度上，国家人均产出（或人均收入）水平的持续增加；经济发展包含三层含义：① 经济量的增长；② 经济结构的改进和优化；③ 经济质量的改善和提高。因此，经济发展不仅包括经济规模的增长，还包括社会生活质量的提高和社会福利的改善。

20 世纪 60 年代以前，西方发达国家追求以工业化为主要内容的高速经济增长，造成严重的环境污染和生态退化。面对日益严重的全球范围的环境问题，人类必须选择新的经济发展模式。1987 年《我们共同的未来》将可持续发展定义为“既能满足当代人的需要，又不对后代人满足其需要的能力构成危害的发展”。可持续发展是建立在社会、经济、人口、资源、环境相互协调和共同发展基础上的发展模式，遵循公平性、持续性和共同性原则，包括经济可持续发展、生态可持续发展和社会可持续发展三方面的内容。

第三节　环境与自然资源经济学的建立

环境与自然资源经济学已经走过了近 60 年的路程。这门当年为了回答人们对于环境问题的关注和对经济增长前景的担忧而出现的经济学分支学科，其发展速度之快，应用范围之广，研究层次之深，不仅远远超出了经济学界同行乃至全社会的预料，也是当年环境经济学的奠基者们始料所不及的。

环境与自然资源经济学的理论渊源可以追溯到 20 世纪初。意大利社会学家兼经济学家帕累托（Vilfredo Pareto）从经济伦理的意义上探讨资源配置的效率问题，并提出了著名的“帕累托最适度”理论。这一思想后来被环境与自然资源经济学奉为圭臬。由马歇尔（Alfred Marshall）提出，庇古（Arthur Cecil Pigou）等人做出了重要贡献的外部性理论，为环境与自然资源经济学的建立和发展奠定了理论基础。外部性是在没有市场交换情况下，一个经济主体的活动对另一个经济主体的活动产生的一种外部影响。这实际上已经是对市场理论的某种修正。庇古在《福利经济学》中引用了一个典型的环境问题来说明外部性的具体表现：一台在铁路上行进的蒸汽机车冒出的火星，引燃了路边农民成熟的麦田（外部不经济性）。现代福利经济学的创始人希克斯（John Richard Hicks）和卡尔多（Nicholas Kaldor）提出的希克斯-卡尔多标准为环境价值评估方法的出现奠定了基础。

然而，大概是因为市场理论在经济学家的心目中太完美了，直到第二次世界大战之前，这些新的理论观点在经济学界并没有引起足够的重视。

同大多数经济学分支一样，环境与自然资源经济学不是一门先验的科学，而是因为问题而诞生的科学。第二次世界大战以后，西方各国忙于经济重建，经济学家得以一展身手。此时，有几位从事发展经济学研究的经济学家发现，当大家都在为强劲增长的经济而欢欣鼓舞时，似乎很少有人考虑这样一个基本问题：以目前的经济增长模式，地球上有限的自然资源还能支持多久。用今天的眼光看，这实际是提出了一个经济可持续发展的问题。正是这样一个对于人类社会非常基本的可持续性问题，把环境与自然资源经济学带入了经济科学的殿堂。美国未来资源研究所（Resources for the Future，RFF）的高级研究员克鲁蒂拉（John V. Krutilla）和克尼斯（Allen V. Kneese）是这一学科的奠基人，他们早在 20 世纪 50 年代就开始了环境和自然资源问题的经济学研究。

专栏 1-2 克鲁蒂拉和克尼斯

作为环境与自然资源经济学的奠基人，克鲁蒂拉(John V. Krutilla，1922—2003)和克尼斯(Allen V. Kneese，1930—2001)早期均从事发展经济学研究。在第二次世界大战后经济高速增长的20世纪50年代，开始转向研究环境和资源问题。

克鲁蒂拉侧重于公共投资的环境影响和自然资源价值评估，1967年发表于《美国经济评论》的《自然保护的再认识》(*Conservation Reconsidered*)一文，为自然资源经济学的奠基之作，该研究确定了自然环境的经济价值，已经被引用2 166次[①]。他与费舍尔(Anthony C. Fisher)合著的《自然环境经济学：商品型和舒适型资源价值研究》(*The Economics of Natural Environments：Studies in the Valuation of Commodity and Amenity Resources*)被广泛用于指导公共项目投资与政策选择。

克尼斯则侧重于被污染的环境影响评价与环境管理研究。他在1964年出版的《区域水质管理的经济学》(*The Economics of Regional Water Quality Management*)一书中，把废弃物的物理性质与其经济影响第一次系统纳入经济学的考虑范畴。克尼斯的研究证明市场机制可以实现高效率的污染治理。他的理论奠定了美国的二氧化硫排污许可交易制度，该制度于1990年由美国国会批准建立。

鉴于克鲁蒂拉和克尼斯对环境与自然资源经济学做出的奠基性贡献，1990年他们获得了总金额为25万美元的第一届“沃尔沃”世界环境奖。以联合国环境规划署执行主任托尔巴为主席的评奖委员会认为：“克鲁蒂拉教授和克尼斯教授建立了环境与自然资源经济学的理论，并向世人展示这一理论如何应用于公共决策。他们的工作为研究环境与经济之间的复杂关系奠定了坚实的基础。”

专栏 1-3 未来资源研究所

未来资源研究所(Resources for the Future，RFF)是一家无党派色彩的非营利机构，独立从事研究工作，其研究领域主要根植于环境、能源、自然资源和环境健康问题的经济学和其他社会科学研究。

RFF总部设于美国华盛顿，但其同世界各国的各级政府、环境保护组织、商业机构、学术机构、媒体和公众通力合作，共享研究成果。20世纪50年代初，美国政府要求总统委员会研究美国自然资源是否过度依赖进口。在时任委员会主席William Paley的帮助下，RFF于1952年成立，成为第一家完全致力于自然资源和环境问题研究的智库。

RFF已经走过了60多年的路程，是运用经济学工具解决环境和自然资源问题的引领者和开拓者。RFF学者的研究领域包括诸如污染控制、能源和交通政策、土地和水资源利用、危险废物、气候变化、生物多样性、生态系统管理、健康以及发展中国家的环境挑战等重要问题。大多数RFF研究人员都拥有经济学博士学位，也有拥有工程、法律、生态、城市和区域规划、公共政策和管理等其他学科学历的研究人员。70%以上的研究资金来自于个人、企业、基金会和政府机构的捐款和资助，但研究工作及研究成果的使用完全由未来资源研究所全权负责。

---

① 截至2017年7月28日Google Scholar统计的被引用次数。

20 世纪 60 年代中期以后，环境问题逐渐成为世人关注的焦点。今天的人们在谈到当年的这一变化时，都喜欢引用这一时期频频发生的污染事件（专栏 1-4）和群众性的环保运动。但是在某种意义上说，这些现象乃是社会发展的必然结果。

首先，自从工业革命以来，工业生产规模急剧扩大和能源使用方式的革命，把自然界中本来以高品位状态存在的物质和能量，变成了低品位的存在形式。这种改变极大地影响了大气和水体的质量。由于科技进步，人们能够了解发生在自然系统中非常微小的变化，因而能够越来越清楚环境问题的后果。

其次，现代化的生产过程产生了一些新的化学合成物质。这些物质对于生态系统来说，其影响是未知的和不确定的，有些物种可能会适应自然环境的改变，有些则可能因为不能适应而发生变异，甚至灭绝。

再次，因为生活水平的普遍提高，公众已经开始向往和追求一个清洁、安全和舒适的环境。这实际上表明，温饱问题一旦得到解决，人们更高层次的需求就将出现，即环境保护需求。

在这样的社会发展背景之下，思考环境问题的经济学家们显然会得到十分重要的启示，发现需要深入研究的领域和问题。

专栏 1-4　世界八大环境公害事件

1. 比利时马斯河谷烟雾事件：1930 年 12 月，比利时马斯河谷工业区，逆温天气，工业污染物积聚，又遇雾日，排放的工业有害废气和粉尘使得心脏病和肺病患者的死亡率增高，几千人发病，近 60 人死亡。

2. 美国洛杉矶光化学烟雾事件：1943 年 5 月—10 月，大量行驶的汽车造成每天有 1 000 多吨碳氢化合物进入大气，市区空气水平流动缓慢，石油工业和汽车废气在紫外线照射生成光化学烟雾，刺激眼、鼻、喉，引起眼睛红肿、咽炎、呼吸道疾病恶化乃至思维紊乱和肺水肿等。大多数居民患病，400 多名 65 岁以上老人死亡。

3. 美国多诺拉事件：1984 年 10 月，多诺拉镇工厂林立，遇到雾天和逆温天气，二氧化硫及其氧化物，与大气粉尘结合，生成硫酸，人们吸入肺部，出现咳嗽、呕吐、腹泻、喉痛，4 天内有 42% 的居民患病，17 人死亡。

4. 英国伦敦烟雾事件：1952 年 12 月，由于冬季烟煤取暖，煤中含硫量高，排出的烟尘量大，遇到逆温天气，导致 5 天时间 4 000 多人死亡。

5. 日本水俣病事件：1953 年，由于在氮肥生产中采用氯化汞和硫酸汞作催化剂，含甲基汞的毒水废渣排入水体，人们食用了污染水体中的鱼虾和贝类及其他水生物，出现口齿不清，步态不稳，面部痴呆，耳聋眼瞎，全身麻木，神经失常等症状，水俣镇患者达到 180 多人，死亡 50 多人。

6. 日本四日事件：1955 年以来，由于工厂向大气排放二氧化硫和煤粉尘数量多，并含有钴、锰、钛等，有毒重金属微粒及二氧化硫被吸入肺部，引起居民支气管炎、支气管哮喘和肺气肿。患者 500 多人，有 36 人在气喘病折磨中死去。

7. 日本的爱知米糠油事件：1968 年，在日本的爱知县一带，由于在米糠油生产中，用多氯联苯作载热体，因管理不善，毒物混入米糠油，人们食用了这种油后，出现眼皮肿，常出汗，全身起红疙瘩，肝功能下降，肌肉痛，咳嗽不止，患者 5 000 人之多，死亡 16 人，实际受害者超过 10 000 人。

8. 日本富山骨痛事件:1931 年—1972 年 3 月,炼锌厂未经处理净化的含镉废水排入河流,生活在日本富山的人们饮用了含镉的河水和食用了含镉的大米后,出现关节痛、神经痛和全身骨痛,最后骨骼软化,饮食不进,最后在衰弱疼痛中死去,就诊患者 258 人,其中死亡者达 34 人。

环境与自然资源经济学在创立和发展的过程中,既从新古典经济学获得了大量理论支持,同时也融合和借鉴了与环境问题相关的自然科学中的概念和方法。今天,当我们涉及环境与自然资源经济学的基本理论时,面临的可能会是一个综合了经济学和自然科学的知识体系。

第一代环境与自然资源经济学家研究发现,现代市场机制正在制造一种日益失衡的经济。一方面是工业正在大量制造过剩的私人物品,例如,汽车和电冰箱;另一方面是公共物品正在变得日益稀缺,例如,清新的空气和怡人的美景。引人深思的是通过刺激需求,私人物品的供给可以人为地实现增长,而公共物品的供给却由于储量的有限性和破坏的不可逆性,不仅不可能增加,而且正在日益减少。更具讽刺意味的是,通过牺牲环境和自然资源实现的经济增长,同时也提高了人们对自然环境的需求。这就使得自然环境不仅在客观上,而且在主观上也在日益稀缺。

为了适应社会需求的变化,各国政府纷纷建立了环境保护行政主管部门,代表国家行使管理环境的职能。但是,保护环境要有政策和管理手段,需要投资。而什么样的政策和手段最有效,保护环境需要花多少钱,谁来出这笔钱,怎么花这些钱等,这一系列的问题都要求环境与自然资源经济学家做出回答。近 30 年来,美国环境与资源经济学家协会、欧洲环境经济学家协会、拉丁美洲与加勒比海地区环境经济学家协会、东亚环境与资源经济学家协会相继成立,大大增强了环境与自然资源经济学的政策影响力和话语权。

第四节 环境与自然资源经济学的主要研究领域

综观环境与自然资源经济学的发展历程,其内容主要包括以下五个领域。

一、环境与经济的相互作用关系

环境与经济的相互作用是环境与自然资源经济学中一个历史最悠久的研究领域,也是环境与自然资源经济学的理论基础。20 世纪 60 年代中期,鲍尔丁(Kenneth E. Boulding)发表了《即将到来的太空船地球经济学》(*The Economics of the Coming Spaceship Earth*)一文。他指出,首先,根据热力学第一定律,生产和消费过程产生的废弃物,其物质形态并没有消失,必然存在于物质系统之内,因此,在设计和规划经济活动时,必须同时考虑环境吸纳废弃物的容量;第二,虽然回收利用可以减轻对环境容量的压力,但是根据热力学第二定律,不断增加的熵意味着 100% 的回收利用是不可能的。

20 世纪 70 年代初期,克尼斯、艾瑞斯(Robert U. Ayres)和德阿芝(Ralph C. d'Arge)出版了《经济学与环境》(*Economics and the Environment*)一书。他们依据热力学第一定律的物质平衡关系,对传统的经济系统做了重新划分,提出了著名的物质平衡模型(理论),包含总量模型和价值模型两部分。他们首次从经济学的角度指出了环境污染的实质,说明了环境外部性的普遍存在性,并且勾勒了环境经济政策的前景。

物质平衡理论的主要思想有以下几点:

(1) 一个现代经济系统由物质加工、能量转换、残余物处理和最终消费四个部门组成。这四个部门之间,以及由这四个部门组成的经济系统与自然环境之间,存在着物质流动关系。

(2) 如果这个经济系统是封闭的(没有进口或出口),没有物质净积累,那么在一个时间段内,从经济系统排入自然环境的残余物的物质量必然大致等于从自然环境进入经济系统的物质量。这个结论的推论是经济系统排放的残余物量大于生产过程利用的原材料量。因为在生产和消费过程中的许多投入(例如,水和大气),通常是不被作为原材料考虑的。

(3) 上述思想也同样适用于一个开放的、有物质积累的现代经济系统,只是分析和计算更为复杂。

(4) 现代经济系统中虽然越来越多地使用污染控制技术,但是应当清醒地认识到,"治理"污染物只是改变了特定污染物的存在形式,并没有消除也不可能消除污染物的物质实体。例如,治理气体污染物,使排放的气体变得清洁,但是却留下了粉尘等固体污染物。这表明,各种残余物之间存在相互转化的关系。

(5) 为了保证在经济不断发展的同时,减少经济系统对自然环境的污染,最根本的办法是提高物质和能量的利用效率和循环使用率,借此减少自然资源的开采量和使用量,降低污染物的排放量,达到节约和减排的双重效果。

物质平衡理论表明,由于物质流动关系的存在,外部不经济性是现代经济系统所固有的现象。如果我们把环境也视为稀缺资源,那么就有必要对一般均衡模型做出某些修正,即环境也作为一个部门,加入经济系统的投入产出分析,找出这一系统的物质平衡关系。这种关系向我们揭示了环境污染的经济学原因正是环境资源的免费使用。而解决环境污染的经济学方法也正是环境资源的合理定价和有偿使用。

1972 年,由梅多斯(H. Meadows)等人撰写的《增长的极限》(*Limit to the Growth*)一书出版后,在全世界引起了震动。人们都在担忧,地球上的资源还能够支持我们发展多少年?作为一名经济学家,达利(Herman E. Daly)在《关于经济增长的争论:经济学家已经知道而许多人未必知道的东西》(*The Economic Growth Debate: What Some Economists Have Learned But Many Have Not*)一文中回答了这一问题。他认为零增长的观点没有考虑技术替代或技术进步的重要作用,自然资源的耗竭是一个渐进的过程,不会在某天早晨突然发生,当某种资源开始稀缺时,对该种资源的利用效率就会提高,寻找或开发替代品的工作也会开始。

专栏 1-5 《增长的极限》

《增长的极限》是罗马俱乐部的一份研究报告,发表于 1972 年。该报告主要讨论"人类困境"问题。主要涉及的领域包括人口、资本、粮食、自然资源和污染问题。研究者尝试用一个系统动力学模型来描述和预测世界的未来。研究者认为世界上主要的矿产资源将在可以预见的时间内耗竭,而人口和污染将以指数形式增长。为了拯救人类,研究者提出了一个悲观主义的解决方案:"冻结"经济和人口的增长。

《增长的极限》的主要研究者是工程技术专家,他们对问题的分析和结论带有浓厚的工程技术的色彩。40 多年以后的今天,虽然研究者们当年的预期已经被事实推翻,但是所引起的社会震动,确实把更多的人带入到认真思考地球未来的工作中来。这恐怕也是研究者在撰写研究报告时所未曾料到的。

二、环境价值评估及其作用

环境价值(费用效益)评估是环境与自然资源经济学建立以来发展最快的一个领域。评估环境的价值主要有两个目的,其一是完善经济开发和环境保护投资的可行性分析;其二是为制定环境政策、实施环境管理提供决策依据。虽然社会承认环境有价值,但是许多环境资源没有市场价格,评估环境价值的难点就是如何给没有市场价格的环境资源赋予货币价值,或者说使环境价值货币化,并能够同其他商品相比较。

环境与自然资源经济学家认为,环境价值可以分为使用价值和非使用价值。使用价值是指现在或未来环境物品通过服务形式提供的福利。例如,静谧的环境、怡人的风景。这种使用价值不一定是直接接触环境资源,观看一部国家公园的录像片也是使用环境资源。使用价值包括选择价值,是指当代人可能现在愿意为将来一种物品的使用做出支付,但是因为存在不确定性,支付意愿将会不同于该物品的平均价值。例如,当你知道一片童年经常去游玩的美丽树林要被夷平,修建停车场,你可能会产生对保护这片森林的支付意愿。你现在做出的支付就是选择价格,而做出这种支付并不意味着你要使用它。这些个人选择价格的加权集合就是选择价值。非使用价值则是通过当代人的努力(例如,保护濒危物种),为后代人留下一个可能获得福利的清洁美好的环境,相当于遗产带来的福利。存在价值是其主要形式。存在价值是一种同任何使用方式都没有关系的价值,反而更多的与物种的生存必要性、伦理道德和人类认识的不确定性有关。

在实际应用中,环境价值经济评价的作用主要表现在以下 5 个方面:① 表明环境与自然资源在国家发展战略中的重要地位;② 修正和完善国民经济核算体系;③ 确定国家、产业和部门的发展重点;④ 评价国家政策、发展规划和开发项目的可行性;⑤ 参与制定国际、国家和区域可持续发展战略。

克鲁蒂拉是最早定义自然环境经济价值的经济学家。他在 1967 年 9 月出版的《美国经济评论》上发表了《自然保护的再认识》(*Conservation Reconsidered*)一文,提出了“舒适型资源的经济价值理论”。在此之前,许多经济学家虽然已经研究过自然资源的合理利用问题,但主要是关于适度的开发速率和开发规模,实现资源在长时间范围内的最优配置。涉及的主要是可耗竭的矿产资源(例如,石油、煤炭、矿石等),又称为“开采型资源”。但对于一些稀有的生物物种、珍奇的景观、重要的生态系统,却缺乏必要的研究。克鲁蒂拉把这类资源称为“舒适型资源”,并认为出于科学研究、生物多样性保护和不确定性等原因,保护舒适型资源,或者把对其的使用严格限制在可再生的限度之内是十分必要的。

克鲁蒂拉在这篇文章中提出:

(1) 人类对于舒适型资源的需求总是不断增长的,而这类资源在自然界中的储量却是有限的,提供的服务也是不可替代的,因而其供给不可能随着需求的增长而增长,这就是舒适型资源的唯一性。

(2) 自然环境是亿万年来自然力作用的结果,以人类目前所掌握的科学技术,还无力复制宏观的自然环境;即使是复制了,也不可能包含自然界的全部信息。这就是舒适型资源的真实性。

(3) 人类对于自然环境的探索和认识是没有止境的。人类只要不放弃这种探索,就总是能够从自然界发现新的信息,获得新的满足。这就是对于舒适型资源认识的不确定性。

(4) 舒适型资源所具有的上述性质，表明对这类资源的损坏是单向的，被破坏就意味着永远丧失。这就是舒适型资源破坏的不可逆性(irreversibility)，也是上述概念的核心。

如果承认舒适型资源的破坏是不可逆的，那么就应当重新认识舒适型资源的价值构成。当代人直接或间接利用舒适型资源获得的经济效益是舒适型资源的“利用价值”；当代人为了保证后代人能够利用而做出的支付和后代人因此而获得的效益，是舒适型资源的“选择价值”；人类不是出于任何功利的考虑，只是因为资源的存在而表现出的支付意愿是舒适型资源的“存在价值”。这一理论最重要的贡献在于为后来定量评价舒适型资源的经济价值奠定了坚实的理论基础。

三、环境经济政策

管理环境的政策手段大致可以分为命令控制型和经济刺激型两大类。前者主要是各类环境标准和强制执行的规章，后者主要是各种环境税费和可交易的许可证。

利用经济手段管理环境的思想由来已久。早在 20 世纪 20 年代，庇古就提出用征收污染费或污染税的方式来纠正环境污染的外部不经济性。庇古税的理想水平是使边际污染治理成本等于边际污染损害成本。但是在现实中，没有发现达到这一水平的收费实践。决策者们更关心的是达到一个可接受的环境污染水平。

自庇古税提出以来，经济学界曾就政府干预的作用和不同的政策手段进行过热烈的讨论。但是，自从 1960 年科斯(Ronald H. Coase)的《社会成本问题》(*The Problems of Social Cost*)发表以后，经济学界开始讨论政府干预的必要性。科斯定理的基本假设是如果交易成本为零，不论产权的初始配置状态如何，私人交易总能实现资源的最优配置。但这毕竟是理论性很强的假设，由于市场的不完备，适当的政府干预仍然是需要的。

进入 20 世纪 80 年代以来，环境与自然资源经济学在环境政策领域研究的重点包括两方面的内容：其一是如何在命令控制型政策和经济刺激型政策之间做出选择；其二是需要什么形式的政府干预。经济学家之所以主张使用经济手段，是出于提高经济效率、促进技术进步的考虑。但是，经济学家的这一主张并不总是能够被政府、企业界和公众所接受，在环境管理实践中，大多数国家的政府首先倾向于使用命令控制型政策。不过，出于降低成本和提高效率的考虑，近年来，越来越多的国家开始使用经济刺激型政策。根据经济合作与发展组织的一项调查，1989 年时已经有 14 个成员国在使用 150 种经济手段管理环境。

对于采用哪一种经济手段管理环境，经济学界也有不同的看法。以庇古税为基础的排污税或排污费，主要是通过政策手段调节市场。而基于科斯理论，由戴尔兹(J. H. Dales)最早提出的可交易的排污许可证，其基础是建立排污许可交易市场。环境质量由排污许可证的供给来保证，而这种供给是可调节的。持证的排污者可以根据市场价格，决定买入或者售出许可证。

四、环境保护与可持续发展

追溯过去 50 年，人类经历了环境意识的革命。在 20 世纪 60 年代末和 70 年代初，人们认识到有限的环境容量最终可能成为“增长的极限”，因此而忧心忡忡。人类关注如何协调经济增长和环境保护的关系，这种环境意识的进步最终导致可持续发展观念的形成和完善。1972 年在斯德哥尔摩举行的联合国人类环境会议最早提出并讨论了可持续发展概念。

1987 年，布伦特兰委员会的报告《我们共同的未来》真正把可持续发展推上了国际舞台。

该报告认为，在大多数发展中国家，还在以自然资源和环境投入来推动国民经济的增长；从本质上说，经济与环境是可以相互协调的；传统的经济增长模式应当改革，新的发展战略应当建立在可持续的环境资源基础之上。

该报告强调，为了实现可持续发展目标，经济效率是重要的。同时，也强调要公正分配发展的效益，代内和代际的社会公平是实现可持续发展的基本目标和前提。

环境与自然资源经济学家认为，为了落实和实施可持续发展，在经济发展过程中，应当建立以下可持续性准则：① 评估环境费用和效益的经济价值；② 保护重要的自然资源；③ 避免不可逆转的损害；④ 把可再生资源的利用限制在可持续产出的范围内；⑤ 制定环境物品的“绿色”价格。

五、全球环境问题

在环境与自然资源经济学发展的大部分时间里，其研究领域一直限于国家的范围之内。但是，外部性是没有国界的。当前引起世人普遍关注的气候变化、臭氧层破坏、生物多样性丧失等都是全球环境问题。

解决全球环境问题的方法和措施在很大程度上不同于国内环境问题。因为没有一个国际权威机构能够控制跨国环境问题，这类问题的解决在很大程度上需要国际合作条约。大多数国际公约是各国自愿加入的，因此对国际环境政策的权威性和有效性构成了挑战。

在解决全球或国际环境问题方面，世界各国既有成功的经验（例如，欧洲的跨国酸雨问题，关于臭氧层的国际公约），也有一些正在探索之中的新方法、新手段（例如，全球范围内的温室气体排放交易）。可以预见，为了人类共同的利益，世界各国最终将携起手来，解决日益紧迫的全球环境问题。环境与自然资源经济学也将同过去一样，为了改善人类的福利做出自己的贡献。

专栏 1-6 《京都议定书》

1997 年 12 月在日本京都召开的《联合国气候变化框架公约》（United Nations Framework Convention on Climate Change，UNFCCC）第三次缔约方大会通过了《京都议定书》（Kyoto Protocol，全称《联合国气候变化框架公约的京都议定书》），其目标是“将大气中的温室气体含量稳定在一个适当的水平，进而防止剧烈的气候改变对人类造成伤害”。《京都议定书》于 2005 年 2 月生效，是人类历史上首次以法规形式限制温室气体的排放。

《京都议定书》对 2008—2012 年第一承诺期内发达国家的减排目标作出了具体规定，即就整体而言发达国家二氧化碳等 6 种温室气体的排放量，要在 1990 年基础上平均减少 5.2%。遵循“共同但有区别的责任”，发展中国家在第一承诺期内不承担具有法律约束力的温室气体限控义务，从 2012 年后开始承担减排义务。

《京都议定书》允许采取以下四种减排方式：① 两个发达国家之间可以进行排放额度买卖的“排放交易”，即难以完成削减任务的国家，可以花钱从超额完成任务的国家买进超出的额度。② 以“净排放量”计算温室气体排放量，即从本国实际排放量中扣除森林所吸收的二氧化碳的数量。③ 可以采用清洁发展机制，允许工业化国家的投资者从其在发展中国家实施的并有利于发展中国家可持续发展的减排项目中获取“经证明的减少排放量”。④ 可以采用联合履约方式，即欧盟内部的许多国家可视为一个整体，采取有的国家削减、有的国家增加的方法，在总体上完成减排任务。

截至2012年，一共有182个国家签署了《京都议定书》，超过全球温室气体排放量的60%。但是，2001年美国政府以“减少温室气体排放将会影响美国经济发展”和“发展中国家也应该承担减排和限排温室气体的义务”为借口拒绝批准《京都议定书》。2011年12月，加拿大宣布退出《京都议定书》。

环境与自然资源经济学在制定环境政策、制定区域发展规划、评价开发建设项目和规划、评价环境与自然资源价值、全球环境问题、可持续发展等领域发挥了重要作用。由于环境与自然资源问题的复杂性和严重性，对于环境与自然资源经济学的研究内容也将随着社会经济的发展而不断丰富。

要点总结

复活节岛的历史昭示后人，人类社会与自然环境之间存在唇齿相依的关系。人类开发利用环境和自然资源，可以实现经济的增长，但是如果破坏了环境，耗竭了资源，经济衰退的灾难最终还是要降临到人类头上。

生产实际上是效用、功能和服务的形成过程，而不是生产新的物质。经过生产，产品的物质实体仍然存在，或者被使用，或者被排入自然环境中。消费只是商品效用的消费，商品的物质实体依然存在，并没有被“消费”掉。根据物质平衡理论，在一个足够长的时期内，进入生产系统的物质投入的质量必然大致等于产品的质量（已被消费的和未被消费的）加上生产和消费过程中产生的废弃物的质量。

可持续发展是建立在社会、经济、人口、资源、环境相互协调和共同发展基础上的发展模式，遵循公平性、持续性和共同性原则，包括经济可持续发展、生态可持续发展和社会可持续发展三方面的内容。

环境和自然资源经济学研究始于20世纪50年代，环境和自然资源经济学的主要研究领域包括5个方面：环境与经济的相互作用关系、环境价值评估及其作用、环境经济政策、环境保护与可持续发展、全球环境问题。

思考题

1. 复活节岛的兴衰史有什么教训和启示？
2. 你如何理解环境与自然资源经济学中的消费？
3. 帕累托、庇古等人对环境与自然资源经济学的建立做出了哪些贡献？
4. 可持续发展是建立在社会、经济、人口、资源、环境相互协调和共同发展基础上的发展模式。与传统的经济增长模式相比，你认为可持续发展的必要性和意义何在？

参考文献

1. Boulding K. The Economics of the Coming Spaceship Earth. Earthscan Reader in Environmental Economics (Anil Markandya and Julie Richardson, eds.). London: Earthscan Publications Ltd, 1992: 27-35.
2. Dales J H. The Property Interface. Earthscan Reader in Environmental Economics (Anil Markandya

and Julie Richardson, eds.). London: Earthscan Publications Ltd, 1992: 50–59.

3. Daly H E. The Economic Growth Debate: What Some Economists Have Learned But Many Have Not. Earthscan Reader in Environmental Economics(Anil Markandya and Julie Richardson, eds.). London: Earthscan Publications Ltd, 1992: 36–49.
4. Deacon R T. Research Trend and Opportunities in Environmental and Natural Resource Economics [J]. Environmental and Resource Economics, 1998, 11(3–4): 383–397.
5. Kneese A V., Blair T Bower. Managing Water Quality: Economics, Technology, Institutions. Washington, DC: Resources for the Future, 1968.
6. Kneese A V. The Economics of Regional Water Quality Management. Baltimore: Johns Hopkins Press, 1964.
7. Krutilla J V, Fisher A C. The Economics of Natural Environments: Studies in the Valuation of Commodity and Amenity Resources 2th ed. Washington, DC: Resources for the Future, 1985.
8. Krutilla J V. Conservation Reconsidered[J]. The American Economic Review. 1967, 57(4): 777–786.
9. Ponting, C A. Green History of the World. London: Penguin Group, 1991.
10. 方陵生. 复活节岛文明兴衰之谜[J]. 大自然探索, 2007, (3): 70–77.
11. 高鸿业. 西方经济学(微观部分)[M]. 4 版. 北京: 中国人民大学出版社, 2007.
12. 格里高利·曼昆. 经济学原理: 微观经济学分册[M]. 5 版. 北京: 北京大学出版社, 2009.
13. 经济合作与发展组织. 环境项目和政策的经济评价指南[M]. 北京: 中国环境科学出版社, 1996: 10.
14. 克尼斯. 经济学与环境: 物质平衡方法[M]. 马中, 译. 北京: 三联书店, 1991.
15. 米都斯. 增长的极限[M]. 李宝恒, 译. 成都: 四川人民出版社, 1983.
16. 世界环境与发展委员会. 我们共同的未来[M]. 北京: 世界知识出版社, 1989.
17. 张坤民. 可持续发展论[M]. 北京: 中国环境科学出版社, 1999.

第二章

微观经济学基础

在竞争性市场上，供给和需求共同作用形成市场均衡产量和均衡价格。消费者追求效用最大化，而生产者追求利润最大化，竞争性市场能够实现社会福利的最大化。当理想市场的条件无法满足时，会出现市场失灵，外部性是产生市场失灵的主要原因之一。市场失灵为政府干预提供了依据，但政府干预也会出现政府失灵。本章介绍市场与市场机制，估计与需求，生产和消费，外部性理论，市场失灵和政府失灵。

第一节　市场与市场机制

一、市场

古代的市场是固定时段或地点进行交易的场所，指买卖双方交易的场所。现代市场的概念得到了扩展，一种是有形的交易场所，如传统市场、股票市场、期货市场等，另一层含义是交易行为的总称。即市场一词不仅仅指交易场所，还包括了所有的交易行为。市场是商品流通领域一切商品交换活动的总和。

经济学认为，理想的市场应当满足四个基本假设：

（1）与市场的整体规模相比，各个生产者和消费者的规模都足够小，都无力影响市场价格，而只能接受市场价格，市场是充分竞争的；

（2）生产者和消费者都可以充分了解现在和将来的价格信息；

（3）私人成本和社会成本能够保持一致；

（4）生产者有进入有利可图行业和退出无利可图行业的自由。

在满足以上假设条件的理想市场状态下，个体利益最大化能够导致资源的有效配置。按照基本经济功能，市场中独立的经济单位分为两大类：买方和卖方。买方包括以消费为目的购买商品和服务的消费者、以生产商品和提供服务为目的购买劳动力、资金和原材料的厂商。卖方包括出售商品和服务的厂商、出卖劳动力的工人，以及向厂商出租土地和资源的资源所有者。买方和卖方同时相互作用形成市场。市场是通过相互作用使交易成为可能的买方和卖方的集合。

二、市场机制

市场机制是指通过市场价格和供求关系变化，以及经济主体之间的竞争，协调供给与需求之间的联系和生产要素的流动与分配,从而实现资源配置的一套系统,是市场的自我调节方式,也是价值规律的实现过程。市场机制的核心是价格机制与竞争机制。市场通过价格信号为处于竞争中的经济主体指示方向。通过竞争,推动经济主体对价格信号做出反应。适应市场者得以生存,不适应者将被淘汰。市场由此而发挥配置资源的功能。

价格机制是指在市场竞争过程中,市场上某种商品供求关系变动与该商品市场价格变动之间的联系。价格机制通过市场价格信息反映供求关系,并通过市场价格信息调节生产和流通,实现资源配置。

竞争机制是指在市场经济中,各个经济主体之间为自身利益而相互展开竞争,由此形成的经济系统内部的联系和影响。竞争机制通过价格竞争或非价格竞争,按照优胜劣汰的法则调节市场运行。

三、竞争市场

根据竞争程度的不同,市场可划分为完全竞争市场和非完全竞争市场。一个完全竞争市场(理想市场)拥有足够多的买方和卖方,没有一个买方或卖方能够操纵或控制市场价格。许多竞争性足够强的市场都可以视为完全竞争市场,例如,餐饮行业、服装行业市场。一般认为,完全竞争市场比非完全竞争市场在资源配置上更有效率。在完全竞争情况下,无论产品市场还是生产要素市场,在市场机制的作用下,买方和卖方的经济活动都表现为追求自己经济利益最大化的过程,各个经济主体自身利益驱动是市场竞争的动因。

当一个市场只存在一个卖方,并且该卖方可以决定产品价格的时候,则称之为完全垄断市场。介于完全竞争市场和完全垄断市场之间,还存在着寡头市场和垄断竞争市场。寡头市场是同时包含垄断因素和竞争因素而接近于完全垄断的一种市场形式,它的特点是少数几个卖方垄断了某一行业的市场,这些卖方的产量占全行业总产量比例很高,从而控制市场产品供给。垄断竞争市场是一种既有垄断又有竞争的市场形式,市场中存在着较多的卖方,各个卖方的产品相似却不是同质的,因此存在一定的竞争。在现实社会中,完全竞争市场和完全垄断市场是几乎不存在的,大多数市场存在着一定程度的竞争,因此介于这两种极端状态之间的市场形式比较常见。

第二节 供给与需求

一、供给

供给是市场中提供供给的一方,是生产者在某一特定时期内,在一个价格水平上愿意并且能够供应的商品量。供给必须建立在生产者既有供给欲望又有供给能力的基础上,这样的供给称为有效供给。

一种商品的供给量受多种因素的影响。价格越高,生产者生产商品的动力就越强,生产的商品数量就越多;较高的市场价格也可能吸引一些新的生产者进入市场,从而扩大商品的供给。在市场价格不变的情况下,生产成本的降低会使生产者的利润增加,生产者也会增加商品的供给量;反之,生产者的生产成本增加会减少生产者的利润,导致生产者减少商品的供给量。当生产者采用更为先进的生产技术从而提高生产率的时候，也会增加商品的供给量。

表示一种商品的供给数量和影响该供给量的因素之间相互关系的函数称为供给函数。影响供给量变动的各个因素是自变量，这种商品的供给数量是因变量。为了简化分析，假定其他因素保持不变，把商品的供给量当作是商品市场价格的函数，于是供给函数可以表示为：

$$Q_s = f(P) \tag{2-1}$$

式中：Q_s——商品的供给量；

P——商品的市场价格。

商品价格的不同决定供给量的变动，根据商品不同的价格-供给量组合可以在平面坐标轴中绘制出商品的供给曲线 S（如图 2-1）。它反映了商品的价格 P 与供给量 Q_s 之间的对应关系，表示在不同价格水平下生产者愿意而且能够供给的商品数量，例如，当价格为 P_1 时，商品供应量为 Q_{s1}。

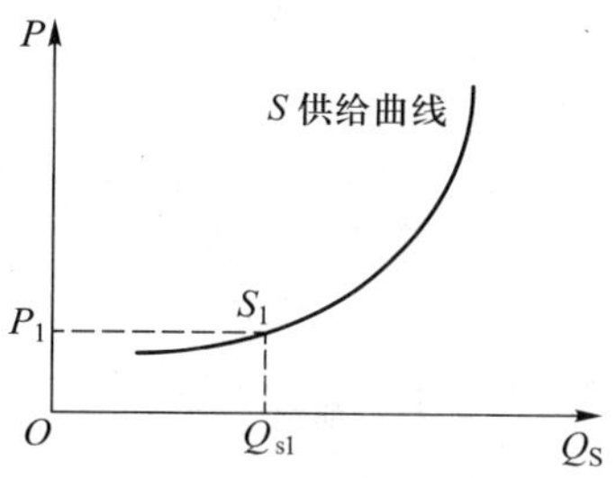

图 2-1　供给曲线

二、需求

需求是市场中提供需求的一方，是消费者在一个时期内，在一个价格水平上愿意并且能够购买的商品量。需求必须建立在消费者既有购买欲望又有购买能力的基础上，这样的需求称为有效需求。

消费者对一种商品的需求量，受多种因素的影响，价格越低，购买商品的欲望就越强，购买的商品数量就越多；较低的市场价格也可能使一些原来没有购买能力的消费者开始购买这种商品。在市场价格不变的情况下，当消费者的收入水平提高后，可支配收入的增加也会使消费者增加对商品的需求量；反之，消费者会减少对商品的需求量。当这种商品价格不变而替代品价格上升时，消费者会减少对替代品的消费量，增加对这种商品的需求量；当这种商品价格不变而替代品价格下降时，消费者会减少对这种商品的需求量，增加对替代品的需求量。此外，当消费者对商品的喜好程度发生变化时，也会影响对该商品的需求量。

表示一种商品的需求数量和影响该需求量的因素之间相互关系的函数称为需求函数。影响需求量变动的各个因素是自变量，这种商品的需求数量是因变量。为了简化分析，假定其他因素保持不变，把商品的需求量当作商品的市场价格的函数，于是需求函数可以表示为：

$$Q_d = f(P) \tag{2-2}$$

式中：Q_d——商品的需求量；

P——商品的市场价格。

商品价格的不同决定需求量的变动，根据商品不同的价格-需求量组合可以在平面坐标轴中绘制出商品的需求曲线 D（如图 2-2）。它反映了商品的价格 P 与需求量 Q_d 之间的对应关系，表示在不同价格水平下消费者愿意而且能够购买的商品数量。

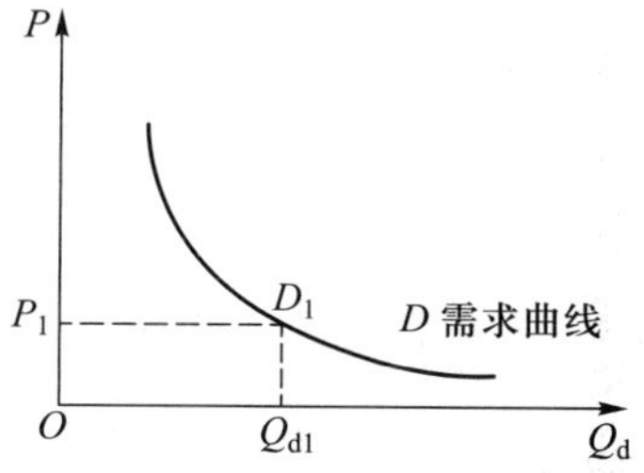

图 2-2　需求曲线

三、市场均衡和均衡价格

将商品的需求曲线和供给曲线结合起来，可以分析市场均衡的形成。当供给量与需求量相等时市场出清，此时市场达到均衡。在经济学中，均衡是指经济事物相关变量在一定的条件下相互作用，各方力量相互制约和抵消，最终达到一种相对静止的状态。

在完全竞争市场中，每个买方和卖方都在市场机制的作用下追求经济利益最大化。在这个过程中，每一种商品都以最低的成本被生产出来，每一种商品也都以最低的价格在市场上出售，买方获得最大的效用，卖方获得最大的利润，每个市场进而所有市场都实现了供求相等的均衡状态。

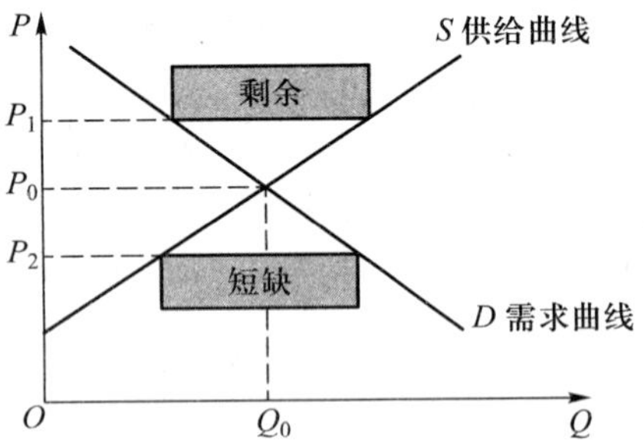

图 2-3 需求和供给的关系

图 2-3 为需求和供给的关系。其中纵轴表示商品价格 P，横轴表示需求和供给的商品量 Q。

图中 P_0 和 Q_0 即为商品的均衡价格和均衡数量。市场在价格 P_0 和数量 Q_0 处没有存货，市场出清。现实中，需求和供给并不总是均衡的，当市场状况发生变化时，一些市场或许不能很快出清，但趋势是使市场出清的。在较高的价格 P_1 处，供给过剩而需求不足，价格就会下降；在较低的价格 P_2 处，需求过剩而供给不足，价格就会上升。

经济学中的商品价格是指商品的均衡价格，是在商品的需求和供给两方力量相互作用下形成的。商品的均衡价格由该商品的需求曲线和供给曲线的交点决定，因此商品均衡价格也会随着供给曲线或需求曲线位置的移动而变化。供求定理表明，在其他条件不变的情况下，需求曲线位置的移动引起均衡价格和均衡数量同方向变动；供给曲线位置的移动则引起均衡价格和均衡数量反方向变动。如果需求曲线和供给曲线同时发生变化，商品均衡价格和均衡数量的变动则难以确定。

在市场经济中，商品价格是市场主体之间传递信息的信号，在供求关系、竞争关系的作用下，价格总是围绕价值上下波动，并在时间、程度、方向上与价值有一定背离。价格直接影响生产者、消费者的行为。

对于环境物品来说，因为市场失灵，不存在市场机制，供给和需求信息缺失或者不确定，无法确定环境物品的均衡价格，市场也不可能配置环境资源。通过制度设计，可以创建市场，确定环境物品的供求关系，建立环境物品价格，就能够通过市场机制有效配置环境资源。

四、需求弹性

需求弹性是一种物品需求量对其影响因素变动反应程度的衡量，即影响需求的某一种因素（如价格、收入）发生变化以后，需求量的增减变动程度，用需求量变动的百分比除以影响因素变动的百分比计算。一般来说，需求弹性主要是指需求价格弹性。

需求价格弹性衡量需求量对价格变动的反应程度，即需求量的变化率与价格变化率的比值：

$$E_p=\frac{\Delta Q/Q}{\Delta P/P}=\frac{\Delta Q}{\Delta P}\cdot\frac{P}{Q}\text{或 }E_p=\frac{\mathrm{d}Q}{\mathrm{d}P}\cdot\frac{P}{Q} \tag{2-3}$$

式中：E_p——需求价格弹性；

Q——需求量；

P——价格。

一般而言，随着价格的上升（或下降），需求量总是减少（或增加）的，所以 E_p 一般为负数，通常用绝对值比较需求价格弹性的大小。

需求价格弹性的取值可能存在如下 5 种情况(图 2-4):

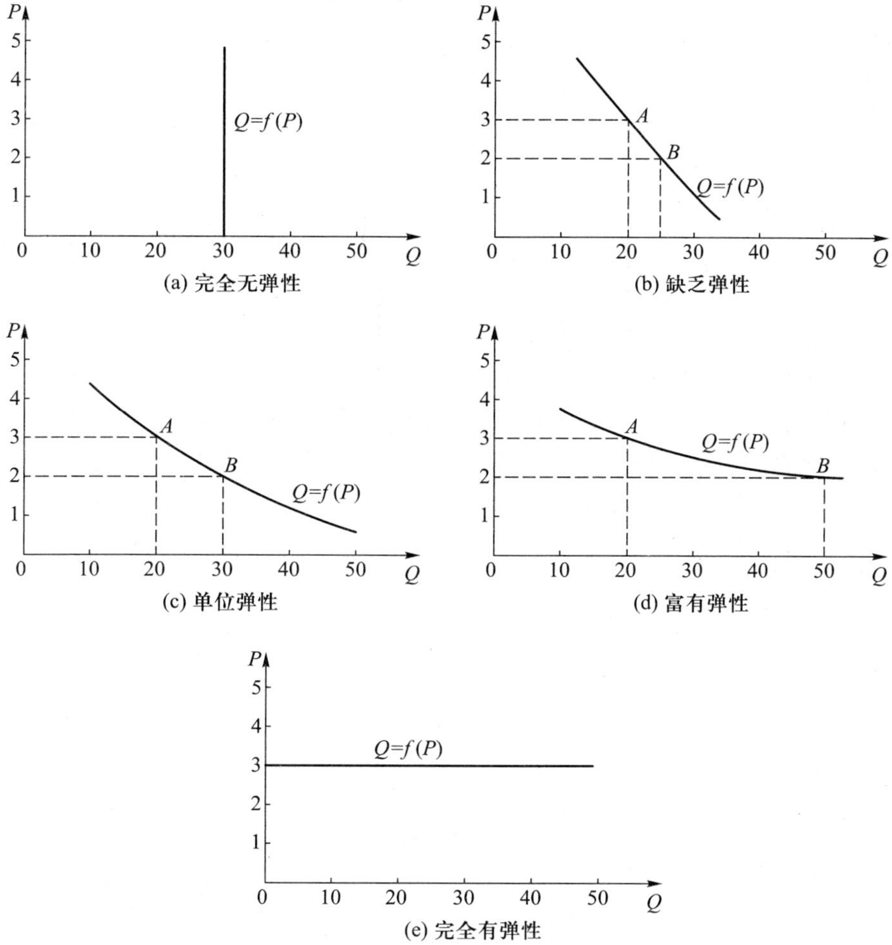

图 2-4　需求价格弹性

① 完全无弹性($E_p=0$),表示无论价格如何变化,需求量都不会改变;

② 缺乏弹性($|E_p|<1$),表示需求量变动的比率小于价格变动的比率,必需品通常属于这类商品;

③ 单位弹性($|E_p|=1$),表示需求量和价格按照相同的比率发生变动;

④ 富有弹性($|E_p|>1$),表示需求量变动的比率大于价格变动的比率,奢侈品通常属于这类商品;

⑤ 完全有弹性($E_p=+\infty$),表示需求对价格异常敏感,价格的极小变动也会引起需求量的极大变动。

需要注意的是,①、③、⑤这三种情况都属于极端情形,在现实生活中较少出现。

决定需求价格弹性的主要因素如下:

① 必需品还是奢侈品:在一般情况下,必需品的需求缺乏弹性,奢侈品的需求富有弹性。

② 替代品的可得性:有相近替代品的物品需求价格往往比较富有弹性。因为消费者容易从

这种物品转向替代品。

③ 市场(消费)范围:物品的价格弹性也取决于物品的市场范围。市场小的物品的价格弹性大于市场大的物品,因为市场小的物品容易找到替代品。

④ 时间尺度:随着时间的延长,物品需求通常会更加富有价格弹性。

总收益的变动取决于需求的价格弹性。需求的价格弹性直接影响收入。一般规律是:

① $|E_p|<1$ 时,总收益与价格同方向变动,即价格上升使得收入增加,价格降低使得收入减少;

② $|E_p|=1$ 时,价格变动不影响收入;

③ $|E_p|>1$ 时,总收益与价格反方向变动,即价格上升使得收入减少,价格降低使得收入增加。

例如,基本生活用水作为必需品,其价格缺乏弹性,提高水价不会大量减少用水量,但会增加水费收入。私人奢侈用水(如私人游泳池、私人花园)对于一般消费者是奢侈品,提高水价就能大幅减少用水量。但对于拥有游泳池和花园的富人却是必需品,仍然对价格缺乏弹性,价格上升不会显著减少消费量,但会带来水费收入上升。工商业生产用水价格富有弹性,当水价足够高时,通过采用节水技术,可以减少用水量。

五、个别需求与总体需求

知道不同个人对某种商品或者服务的需求曲线以后,就可以求得多个人或总体的需求。

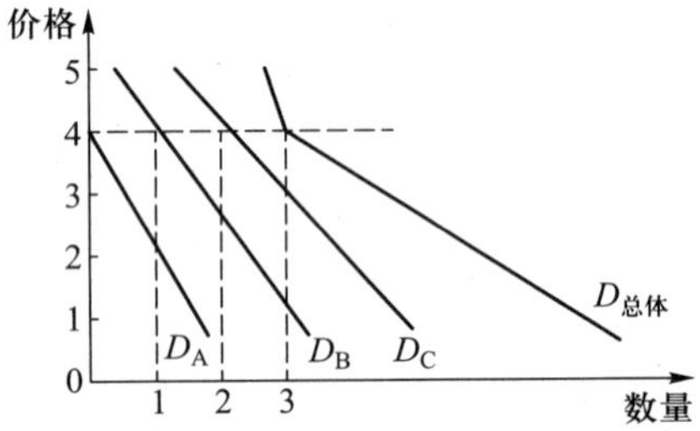

图 2-5　私人物品的个别需求曲线

假设在钢笔市场上只有三位消费者。图 2-5 分别显示了 A、B、C 三位消费者对钢笔的个别需求曲线。在图中,为了得到市场的总体需求曲线,只需要把每个消费者对钢笔的个别需求曲线水平加总,同时也可以得到在一给定价格下这三位消费者对钢笔的需求总量。由于所有个别需求曲线是向下倾斜的,所以市场总体需求曲线也是向下倾斜的。图中所示市场总体需求曲线有一个转折,是因为有一个消费者在别人有购买行为的价格上(4 元)没有购买钢笔。

通过加总消费者的需求曲线就可以得到市场需求曲线。每一个价格的市场的需求量是每一个消费者需求量的总和。但是应当注意,以上获得总体需求曲线的办法只适用于能够通过市场交易的商品。在一个保证供给的市场上,对于这类商品,每加入一个消费者,就意味着需求量的增加,而价格水平却不会相应变化。但是对于环境物品来说,即使能够获得个别需求曲线,其总体需求也是完全不同的(公共物品的总体需求在第三章介绍)。

第三节　生产和消费

一、生产和生产函数

生产是将生产要素进行组合以提供产品和服务的活动。生产要素主要有:① 劳动,包括各种不同工作性质的人提供的劳务；② 自然资源，如水、土地、矿藏等；③ 资本，包括货币形态的资本和实物形态的资本，如机器、工具等；④ 企业家的才能，是企业家组织建立、经营管理企业的能力。

表示生产过程中生产要素的投入量和产品的产出量之间关系的函数，称为生产函数。生产函数表示在一定时期内，在技术水平不变的情况下，生产中所使用的各种生产要素的数量与所能生产的最大产量之间的关系。任何生产函数都以一定时期内的生产技术水平为前提条件，一旦生产技术水平发生变化，原有的生产函数就会发生变化，形成新的生产函数。在任何时点上，给定可使用的技术知识、土地和机器等，在投入劳动一定的情况下，将得到一定数量的产出。生产函数表示生产中的投入量和产出量之间的依存关系，这种关系普遍存在于各种生产过程之中。生产函数的一般表示形式为：

$$Q=f(X_1,X_2,\cdots,X_n) \tag{2-4}$$

式中：　Q——产出量；

$X_1,X_2,\cdots,X_n$——某产品生产过程中所使用的 n 种生产要素的投入数量。

该式表示对于可供选择的生产要素 $X_1,X_2,\cdots,X_n$ 等组合能够生产出的最大产量。

从本质上来说，生产实际上是某种效用、功能和服务的形成过程，而不是新物质的生产创造。物质形态的生产要素投入（如水、煤炭、矿石）只是携带某种功能的物质载体，经过加工和转化过程，这些物质投入一部分转换成为有效用的产品，另一部分变成废弃物，排放进入环境。在一个足够长的时期内，进入生产系统的物质投入的质量必然大致等于产品的质量（已被消费、正在消费和未被消费的）加上生产和消费过程中产生的废弃物的质量。

二、消费和消费函数

消费是指利用产品和服务满足人们各种需要的过程。消费又分为生产消费和个人消费。前者指物质资料生产过程中的生产资料和劳动的使用和消耗。后者是指人们把产品和服务用于满足个人生活需要的行为和过程。在现实生活中，决定消费支出的因素很多，如收入水平、商品价格水平、收入分配状况、利率水平、消费者偏好、消费者年龄构成以及制度、风俗习惯等。

反映消费支出与影响消费支出的因素之间的函数关系式，称为消费函数。收入是影响消费者消费的主要因素。经济学中为了简化分析，假定在决定人们消费的众多因素中，除收入以外，其他因素保持不变，则消费函数反映的是消费支出水平与可支配收入水平之间的依存关系。于是消费函数可表示为：

$$C=f(y) \tag{2-5}$$

式中：C——消费量；

y——消费者的收入水平。

将自然系统和经济系统结合起来考察，可以看出，在经济系统中用于制造消费品的物质材料全部来源于自然界，经过加工后，一部分物质转换成为商品，一部分作为废弃物排入环境。经过一定时间之后，商品也会成为废弃物，排入自然环境。因此，我们所说的消费，只是指对商品效用的消费，因为其物质实体并没有被“消费”掉。

三、效用

效用是消费者通过消费商品和服务获得的需求满足程度。一种商品或服务对消费者是否具有效用,取决于消费者是否有消费这种商品或服务的需求,以及这种商品或服务是否具有满足消费者需求的能力。效用与人的需求是联系在一起的,它是消费者对商品或服务满足自己需求的能力的一种主观评价。

为了衡量消费者在消费商品和服务时获得的满足程度,也就是度量效用的水平,提出了基数效用和序数效用的概念。基数效用认为,效用如同长度、重量等概念一样,可以具体衡量并加总求和,具体的效用量之间的比较是有意义的。序数效用认为,效用的大小是无法具体衡量的,效用之间的比较只能通过顺序或等级来表示。

环境质量作为公共物品,进入人们的效用函数。通常,优美的生态环境给人们带来正的效用,相反,环境污染给人们带来负效用。

四、支付意愿

支付意愿是消费者的主观心理的预期或评价,是消费者对一定数量的商品或服务愿意支付的最高费用。由于不同的消费者对同种商品的效用估价不同,所以他们的支付意愿也不一样。随着消费某种商品数量的变动,每一单位商品给消费者带来的满足程度不尽相同,消费者对其支付意愿也不一样。例如,消费者 A、B、C 对于某一商品的支付意愿分别为 15、10、5,则由这三个人形成的对某商品的需求曲线如图 2-6 所示。

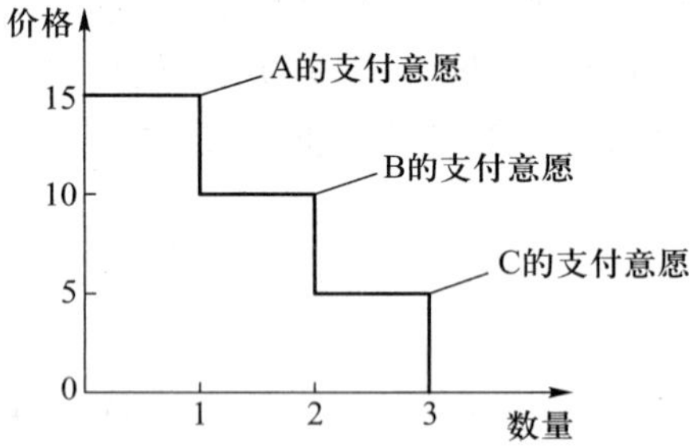

图 2-6　消费者对某商品的需求曲线图

支付意愿会影响消费者的购买决策。消费者通过对不同商品和服务进行预期和评价,衡量该商品或服务的价值,得出结论(支付意愿),再将结论与实际价格比对,最终做出决策。

五、消费者剩余

消费者剩余是消费者愿意为某一商品支付的货币量与消费者在购买该商品时实际支付的货币量之间的差额。通过需求曲线和市场价格,就可以计算一个市场中的消费者剩余,如图 2-7 中的三角区域所示。将许多个别消费者剩余加总,就可以度量消费者在一个市场中购买商品所获得的总收益。

在环境与自然资源经济学中,支付意愿和消费者剩余是非常重要的概念。从理论上说,考虑到环境物品的有用性和福利功能,其支付意愿应当存在,并且会足够高。而在现实的市场经济条件下,大多数环境物品没有价格或价格过低,其消费者剩余是很大的。如果能够发现对环境物品的支付意愿,建立环境物品的需求曲线,就可以知道环境物品的消费者剩余。通过加总支付意愿和消费者剩余,就能评估环境改善的经济价值和环境破坏的经济损失。

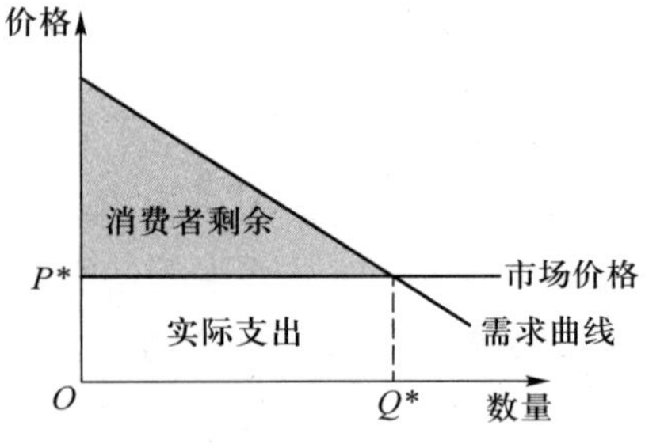

图 2-7　消费者剩余

专栏 2-1　消费者剩余

还可以通过表 2-1 消费者剩余与相关因素，比较直观地理解"消费者剩余"。

表 2-1　消费者剩余与相关因素

1	2	3	4	5	6
某商品价格/元	消费者购买量	价格×数量	价格×增量	价格×增量(累计)	消费剩余
8	0	0	0	0	0
7	1	7	7	7	0
6	2	12	6	13	1
5	3	15	5	18	3
4	4	16	4	22	6
3	5	15	3	25	10
2	6	12	2	27	15
1	7	7	1	28	21
0	8	0	0	28	28

该表表示，当价格为 8 时，消费者不买商品；当价格为 7 时，消费者买 1 个，余者类推。第 3 列表示在每种价格水平上消费者对购买量的实际支付。如果我们能设法使消费者付出他愿意为每一个个别单位商品付出的最大值（第 4 列），那么第 5 列就反映了对应于每一购买量的总支付意愿。

例如，假设消费者要购买 5 个商品，因为现行价格为 3 元，所以他实际只支付 15 元就行了。但如果按这 5 个商品的每一单位他愿意支付的最大值来算，则他购买这 5 个商品的支付意愿为 25 元。两者之差是 10 元，就可以看作是消费者获得的一些额外收益。这个额外收益被经济学家称为"消费者剩余"。照此计算，就可以得出每一购买量上的消费者剩余（第 6 列）。

从表中还可以看出，对于像"环境"这样价格为零的商品（公共物品），消费者的购买量可达到最大，由此他的消费者剩余等于他的全部支付意愿，也达到最大。

六、生产者剩余

生产者剩余是生产者生产商品或服务的收入超出生产成本的部分。生产者剩余衡量生产者从市场中得到的收益。

生产者剩余同生产者的供给曲线密切相关。供给曲线反映生产者的成本，可以用来衡量生产者剩余。

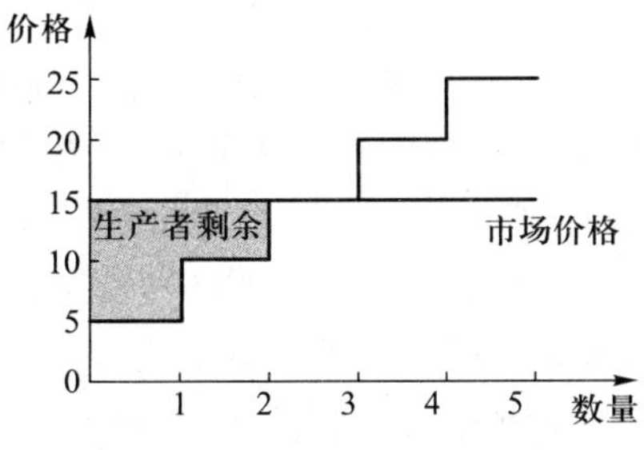

图 2-8　生产者对某商品的供给曲线

如图 2-8，是生产者对某商品的供给曲线。通过将商品数量单位细化，可以得到一条平滑的供给曲线。

只要找到市场供给曲线与价格线所包围区域，就可以计算一个市场中的生产者剩余,如图 2-9 中的三角区域所示。将许多个别生产者剩余加总,就可以度量生产者在一个市场中出售商品所获得的总收益。当商品价格为 0 时,生产者剩余也为 0,当商品价格为 P 时,生产者剩余等于市场价格与供给曲线、纵坐标围成的三角形的全部面积。

消费者剩余和生产者剩余的综合称为总剩余,用来衡量社会的经济福利。图 2-10 表示当市场达到供求均衡时的消费者剩余与生产者剩余,消费者剩余等于价格以上和需求曲线以下的面积,生产者剩余等于价格以下和供给曲线以上的面积,因此,供给和需求曲线到均衡点之间的总面积代表这个市场的总剩余。

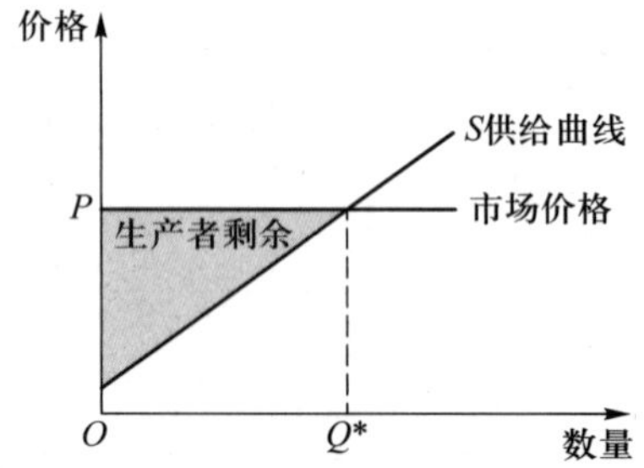

图 2-9　生产者剩余

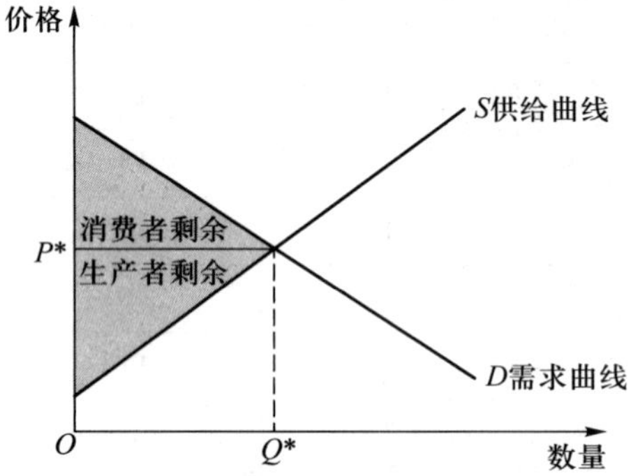

图 2-10　市场均衡时的消费者剩余与生产者剩余

第四节　外部性理论

一、外部性的定义

外部性是在没有市场交换的情况下,一个生产者的生产行为(或消费者的消费行为)影响了其他生产者(或消费者)的生产过程(或生活标准),如果式(2-6)成立,则可以说生产者(或消费者)j 对生产者(或消费者)i 存在外部影响。

$$F_i = f(X_i^1, X_i^2, X_i^3, \cdots, X_i^m, X_j^n) \quad i \neq j \tag{2-6}$$

式中:F_i——生产者 i 的生产函数(或消费者 i 的效用函数);

X_i^m——生产者(或消费者)i 的内部影响因素;

X_j^n——生产者(或消费者)j 对 i 施加的外部影响因素。

外部性分为外部经济性和外部不经济性。外部经济性是指 i 因为 X_j^n 的存在而受益,希望 j 能保持和增加 X_j^n。例如,河流上游植树造林,保护生态环境,下游用水的质量和数量得到保障,这时社会效益大于私人效益,产生外部经济性。图 2-11 是外部经济性。

由图 2-11 可见,当存在外部经济性时,社会边际效益 MSB 大于私人边际效益 MPB,差额是外部效益 MEB。以植树造林投资为例,私人投资行为由 MPB 和边际成本 MC 决定,这时价格是 P_1,私人植树量是 Q_1,小于由 MSB 和 MC 决定的有效植树量 Q^*。当要求私人植树量达到 Q^* 时,必须把植树的价格从 P_1 降低到 P^*。因此,如果外部经济性得不到补偿,不会实现资源的有效配置。

外部不经济性是指 i 因为 X_j^n 的存在而受到损害，希望 j 能够减少和消除 X_j^n。图 2-12 是外部不经济性。

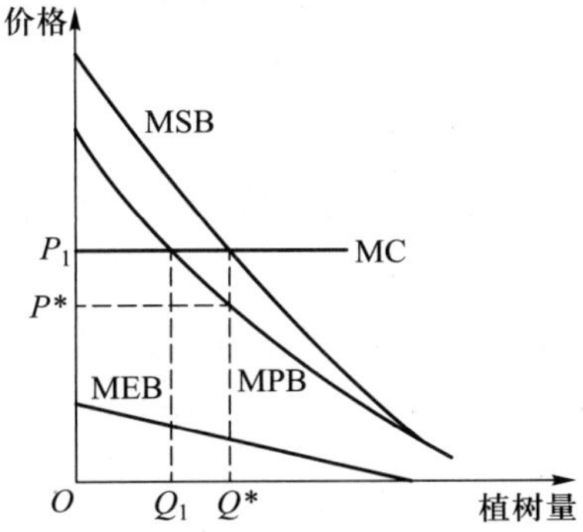

图 2-11　外部经济性

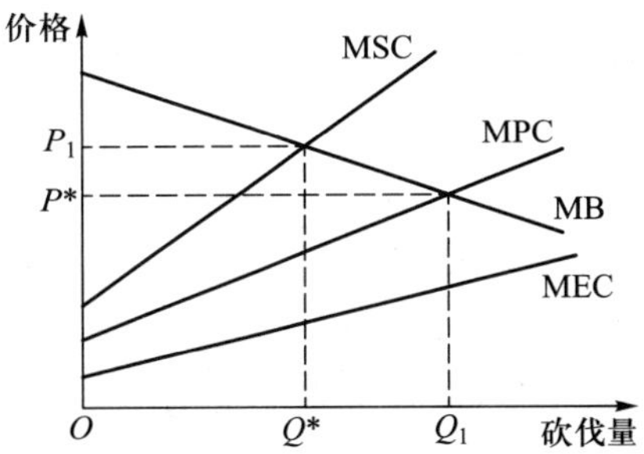

图 2-12　外部不经济性

当存在外部不经济性时，社会边际成本 MSC 大于私人边际成本 MPC。差额是外部成本 MEC。以植树造林为例，当个人利益最大化的伐木人砍伐森林时，其私人砍伐量 Q_1 由边际收益 MB 和 MPC 决定，这时砍伐价格是 P^*；Q_1 大于由 MB 和 MSC 决定的有效砍伐水平 Q^*。如果要求砍伐量达到 Q^*，就要把砍伐价格从 P^* 提高到 P_1，例如征收砍伐税，使得伐木人的边际收益等于边际社会成本。因此，如果存在外部不经济性，也会导致资源配置失误。

当有可能改变 X_j^n，使 i 境况改善，同时 j 至少不受损失时，即存在帕累托相关外部效果，此时有可能实现帕累托改进。

二、外部性的类型

许多外部性具有公共物品的性质。如果一个地区的大气被污染了，受污染影响的不会只是该地区的某些人，而是居住在这一地区的所有居民。显然污染是一种公共“损害”（外部不经济性）。同样，一个能够被所有过路人观赏的花园是一种公共“享受”，只要观赏者的数量不致过多造成拥挤，花园就产生一种对所有观赏者的外部经济性。显然，控制大气污染的公共“损害”和扩大花园的公共“享受”，市场机制都不能自动发挥作用。

公共物品供给的普遍性决定了公共物品的供给可以是“非竞争”的，即增加一个人的消费不会减少或影响其他人对该物品的消费。显然，许多外部不经济性是非竞争的公共物品，例如，污染的水和空气、噪声及公共场所的垃圾等。

与非竞争的外部性相对应的是“竞争”的外部性。甲把垃圾倾倒在乙的院子里，垃圾就只对乙产生危害。与大气污染不同，私人场所垃圾污染的外部不经济性是竞争的，受害者是明确的，即一个受害者对外部性的消费减少了他人的同样消费。

按照时间尺度的不同，外部性分为代内外部性和代际外部性。代内外部性是指当代人之间的外部性，代际外部性是指前代人或当代人对后代人产生的外部性。早期的外部性主要考虑的是当代人之间的外部性问题，可持续发展理念提出以后，代际外部性越来越受到重视。很多当代人的行为只顾及当代人的利益，而忽视对后代人生存环境的影响。

按照空间尺度的不同，外部性分为本区外部性和跨区外部性。本区外部性是指外部影响仅限于本区域内。跨区外部性是指外部影响超出本区域。例如，跨行政区流域，如果上游行政区的污水排放污染了水体环境，其污染就会传递给下游的行政区，造成跨行政区外部性问题。

三、外部性对价格和资源配置的影响

如果存在帕累托相关的外部效果，必须给外部性确定价格，外部不经济性的价格为负值，外部经济性的价格为正值，在市场机制下，能够实现资源的高效率配置。如果 P_n 是高效率的负价格，则 i 将有忍受外部不经济性的经济动力，因为其收入将随着 X_j^n 的增加而增加，而 j 则有减少 X_j^n 的经济动力，因为其收入将随着 X_j^n 的增加而减少。注意，外部不经济性价格的激励作用同一般商品的作用正好相反。

外部性也会对资源配置产生影响。图 2-13 为污染行为对燃煤发电量的影响。图中，电力的需求曲线为 D_e，供给曲线为 S_e。如果燃煤发电厂排放的大气污染物造成外部不经济性的价格为零，电力的均衡价格为 P_e，发电量为 Q_e。

如果给空气污染确定一个负价格（例如，要求发电厂支付大气污染排污费），将会增加电力生产的成本，使供给曲线 S_e 左移，到达 S_e' 的位置，形成新的均衡价格 P_e' 和发电量 Q_e'。因为减少了外部不经济性，与 P_e 和 Q_e 相比，P_e' 和 Q_e' 都是高效率的。

由权威机构（政府）给外部不经济性确定一个合理的负价格，是英国经济学家庇古（Arthur Cecil Pigou）首先提出的。1920 年，庇古在《福利经济学》一书中首先提出，应当根据污染造成的损害对排污者征税，用税收来弥补私人成本和社会成本之间的差距，使二者相等，这就是“庇古税”。现在，把针对污染物排放所征收的各种税费统称为庇古税。庇古税是要把污染者强加给社会的外部成本内部化。在庇古税下，污染者不仅考虑常规生产成本，而且要考虑污染物排放造成的外部成本。

图 2-14 为庇古税示意图。图中 MNPB 为厂商的私人边际纯收益，MEC 为边际损害（外部）成本，这两条曲线相交于 E 点，与 E 点相对应的污染物排放量（Q）就是特定地区和厂商有效率的污染水平。

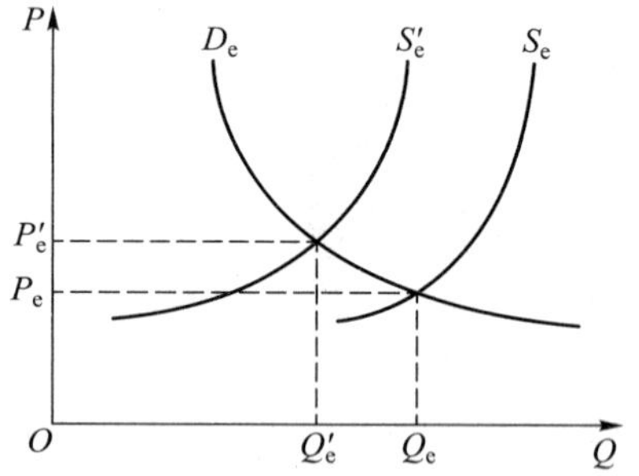

图 2-13 污染行为对燃煤发电量的影响

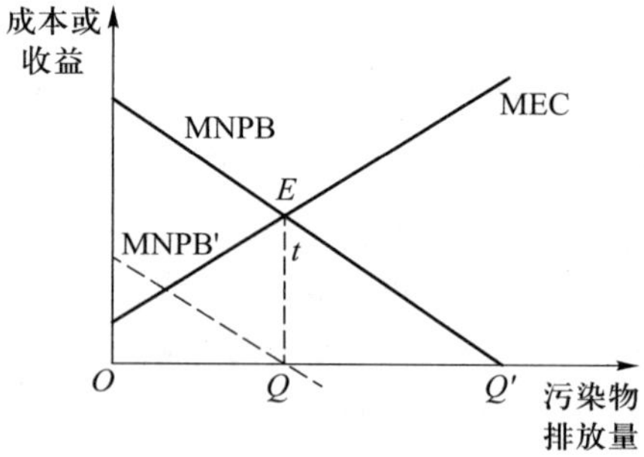

图 2-14 庇古税示意图

厂商为了追求最大限度的私人纯收益，希望将生产规模扩大到 MNPB 线与横轴的交点 Q'。但是，随着生产规模扩大，污染物的排放量也增加到 Q'，大大超过 Q 的水平。如果政府向造成环境污染的厂商征收排污费，厂商的私人纯收益就会减少，MNPB 线的位置、形状及它与横轴的交点也会发生变化。假定政府根据厂商的污染物排放量，对每一单位排放量征收特定数额（如图 2-14 中 t）的排污费，那么，如图 2-14 所示，MNPB 线就将向左平行移动到 MNPB′线的位置，该线与横轴相交于 Q 点。因此，t 是最优排污费率，它使得厂商根据利润最大化的要求，把污染物排放量控制在有效率的污染水平 Q 上。这样，最优庇古税就可以定义为：使排污量等于最优污染水平时的排污收费(税)。

制定最优庇古税不仅需要知道边际损害成本,还要知道私人边际纯收益。但是政府往往难以得到企业的这类信息,企业也没有动力向政府提供这类信息,帮助政府来制定庇古税,这就是信息不对称问题。信息不对称是实施庇古税的一个重要障碍,因此,现实中很难真正达到最优污染水平。但只要排污税费的征收有助于使污染物排放量更接近,而不是更偏离最优污染水平,征收排污税费就是可取的政策手段。

第五节　市场失灵与政府失灵

一、市场失灵

在理想市场条件下,个体利益最大化能够实现资源的有效配置。当理想市场条件不能满足时,就会出现资源配置低效率,即市场失灵。微观经济学认为,导致市场失灵的主要原因有4个:

(1) 垄断;

(2) 公共物品;

(3) 外部性;

(4) 信息不对称。

环境物品和服务(例如,空气、水、生物多样性等)具有很强的公共物品性质。环境物品的消费具有非竞争性、非排他性,经常被误用和过度使用,造成生态退化、环境污染,表现为外部不经济性。实施生态保护,改善环境质量,产生的效果也是公共物品,具有外部经济性,在市场上往往供给不足。因此,公共物品性质和外部性的存在,导致环境资源配置过程中的市场失灵。

专栏2-2　外部性、市场失灵和优化资源配置

外部性能够造成市场失灵,是影响市场有效配置资源的主要原因之一。下面通过存在外部不经济性(外部成本)的情况下农场主的收益分析说明市场失灵和优化资源配置。

假设农场单位土地面积固定生产成本是:(1) 施肥固定成本5元;(2) 其他成本(劳动、税收、种子和保险等)合计65元。可变成本:每千克化肥5元。外部成本:每千克化肥3元。小麦价格:每千克3元。私人收益为不包括外部成本的利润。社会净收益为外部成本内部化后的利润。

不考虑外部成本时不同化肥施用量的收益如表2-2所示。

表2-2　不考虑外部成本时不同化肥施用量的收益

1	2	3	4	5	6	7	8
单位土地施肥量/kg	化肥成本/元	总成本/元	边际成本/元	单位土地面积小麦收获量/kg	总收入/元	边际收益/元	利润/元
0	0	65	0	25	75		10
1	10	75	10	30	90	15	15
2	15	80	5	33	99	9	19
3	20	85	5	35	105	6	20
4	25	90	5	36	108	3	18

如果外部不经济性存在但价格为零，为实现利润最大化，农场主会增加施肥量直到单位土地面积施肥量为3千克为止，此时私人收益最大，为20元。此时市场失灵，私人收益大于社会净收益（20元利润-9元外部成本=11元），资源配置低效率。

由于化肥流入河流造成水污染，环境损害的外部成本应当由农场承担。假定外部成本价格为每千克化肥3元，据此对农场主征收每千克化肥3元的排污费。于是农场主施用1千克化肥的边际成本就从5元提高到8元，据此计算的农场收益如表2-3。

表2-3 外部成本内部化后不同化肥施用量的收益

1	2	3	4	5	6	7	8
单位土地施肥量/kg	化肥成本/元	总成本/元	边际成本/元	单位土地面积小麦收获量/kg	总收入/元	边际收益/元	利润/元
0	0	65	0	25	75		10
1	13	78	13	30	90	15	12
2	21	86	8	33	99	9	13
3	29	94	8	35	105	6	11
4	37	102	8	36	108	3	6

可以看出，农场主的最优施肥量为每单位土地面积2千克，社会净收益由原来的11元（20元利润-9元外部成本）变为13元（19元利润-6元外部成本），增加了2元。因此，外部成本内部化可以优化资源配置，增加社会净收益。

二、政府失灵

市场失灵提出了政府干预的需求和必要性。理论上，政府可以通过制定政策和改革制度来纠正市场失灵。例如，上游乱砍乱伐森林，造成洪水和水土流失，政府可以向砍伐者征税，抑制砍伐行为，或者提供补贴，鼓励上游保护森林和植树造林。

但市场失灵是政府干预的必要条件而不是充分条件。要使政府干预有效，还需要满足两个条件：第一，政府干预的效果必须好于市场机制的效果；第二，政府干预的收益必须大于政府干预花费的成本（即制定、执行政策法规和实施管理发生的所有费用）。

然而，有时政府制定的政策不但不能纠正市场失灵，反而会使市场进一步扭曲，这时的效果称之为政府失灵。政府失灵是指由于政策的制定和执行，使生产者的边际生产成本低于生产要素的真实成本，导致生产要素无效率使用和过度使用，引起资源退化和环境污染。政府的管理体制和运行机制是政府失灵的主要原因。环境物品的政府失灵有两种基本类型。一种是宏观经济政策对环境的不良影响，例如，补贴政策刺激了对环境的过度开发利用，实际增加了社会成本。另一种是环境政策本身的失误，例如，一项政策没有实现预期的政策目标，反而加速了环境资源的退化。政府失灵的主要原因有：

1. 决策判断失误

因为政策制定是政治决策过程而不是市场作用的结果，因此包含判断失误的风险。例如，政府利用政策去纠正实际并不存在的市场失灵，或者纠正程度失当，都会使政策产生负的边际收益。

2. 利益集团的影响

出于自身利益的考虑，利益集团会运用各种手段，影响政府决策部门，使之做出有利的决策。例如，利益集团利用政治程序寻租，游说和获得政策立法的支持。产业部门会说服政府建立保护价格，保证超额利润。生产者可以通过补贴政策，避免进口带来的竞争压力，并把部分成本转移到纳税人身上。成功的寻租活动将会增加特殊利益集团的净效益，但也会降低社会的净效益。

3. 决策信息不全

许多公共物品的供给和需求信息是不完全的，在信息不完备的条件下决策，就有可能产生超额社会成本。例如，不掌握水资源水环境状况和对生产生活用水的支付意愿，政府制定的水价可能过低，结果导致水资源和水环境进一步退化。

4. 体制障碍

一项政策可能由于体制障碍而失效。例如，国家征收环境保护税的目的是减少污染物排放，保护环境，并委托地方政府代为征收。地方政府为了自身利益，把征税目标改变为收入最大化。当代理人的利益目标与委托人利益目标相偏离时，政策就可能失效。

政府失灵可能有 4 种结果：

(1) 扭曲了本来正常运行的市场机制。

(2) 政策目标是正确的，但可能产生外部不经济性。

(3) 政策实施的结果比市场失灵更糟。

(4) 当市场失灵需要政府干预时，政府却没有反应。

要点总结

狭义市场是指商品交换的场所，广义的市场是指关于商品交换关系的总和。经济学认为，理想市场应满足生产者或消费者是价格接受者、信息完全、私人成本与社会成本一致、无进入或退出壁垒等条件。一般认为，完全竞争的理想市场比非完全竞争市场在资源配置上更有效率。完全竞争市场中，在需求和供给的两方力量相互作用下，市场会自动出清，达到均衡状态。

支付意愿指消费者接受一定数量的消费物品或服务所愿意支付的最多金额。消费者剩余就是消费者愿意为某一商品支付的货币量与消费者在购买该商品时实际支付的货币量之间的差额，也是一种心理评价。生产者剩余是生产者生产商品或服务的收入超出生产成本的部分。生产者剩余与消费者剩余之和是社会总剩余，是社会总福利的货币化衡量。

外部性是在没有市场交换的情况下，一个生产单位的生产行为（或消费者的消费行为）影响了其他生产单位（或消费者）的生产过程（或生活标准）。外部性分为外部经济性和外部不经济性。当存在外部经济性时，边际社会效益大于边际私人效益；当存在外部不经济性时，边际社会成本大于边际私人成本。如果外部经济性得不到有效补偿，或者外部不经济性得不到有效纠正，都会导致资源的配置失误。

外部性可以具有两种形式：公共（非竞争）形式和私人（竞争）形式。研究外部性的主要目的是如何改变人们对外部性的刺激机制，引导最优的社会资源配置。可转移的外部性指受害者有机会向第三方“转移”外部性的现象。可以采取对受害者征税的形式，以解决任何形式的外部性转移。受害者必须支付的税额应等于由于向他人转移外部性引起的社会边际损害。

除了外部性，导致市场失灵的因素还包括垄断、公共物品和信息不对称等。市场失灵是政府干预的必要条件而不是充分条件。要使政府干预有效,还需要满足两个条件:第一,政府干预的效果必须好于市场机制的效果;第二,政府干预的收益必须大于政府干预花费的成本。由于决策判断失误、利益集团影响、决策信息不全或体制障碍等的存在,可能导致政府失灵。

思考题

1. 什么是市场,理想市场应具备哪些条件?
2. 市场均衡产量和均衡价格是如何决定的?
3. 什么是消费者剩余和生产者剩余?
4. 什么是外部性,外部性有哪些类型,外部性如何扭曲资源配置?
5. 导致市场失灵和政府失灵的因素分别有哪些?

参考文献

1. 安德森. 改善环境的经济动力[M]. 北京:中国展望出版社,1989.
2. 萨缪尔森,诺德豪斯. 经济学[M]. 18 版. 北京:人民邮电出版社,2008.
3. 高鸿业. 西方经济学(微观部分)[M]. 6 版. 北京:中国人民大学出版社,2014.
4. 曼昆. 宏观经济学[M]. 7 版. 北京:中国人民大学出版社,2011.
5. 贺力平,樊纲,胡嘉妮. 消费者价格指数与生产者价格指数:谁带动谁? [J]. 经济研究,2008(11):44-48.
6. 平狄克,鲁宾费尔德. 微观经济学[M]. 3 版. 北京:中国人民大学出版社,1997.
7. 尼克尔森. 微观经济理论基本原理与扩展[M]. 9 版. 北京:北京大学出版社,2008.
8. 熊顺祥. 居民可支配收入与分配理论[J]. 宏观经济管理,1996(7):39-40.

第三章

公共经济学基础

公共物品的消费具有非竞争性或非排他性。公共产品可以由政府供给、市场供给或第三方自愿供给。公共财政是政府提供公共产品和服务的基础，环境财政是政府履行环境保护职能、提供环境公共物品的经济基础。当一个群体进行集体决策时，如何进行最优决策、实现群体利益最大化，涉及公共选择理论。本章介绍公共物品和公共服务，公共财政和公共选择理论。

第一节　公共物品和公共服务

一、公共物品

公共物品是与私人物品相对应的概念。那些可以在市场买到的商品都是私人物品，例如，水果、服装、火车票等。私人物品的产权明晰确定，在形体上可以分割和分离，消费或使用私人物品有明确的竞争性和排他性。

与私人物品相反，在现实社会经济中还大量存在产权不明确、形体上难以分割和分离、消费时不具备竞争性和排他性的物品（如国防、道路、广播等），这种物品被称之为公共物品。许多环境物品也是公共物品，或者具有很强的公共物品性质（如大气质量、河流和公共土地）。

消费的非竞争性和非排他性是公共物品的两个基本特征。非竞争性是指某一消费者对公共物品的消费不会影响其他消费者同时消费该物品并获得效用。即增加一个消费者的边际成本为零。非排他性是指某一消费者消费公共物品时，无法排除其他消费者消费该物品的权利（不管他们是否付费），或者排除的成本很高，即不能阻止未付费的消费者消费公共物品。

（一）公共物品的分类

根据是否具有竞争性和排他性，可以将物品分为四类：纯公共物品、共有资源、俱乐部物品和私人物品（表 3-1）。前三类都是公共物品，同时具有非竞争性和非排他性的是纯公共物品，其他两类是不同时具有非排他性和非竞争性的准公共物品。

表 3-1　物品分类

	竞争性	非竞争性
排他性	私人物品：面包、私家车等	俱乐部物品：会员制健身房、供水管网等
非排他性	共有资源：海洋资源、公共草场等	纯公共物品：阳光、国防等

1. 纯公共物品

纯公共物品是指消费同时具有非竞争性和非排他性的物品。纯公共物品的供给有自然供给和生产供给两种形式。自然供给的公共物品无需耗费人力,如阳光、水、空气;生产供给的公共物品需要耗费人力劳动。通过生产供给的公共物品又称公共产品。现实生活中纯公共物品并不多见,阳光是一种纯粹的自然供给公共物品,国防是一种公共产品。纯公共物品的供给通常是免费的。

2. 俱乐部物品

俱乐部物品也称自然垄断物品,是指消费不具有竞争性,但是具有排他性的物品,例如,会员制健身房、有线电视、供排水系统。这类物品可以将“免费搭车者”排除在受益范围之外,其受益可以定价,供给成本也可以得到补偿。

3. 共有资源

共有资源是消费具有竞争性但是不具有排他性的物品,例如,公共渔场、公共牧场等。共有资源的总量既定,但是无法排除资源使用的潜在受益者,随着消费人数的增加,往往会造成共有资源的过度使用,个人理性造成集体非理性,产生“公地悲剧”。

作为准公共物品,俱乐部物品和共有资源都存在“拥挤点”。例如,在拥挤的公路上,当车辆达到一定数量之后,车辆继续增加会造成交通堵塞,发生交通事故的风险增加。图3-1为准公共物品的拥挤点与边际成本曲线,其中的 N 即为拥挤点。当消费者数量增加到 N 点之前,每增加一个消费者的边际成本是零;达到 N 点之后,每增加一个消费者的边际成本为正,并逐渐增加,产生拥挤成本;当达到容量的最大限值时,增加额外消费者的边际成本趋于无穷大。准公共物品到达“拥挤点”后,每增加一个消费者,将减少原有消费者的效用。公共物品的分类及准公共物品的“拥挤性”特征为公共物品的定价和管理提供了理论依据。

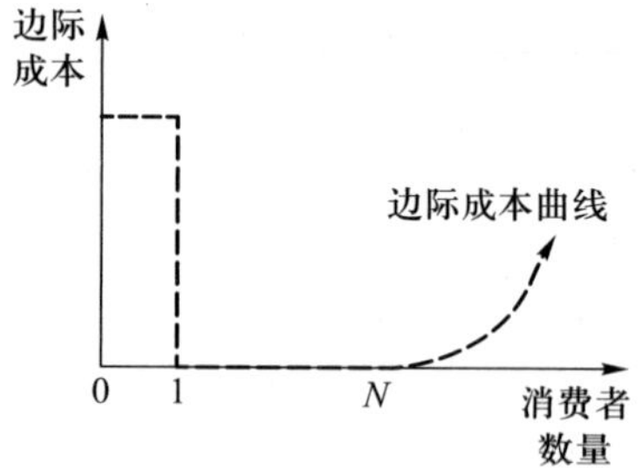

图3-1 准公共物品的拥挤点与边际成本曲线

专栏3-1 公地悲剧

1968年,生物学家哈丁(Garrett Hardin)教授在《公地悲剧》(*The Tragedy of the Commons*)一文中提出了“公地悲剧”理论模型。

在公共草场上放牧的每个牧羊人都希望自己的收益最大化,在草场上放牧尽可能多的羊。每增加一只羊会有两个结果:一是牧羊人增加一只羊的私人收入,二是增加公共草场的载畜量。如果每个牧羊人都只考虑私人利益,不顾公共草场的承载力而增加羊群数量,增加一只羊的收益属于自己,草场承载力增加的负担由全体牧羊人分担。这样不断增加羊群数量,导致草场过载退化,直至无法养羊,所有牧民破产,“公地悲剧”就发生了。

公共草场是一种共有资源,具有竞争性和非排他性,每个人都有使用权,但无法阻止其他人使用,最终导致资源过度使用而枯竭。过度砍伐的森林,过度捕捞的渔业资源,以及严重污染的河流和大气,都是“公地悲剧”的典型例子。称之为“悲剧”还在于,每个当事人都知道资源将由于过度使用而枯竭,但都不去阻止事态恶化。因为每个人都只关注短期个人利益,无法自发形成有效的协调合作,直至公共资源枯竭。由于产权难以界定,公共物品被竞争性地过度使用或占用是必然的结果。

(二)公共产品的供给

公共产品的供给方式主要有政府供给、市场供给和以第三部门为主体的自愿供给三种。

1. 公共产品的政府供给

公共产品的政府供给是政府利用公共资源供给公共产品的方式。公共产品的非竞争性和非排他性以及由此产生的“免费搭车”、隐藏偏好等现象,使得市场和私人不能提供公共产品,无法满足人们的基本需求,即存在市场失灵。需要政府供给公共产品来弥补市场失灵。政府供给公共产品,可以通过政府强制征税来为公共产品的生产提供资金;也可以通过政府管制来解决过高的交易成本,降低公共产品的供给成本。

政府可以是公共产品的提供者,但不一定是公共产品的生产者。政府可以决定公共产品的生产者和生产方式,即政府可以自己生产或委托企业垄断生产,也可以通过招标等竞争方式生产。政府生产公共产品的方式主要包括:中央政府直接经营、地方政府直接经营和地方公共团体经营。政府委托企业生产公共产品的方式主要包括:签订合同、授予经营权、经济资助、政府参股、法律保护私人进入、社会资源服务。无论何种形式的公共产品生产方式,都需要政府的参与和支持。

公共产品的属性使政府供给具有一定的优越性,但是政府失灵使得公共产品的供给成本上升,出现政府供给的低效率。因此,必须明确政府提供公共产品的范围和结构,政府不能提供所有的公共产品。纯公共产品应由政府提供,准公共产品的提供和生产可以由市场完成。例如,污水处理厂的建设和运营模式可以采用 BOT(build-operate-transfer,即建设-经营-转让)、委托经营等多种形式。

2. 公共产品的市场供给

在一定的制度安排和政府监管下,市场也可以有效地提供公共产品。私人资本追求利润最大化的特性,决定了市场供给的公共产品只能是准公共产品,如城市供排水、高速公路等。准公共产品规模和范围有限,存在排他性技术,可以有效地将“免费搭车者”排除在外,使得市场供给的排他成本和交易成本大大降低。

公共产品市场供给的方式可以是特许经营,即在政府监管下由私人资本通过投标取得政府特许经营权来经营某种公共产品的生产和供给,如电力、天然气和城镇供排水。这种方式可以确保经营者在政府允许的范围内获得合理的利润,激励更多机构组织参与公用事业,充分利用社会资源。

公共产品的市场供给并不意味着完全脱离政府。政府的作用主要体现在两方面:一是政府要为公共产品的私人供给者提供制度激励,如产权界定以及激励措施,为公共产品市场供给提供良好的制度环境;二是政府需要对公共产品的私人供给者进行有效监管,防止供给者利用其垄断地位抬高公共产品的价格,损害消费者利益。

3. 公共产品的自愿供给

公共产品自愿供给是指非政府、非市场的第三方机构和个人,自愿无偿或部分无偿地提供公共产品。自愿供给的主体第三方是非政府和非营利机构,从事非营利性活动的社会组织。在公共产品市场失灵和政府失灵存在的情况下,以第三方为供给主体的自愿供给在公共产品的供给中发挥着重要的作用,并扩大了公共产品的供给领域。但是,由于第三方的能力不足、信息不对称等原因,自愿供给也会出现“自愿失灵”,导致公共产品供给不足。因此,自愿供给也可以和政府供给和市场供给合作。

政府、市场和自愿供给是公共产品的三种供给方式,这三种供给方式之间既有区别又有联系，相互影响，相互补充，共同服务于公共产品的充分、有效供给（图 3-2）。

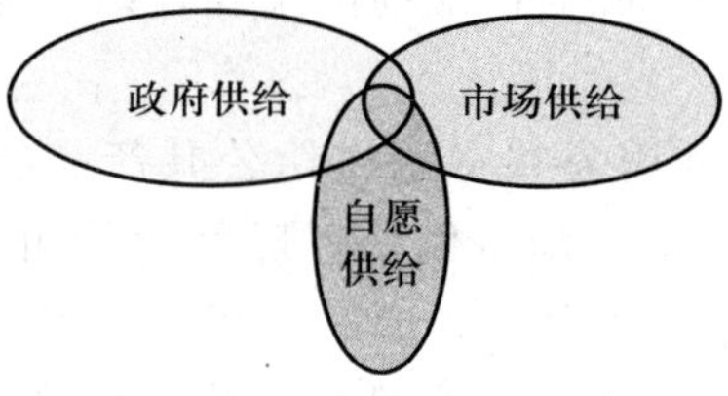

图 3-2 三种公共产品供给方式的关系

专栏 3-2 第三方的公共产品自愿供给——大自然保护协会

大自然保护协会（The Nature Conservancy，TNC）的前身是成立于 1950 年 9 月 11 日的生态学家联盟。大自然保护协会的目的是建立自然保护区，保护那些具有重大科学、教育或美学意义的生态系统和生物多样性。大自然保护协会购买或者受赠具有独特生态学或美学价值的土地，以避免它们被用作其他用途。到 2006 年，大自然保护协会已经在全球掌管了 1.17 亿英亩[①]森林、湿地、草原、丘陵和岛屿，保护了 5 000 英里[②]的河流，管理着 100 个海洋环境保护项目。TNC 以建立自然保护区和保护栖息地的方式保护了很多物种，拥有和管理着世界上最大的私人自然保护区，这些保护地成为珍稀和濒临灭绝的野生动植物的家园。

TNC 作为非政府组织在行动上比公共部门迅速，为保护生态环境和生物多样性做出了突出贡献。但是，由于预算有限，TNC 设定了优先序，首先获得那些最具有独特生态学价值的土地。TNC 也经常和政府、市场合作，努力达到生态环境和生物多样性的有效保护。

资料来源：大自然保护协会

（三）公共产品的消费

公共产品的消费往往会产生“免费搭车”现象，即消费者不需要支付任何费用，却可以享受到与付费者完全相同的效用。在个人利益最大化的驱动下，消费者倾向于消费更多的公共产品，总是希望扩大公共产品的供给范围和数量来满足自己的消费需求。纯公共产品和准公共产品的消费具有不同的特征：

1. 纯公共产品的消费

纯公共产品具有消费的非竞争性和非排他性。只要该公共产品有供给，所有消费者都可同时享用，并且纯公共产品的消费者对其他消费者的边际效用不会产生影响。政府供给的纯公共产品越多，消费者获得的福利也会随之增加。

2. 准公共产品的消费

准公共产品的消费存在“拥挤点”，在消费者的数目增加到拥挤点之前，每增加一个消费者的边际成本是零；达到该点之后，每增加一个消费者的边际成本开始上升；当达到容量的最大限制时，增加额外消费者的边际成本趋于无穷大。排他性公共产品如果仅由市场提供，产品供给往往达不到效率水平；若完全当作公共产品免费供应，会大大增加拥挤成本。由于“拥挤点”的

① 1 英亩 ≈ 4 047 m^2.

② 1 英里 ≈ 1 609 m.

存在，一些共享的产品必须进行排他性的安排，避免消费者数量增加导致消费质量降低。否则，将造成准公共产品的过度使用，产生“公地悲剧”。例如，会员制健身房一方面具有非竞争性，会员使用健身房不会影响其他会员健身获得效用；另一方面又具有排他性，非会员无法享有使用健身房的权利。

专栏 3-3　水资源的多重属性

水资源是具有多重属性的物品，兼具纯公共物品、准公共产品和私人产品的性质。在一定时空范围内，当水资源（包括水环境容量）供给相对于水资源消费足够充裕时，水是自然供给的纯公共产品，同时具备消费的非排他性和非竞争性。随着人口增长和经济发展，对水资源的消费量不断增加，水成为准公共产品。其中，城市供水排水系统、远距离跨流域调水工程等具有非竞争性和排他性，属于俱乐部物品；河流和湖泊的观光旅游等具有消费竞争性和非排他性，属于共有资源。还有一些水的消费既有竞争性，又有排他性，属于私人物品，如桶装水、瓶装水等。

水资源的多重属性使得水资源的供给主体既可以是政府，也可以是市场。在水务行业中，水源、输水管道、供水管网和排水管网具有强自然垄断特性，可以采取政府供给的方式，供水和污水处理具有准公共产品特性，可以引入竞争机制，采取市场供给的方式。例如，供水、污水处理设施可以由政府投资所有，运营交给市场，即“资产国有化、运营市场化”。

二、公共产品的总体需求

公共产品的总体需求不同于私人物品的总体需求。公共产品的总体需求是在需求总量不变条件下个别需求的加总。私人物品的总体需求曲线是个人需求曲线的水平加总，而公共物品的总体需求曲线是个人需求曲线的垂直加总。

如果了解每个人对增加一个单位公共产品的支付意愿，把所有享受该公共产品的人的支付意愿加总，就可以得到总边际收益。要决定公共产品供给的有效水平，必须使加总的边际收益等于生产的边际成本。

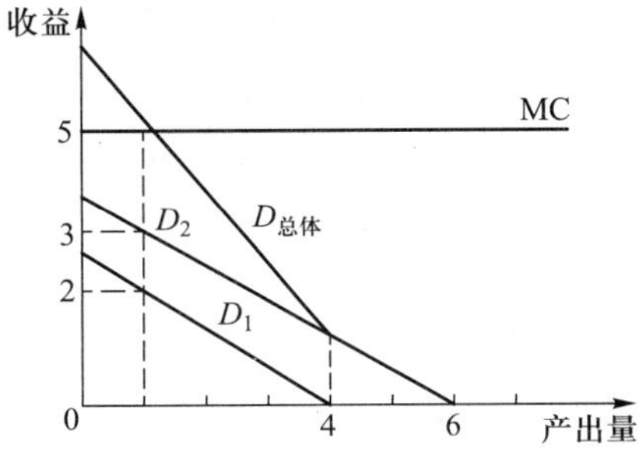

图 3-3　公共产品的总体需求

假设在空气质量市场上只有两位消费者。图 3-3 为公共产品的总体需求。D_1 和 D_2 分别代表两个消费者的需求曲线。对个人来说，空气质量的支付意愿和消费者剩余的意义与私人物品完全相同。当考虑两个消费者时，情况就不一样了。在一个给定的价格水平上，新的消费者加入以后，由于公共物品的性质，并不意味着将消费更多数量的清洁空气。在图 3-3 中，为了得到市场的总体需求曲线，只需要把每一个消费者对清洁空气的个别需求曲线垂直加总。由于所有个别需求曲线是向下倾斜的，所以市场总体需求曲线也是向下倾斜的。

当一种商品是公共产品的时候，由需求曲线 $D_{总体}$ 给出的消费的社会边际收益，就由个人对该商品的需求曲线 D_1 和 D_2 的垂直相加决定。在有效产出水平处，需求曲线 $D_{总体}$ 和边际成本曲线 MC 相交。

虽然理论上可以认为个人对公共产品的需求曲线同对私人物品需求相似，但现实中通常很难获得关于公共产品支付意愿的信息。大部分环境服务具有公共产品性质。通过建立消费者对环境物品的需求曲线,就可以分析环境物品的成本-效益。

三、公共服务

公共服务是由政府主导提供的,与社会经济发展水平相适应,旨在保障全体公民生存和发展基本需求的公共产品。享有公共服务属于公民的权利,提供公共服务是政府的职责。公共服务要符合3个条件:① 基础性。满足人们基本生存需要,包括基本生活保障;满足基本尊严和基本能力需要,包括基础教育、文化体育等;满足基本健康需要,包括医疗卫生等基本的健康保障。② 广泛性,影响到全社会每个家庭和个人。③ 可行性,要与一定的经济发展水平和公共财政能力相适应。公共服务与公民最关心、最直接的生存权发展权紧密相关;政府提供公共服务的范围和标准是动态的,随着经济发展水平和人民生活水平的提高,其范围应逐步扩大,标准应不断调整。政府不仅应该提供公共服务,并且实现基本公共服务均等化,即全体公民都能公平地获得大致均等的公共服务。公共服务体现公民权利与国家责任之间的公共关系。

专栏3-4 中国基本公共服务的范围

2012年7月19日,国务院印发《国家基本公共服务体系"十二五"规划》,这是我国首部国家基本公共服务专项规划。规划规定,"基本公共服务范围,一般包括保障基本民生需求的教育、就业、社会保障、医疗卫生、计划生育、住房保障、文化体育等领域的公共服务,广义上还包括与人民生活环境紧密关联的交通、通信、公用设施、环境保护等领域的公共服务,以及保障安全需要的公共安全、消费安全和国防安全等领域的公共服务"。规划中规定了基本公共教育、劳动就业服务、社会保险、基本社会服务、基本医疗服务、人口和计划生育、基本住房保障、公共文化体育、残疾人基本公共服务九项基本公共服务的制度安排,明确"十二五"期间的重点任务、基本标准和保障工程。

政府是公共服务的主要提供者,但由于人们需求具有多样性,同时政府能力是有限的,使得政府提供的公共服务不能满足所有需求。因此,必须明确政府提供公共服务的范围和结构,根据服务的性质、需求的紧迫和重要程度以及政府能力来确定政府公共服务的优先顺序。

第二节 公共财政

公共财政是在市场经济条件下国家提供公共产品或服务的分配活动或分配关系,是满足社会公共需要的政府收支模式或财政运行机制,是与市场经济相适应的一种财政类型。公共财政是政府提供公共产品和服务的经济基础。由于公共产品和服务的必需性以及存在市场失灵,政府必须通过公共财政生产公共产品,提供公共服务。在市场经济的不同发展阶段,市场失灵的表现形态和范围有所不同,公共财政的范围和内涵也会有所差异。

一、公共财政的特征

公共财政主要具有以下三个特征:

1. 公共性

公共财政把满足社会公共需要作为主要目标或基本出发点。公共财政的职能范围是根据社会公共需要界定的，不属于或不能纳入社会公共需要领域的事务，财政不介入；凡属于或可以纳入社会公共服务领域的事项，财政就应当负责。生态环境保护是典型的公共产品，属于公共财政的职能范围。

2．非营利性

公共财政应该以公共利益最大化为目标，不直接从事市场活动和追逐利润。财政收入主要来源于社会经济生活中市场主体、法人实体和城乡居民依法缴纳的各种税赋，纳税人具有享受基本公共服务的权利。财政支出要以满足社会公共需要为宗旨，主要集中于公共基础设施建设、国防、科教文卫发展、生态环境保护与治理，以及社会福利和社会保障制度建设等社会公共需要。在一定的发展阶段，还应把满足公共需要的程度作为组织国家财政收支活动的边界，以及衡量财政收支规模适当与否的标准。

3．法制性

公共财政应该建立在相关法律基础上，公共财政是国家职能，公共财政的覆盖范围是由政府的事权决定的。在市场经济条件下，政府的各项事权通过立法程序规定。因此，财政活动需要通过法律法规形式明确和规范财政收入的方式、数量和财政支出的去向、规模等内容，确保其符合社会公众的根本利益。

完全意义上的公共财政至少应当包括以下四点本质规定：① 以增进绝大多数社会成员的公共利益为宗旨；② 以提供公共产品、公共服务，满足社会公共需要为目标；③ 实行民主决策；④ 充分接受民主监督。

二、财政收入

财政收入又称公共收入，是指政府满足公共服务需要，参与社会产品分配，从企业、家庭取得的所有收入。财政收入的定义有广义和狭义之分。广义财政收入包括政府的一切收入，主要包括税收收入、国债收入、国有资产收入和各种行政收入。狭义的财政收入是指政府每年的定期收入，包括税收收入和除国债外的非税收入。通常采用的是狭义的财政收入概念，将其分为税收收入和非税收入两类，其中税收收入占据主导地位。财政收入是衡量一国政府财力的重要指标，政府在社会经济活动中提供公共产品和服务的范围和数量，在很大程度上取决于财政收入的规模。

财政收入对国民经济运行和社会发展的重要作用主要体现在：① 财政收入是国家各项职能得以实现的基础，财政收入规模的大小是衡量国家经济实力的重要标志；② 财政收入是国家宏观调控的重要经济杠杆，可以通过增收或减收来发挥总量调控作用；③ 财政收入可以调整国民收入初次分配的格局，是缩小贫富差距和实现社会公平的重要工具。

专栏3-5　中国的财政收入

财政收入规模是政府在一个财政年度内所拥有的财政收入总水平，是体现政府财力的重要指标，可以反映政府提供公共产品和服务的能力。1994年，中国实行分税制以来，财政收入以年均20%的增长率快速增长，财政收入规模不断增大，为提供公共服务奠定了资金基础。2015年，中国财政收入达到15.2万亿元，其中中央财政收入为6.9万亿元，地方财政收入为8.3万亿元。相比于1995年的3 256.62亿元（中央）和2 985.58亿元（地方），2015年中央和地方财政收入分别增长了21.1倍和27.8倍（图3-4）。

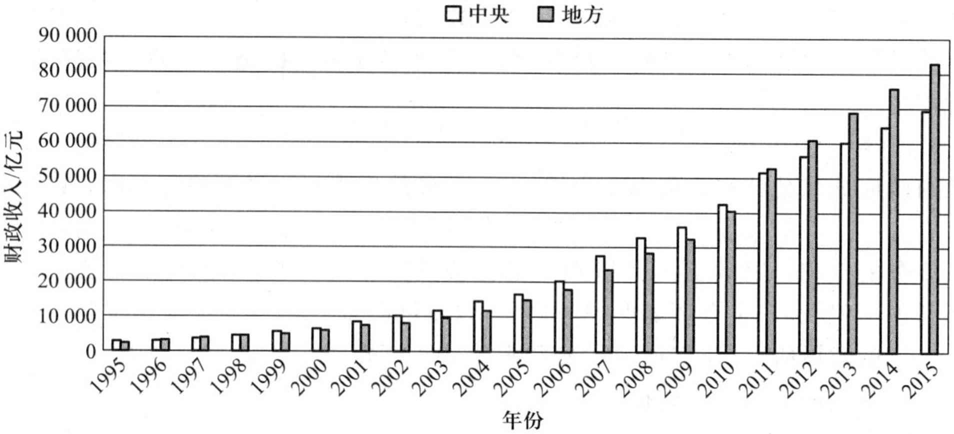

图 3-4 1995—2015 年中央和地方财政收入增长情况

数据来源:中国统计年鉴。

三、财政支出

财政支出又称公共支出,是政府为提供公共产品和服务,满足社会共同需要而进行的财政资金支付。财政支出是政府为实现其职能对财政资金进行的再分配,是政府供给公共产品和服务的财力保障。政府获得的财政收入只有按照行政及社会事业计划、国民经济发展需要进行统筹安排,才能为完成国家职能提供财力保证。财政支出包括如下三方面:① 维护国家机构正常运转的支出需要,如国防外交、社会治安、行政管理等;② 用于公共服务、公共福利的支出,如义务教育、社会保障、环境保护等;③ 基础设施和基础产业方面的投资,如公路、铁路、电力等。我国公共财政支出科目共分为教育、医疗卫生、社会保障和就业、保障性住房等 23 类。

专栏 3-6 中国的财政支出

财政支出规模是指政府在一个财政年度内通过财政渠道安排和使用财政资金的总水平,体现了政府的职能和活动范围。2015 年,中国财政支出达到 17.6 万亿元,其中中央财政支出 2.5 万亿元(占 14.2%),地方财政支出 15.0 万亿元(占 85.8%)。相比于 1995 年的 1 995.4 亿元和4 828.3 亿元,2015 年中央和地方财政支出分别增长了 12.5 倍和 31.1 倍(图 3-5)。

四、环境财政

环境财政是国家为保护生态环境和自然资源,向社会和公众提供环境服务、保障国家环境安全所发生的政府收入和支出活动。环境财政是公共财政在环境保护领域的表现形式。由于环境定价也直接和间接影响政府的环境财政收入和支出,因此,环境财政主要包括财政收入、财政支出和公共部门定价 3 个组成部分。

环境财政是公共财政的重要组成部分,是因为环境问题的不断加剧,以及环境问题对人类福利、社会稳定和可持续发展的影响。由于环境保护供给的公共性和紧迫性,以及环境保护市场配置的失灵,要求政府通过公共财政的宏观调控,对环境资源实行合理配置。世界各国都逐

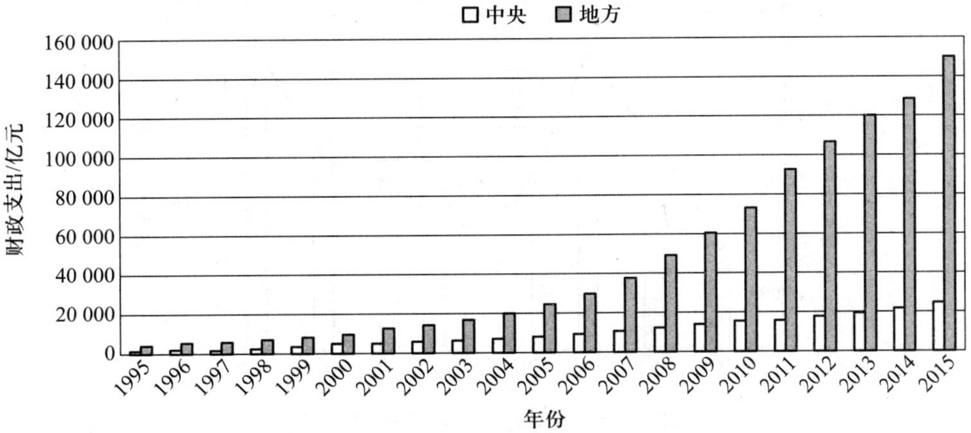

图 3-5 1995—2011 年中央和地方财政支出增长情况

数据来源:中国统计年鉴。

渐把环境保护纳入公共财政的主要职能范围。在中国,市场经济的发展要求政府提供环境安全,以纠正环境资源市场配置失灵,保障中国市场化进程顺利进行。因此,环境财政成为中国公共财政的重要组成部分。

环境财政的总体目标是:通过建立、改革和完善财政收入、支出和定价政策和管理体制,保护生态环境和自然资源,实现社会经济的可持续发展。环境财政主要有以下四个职能:通过财政支付,支持政府和相关部门履行保护生态环境和自然资源的职能;通过财政投资,向社会提供公共环境服务;通过税收、定价等手段,筹集用于环境保护的资金;通过税收、定价、投资手段,调节社会对生态环境和自然资源的经济行为,提高资源利用效率。

2006 年 2 月,财政部将环境保护作为类级科目纳入《政府收支分类改革方案》及《2007 年政府收支分类科目》,国家财政预算首次设立“211 环境保护”科目,并于 2007 年 1 月 1 日起全面实施,从此环境保护支出科目被正式纳入国家财政预算。“211 环境保护”科目属于财政支出功能分类科目的第 11 类,包括环境监测与监察支出、污染防治支出等 10 个款。2008 年、2009 年逐步增加“款级”“项级”科目,包括 2008 年新设立“能源节约利用、污染减排、可再生能源”三个款,2009 年新设“资源综合利用、能源管理事务”款。2015 年将“资源综合利用”改名为“循环经济”。“211 环境保护”科目下的“款级”数量确定为 15 个,截至 2017 年无再增减。经过 2008 年和 2009 年对“环境保护”类不断增添与节约能源相关的款项,2011 年国家将“211 环境保护”科目更名为“211 节能环保”科目,可以将其下设款项归纳为污染控制、生态保护和能源 3 类。

图 3-6 为 2008—2015 年环保支出增长情况。由图可见,2008 年至 2015 年环境保护科目支出总额(含中央财政和地方财政)从 1 451.36 亿元升至4 802.09 亿元,环境保护支出占财政总支出的比例有了小幅增长,从 2008 年的 2.32%,升至 2015 年的 2.73%。

图 3-7 为 2008—2015 年环保项目支出情况。从构成上看,2008 年至 2015 年污染控制类(如污染减排)所占比重一直最大,生态保护类(如退耕还林)和能源类(如能源节约利用)比重依次递减。但能源类支出力度逐年加大,所占比重也在不断提高,截至 2015 年,三类支出比重已经非常接近。

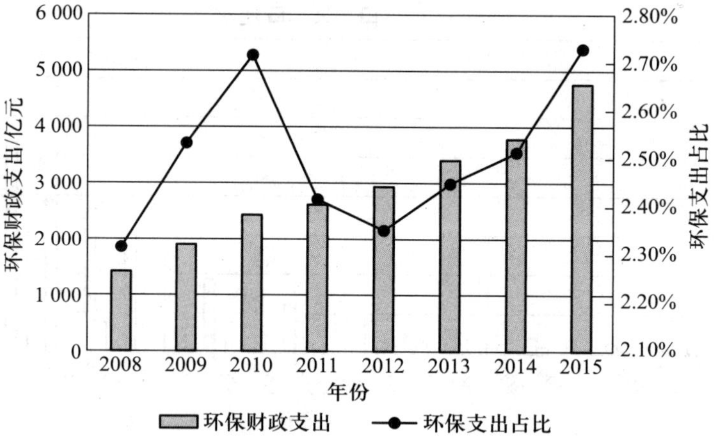

图 3-6 2008—2015 年环保支出增长情况

数据来源:财政部历年全国一般公共预算支出决算表。

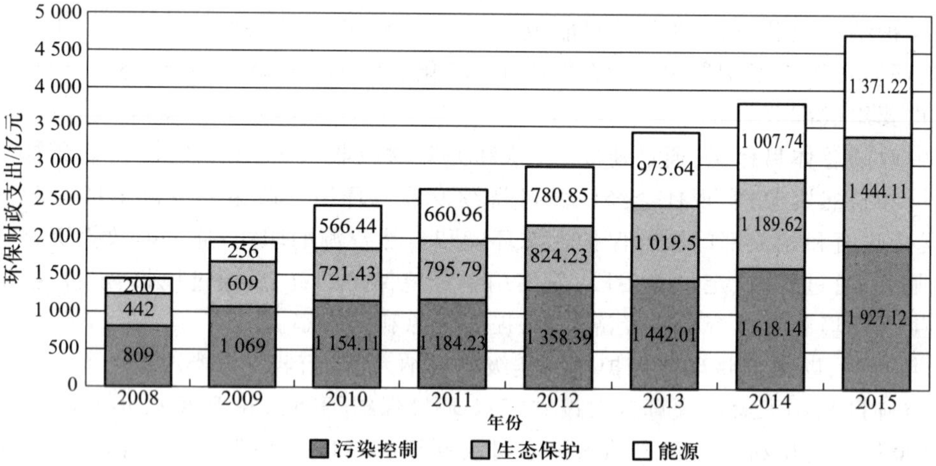

图 3-7 2008—2015 年环保项目支出情况

数据来源:财政部历年全国一般公共预算支出决算表。

第三节 公共选择理论

一、公共选择的核心问题

公共选择是指多个个体组成的群体,如何进行共同选择,以实现群体利益的最大化。与私人物品支出通过市场价格决策不同,公共产品的支出通过政府的政治程序决定。因此,公共选择是对政府决策过程的经济学分析。公共选择的核心问题主要包含个人的公共产品偏好和公共选择规则两方面。

(一)个人的公共产品偏好

公共决策与私人决策不同。私人决策中,决策者知道自己的偏好;公共决策中,决策者要了解和掌握他代表的那些人的偏好。公共产品的决策是公共选择问题，公共选择应该反映个人的公共产品偏好。由于公共产品的私人相关性不同，个人对那些私人利益相关性较强的公共产品（如教育、医疗）具有更强的偏好，对那些私人利益相关性较弱的公共产品（如环境、生物多样性）具有较低的偏好。因此，当政府财力有限，公共产品的供给存在竞争时，考虑到个人的公共产品偏好，公共选择的结果往往是政府优先供给私人利益相关性较强的公共产品，环境和生态这类私人利益相关性较弱的公共产品往往不会充分供给。

不同人的偏好并不相同，而且人们没有真实表露偏好的激励。如果他们不必为某种公共产品付费，人们就会表露出更高的公共产品需求；如果他们要为某种公共产品付费，人们就会隐瞒真实的公共产品需求。例如，当人们不需要为跨流域调水付费时，人们会希望政府通过跨流域调水增加水资源供给；当人们需要为跨流域调水付费时，对政府跨流域调水的支持度下降，会通过自备水井等方式满足个人水资源的需求。

个人的公共产品偏好受到收入和税收的影响。通常，收入水平越高，对公共产品的需求量越大。税收价格在人们之间的分布情况影响人们的公共产品偏好水平。税收价格是当政府支出增加 1 美元时，个人必须支付的额外税收。在统一税制下，不管收入多少，每个人的税收价格相同。此时，只有收入效应，低收入者喜欢较低的公共产品供给量，高收入者更喜欢较高的公共产品供给量。在比例税制下，每个人按相同的收入百分比纳税。低收入者面对的是较低的税收价格，他们偏好的公共产品供给量较高，但是由于收入较低，他们对公共产品的需求量较少。高收入者反之，替代效应（较高的税收价格）导致较低的公共产品偏好，而收入效应导致高的公共产品需求。即在比例税制下，高收入者和低收入者的净效应都不明确。在累进税制下，税收价格增加的比例超过收入增加的比例。收入效应和替代效应的影响与比例税制相同，只是在累进税制下，低收入者面对的税收价格低于比例税制，对公共产品的需求量更大。在比例税制和累进税制下，高收入者对某种公共产品的公共需求偏好可能比低收入者更低。

（二）公共选择规则：多数投票与投票悖论

公共选择的结果不仅取决于社会成员的公共产品偏好，还取决于公共选择的规则。由于人们的公共产品偏好千差万别，在进行公共选择时，需要制定公共选择规则来协调意见分歧，实现群体利益最大化。公共选择往往通过投票进行决策，因此公共选择规则也被称为投票规则。最常见的决策规则就是多数投票规则，即少数服从多数，主要包括全体一致投票、简单多数投票和 2/3 多数投票，拥护者的比重需要达到 1 和 1/2 以上或 2/3 才能确保决策通过。但是，当有不止两个备选方案时，多数投票可能不能得出明确结果。在 1785 年法国哲学家孔多塞发现，多数投票规则在两个以上方案进行选择时，可能导致不确定的投票结果，即存在“投票悖论”或“孔多塞悖论”。

例如，有甲、乙、丙三个人，每个人面临 A、B、C 三种方案，分别代表政府高、中、低水平的公共产品供给。每个人对三种方案的偏好顺序见表 3-2。

表 3-2　三个成员的三种选择方案

	选择一	选择二	选择三
甲	A	B	C
乙	C	A	B
丙	B	C	A

比较方案A和B发现,甲、乙两人都认为A优于B;比较方案A和C发现,乙、丙两人都认为C优于A。由此可见,C优于A,A优于B,方案C是最优选择。但是,比较方案B和C发现,甲和丙都认为B优于C。因此,多数投票规则的均衡解可能并不存在,最终选择结果取决于投票的顺序,不同的投票顺序会导致不同的集体选择结果。如果方案A和B先选,方案C胜出;如果方案A和C先选,方案B胜出;如果方案B和C先选,方案A胜出。多数投票可能不存在确定性结果;即使存在确定性结果,也可能是低效率的,人们选择对自己有利的投票顺序,进行策略性投票。

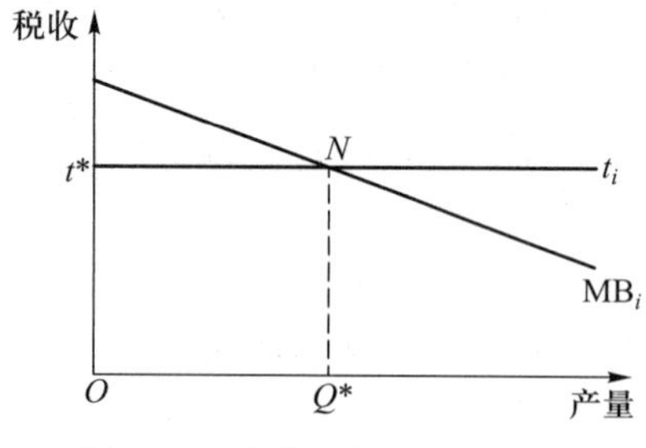

图3-8 公共选择的政治均衡

与市场均衡类似,公共选择也会达到政治均衡,即根据既定的规则,社会成员就一种或多种公共产品的供给量及税收价格的分配达成一致协议。政治均衡的实现条件是:个人承担的税收价格等于该公共产品带给他的边际效益。在政治均衡点上,人们获得的满足程度最大。如图3-8所示,t_i和MB_i分别为某个人为每一单位公共产品所承担的税收价格和该公共产品的边际效益曲线。N点是政治均衡点,满足$t_i=MB_i$,t^*为均衡的税收价格,Q^*为其最偏好的公共产品供给量。公共产品的供给量低于Q^*时,虽然税收价格低于边际效益,但个人未获得足够的公共产品。公共产品的供给量超过Q^*时,虽然个人获得更多公共产品,但承担的税收价格高于边际效益。因此公共产品供给量不足或过剩都导致个人的情况变差。

(三)阿罗不可能定理

无止境的循环投票不能产生可接受的结果,为了解决这个问题,公共选择机制必须具备四个基本特征:

1. 偏好传递性。即如果某个个体认为A比B好,B比C好,则他一定认为A比C好。用数学语言表述为:若A>B,B>C,则A>C。简单多数投票规则正是缺少这个特征,才陷入投票悖论。

2. 个体偏好独立性。公共选择结果应该独立于无关的备选方案,如果对篮球场和足球场进行选择,选择结果不应取决于是否有第三个备选方案(如网球场)。

3. 个体选择自由。即不能通过限制个人偏好顺序的定义域来产生某一个社会偏好顺序。

4. 非独裁原则。如果把决策权交给一个独裁者,独裁者就会根据自己的个人偏好进行决策,不会出现投票悖论。但是,在民主社会中,真正意义的公共选择要反映多数人的偏好。

但是,美国经济学家阿罗(Kenneth Arrow)认为根本不存在可以满足选择机制所有特征的投票方案,这一定理被后人称为"阿罗不可能定理"。阿罗不可能定理表明,既保证效率、尊重个人偏好、并且不依赖程序的多数规则的投票方案并不存在。当社会所有成员的偏好为已知时,不可能通过一定的方法从个人偏好次序得出社会偏好次序,不可能通过一定的程序准确地表达社会全体成员的个人偏好或者达到合意的公共决策。

二、决定公共支出的方法

公共支出是政府为提供公共产品和服务产生的财政资金支付以及转移支付行为。与私人物品的市场均衡一样,公共产品的均衡也应该满足边际收益等于边际成本,即个人承担的税收价格等于该公共产品带给他的边际效益。决定公共支出的方法多种多样,最著名的是瑞典经济学家林达尔(Erik Lindahl)提出的"林达尔均衡",借鉴私人物品的市场均衡实现过程,模拟公共支出的均衡。

“林达尔均衡”假设社会由甲、乙两个人组成，他们面临的税收价格分别为 P_1 和 P_2，公共产品需求量均为 G^*。将图 3-9(a)和(b)所示的个人需求曲线纵向相加，可以得到总体需求曲线。在供给曲线上，价格衡量的是供给的边际成本，即税收价格；需求曲线上，价格衡量的是需求的边际收益，即政府多供给 1 单位公共产品的边际支付意愿。林达尔均衡即为总体需求曲线与供给曲线的交点。在 G^* 点，社会公共支出的边际收益等于边际成本，具有帕累托效率。因此，林达尔均衡是累计边际生产成本的税收价格集，在这些税收价格既定的情况下，每个人都偏好相同的支出水平 G^*。

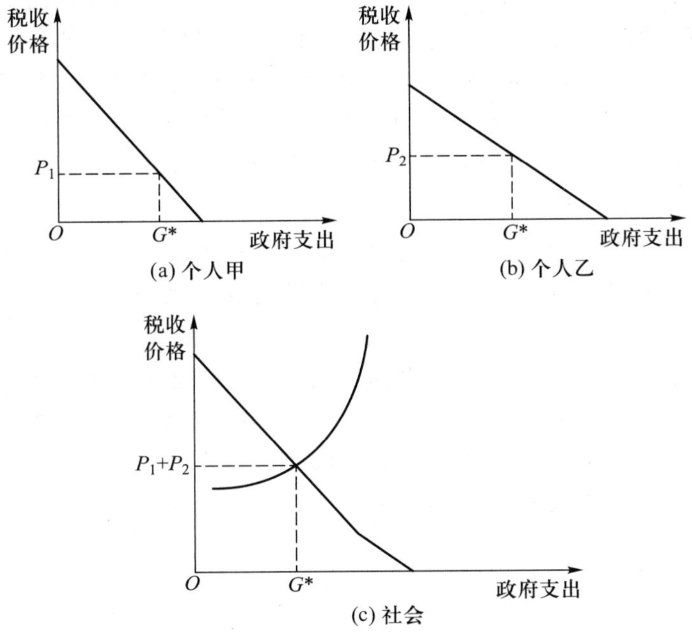

图 3-9　林达尔均衡

林达尔均衡虽然实现了帕累托效率，但是均衡的实现是建立在人们真实表露公共产品偏好的基础之上的。如果税收价格随着偏好的增加而上升，人们也没有如实表露偏好的激励。在这种情况下，即使达到了林达尔均衡，也不是帕累托效率。

三、公共选择的参与主体

公共选择的参与主体包括社会成员（投票者）、政治家（政党）、政府部门（官员）和特殊利益集团，他们的行为各有特点，在公共选择中发挥着不同的作用。

（一）社会成员（投票者）

社会成员是否参与投票主要取决于投票的收益和成本。投票的收益是行使公民权利中所获得的满足和利益，投票的成本是参加投票的费用、时间和精力的支出。当且仅当投票带来的期望收益大于投票成本，即有净效益（MB−MC>0）时，社会成员才会参加投票。由于社会成员众多，个人影响投票结果的概率极低（接近于 0），相对于投票收益，投票成本更高。因此，社会成员参与投票的热情普遍较低。但是，社会成员的公共产品偏好在一定程度上影响公共选择结果。

（二）政治家（政党）

在公共选择过程中，政治家和政党通过选票最大化实现自我利益，公共利益和社会资源的有效配置并不是其追求的最终目标。当且仅当自我利益与公共利益一致时，政治家和政党才会制定有利于社会资源的有效配置的政策。任何政党或政治家想要获得极大化的选票和高支持率，必须使自己的方案符合中间投票者①的意愿。例如，政治家和政党在决定是增加教育还是环境保护的公共支出时，为了获得高支出率，往往倾向于选择符合中间投票者意愿的教育，而不是私人利益相关性较弱的环境保护。

（三）政府部门（官员）

政府部门及政府官员追求公共权力最大化，而公共权力大小与其控制的社会资源数量正相关，也即与政府预算的规模正相关。因此，政府部门及官员追求公共部门权力最大化必然导致政府预算规模最大化。由于政府部门通常具有提供公共产品的垄断权，掌握公共产品和服务的相关信息，为了追求预算规模最大化，他们具有夸大公共产品和服务社会效益的激励，引起公共产品或服务的供给量过剩，高于最佳供给水平，造成社会福利损失。

（四）特殊利益集团

特殊利益集团是由具有共同利益的人组成的，能够对政府决策施加影响的团体。特殊利益集团主要借助于两个渠道影响政府决策，一是通过提供资金、游说和拉选票等活动对政党施加影响；二是利用组织起来的选票集中度对政府施加影响，实现自身利益最大化，具体方式包括游说政府官员、选民代表、舆论宣传、政治捐款、赞助选举、直接或间接操纵选举等。特殊利益集团追求自身利益最大化，与社会成员相比，它们对政府决策的影响力要大得多。特殊利益集团操纵公共选择过程，使其成为谋取局部利益或个人私利的手段，导致公共选择过程不能保证公共决策真正符合社会需要，多数人输在了少数人手中。

要点总结

根据竞争性和排他性，可以将物品分为四类：纯公共物品、共有资源、俱乐部物品和私人物品。前三类都是公共物品，同时具有非竞争性和非排他性的是纯公共物品，其他两类是不同时具有非排他性和非竞争性的准公共物品。公共物品的“免费搭车”和准公共物品的“拥挤性”特征为公共物品的定价和管理提供了理论依据。公共产品的供给方式主要有政府供给、市场供给和以第三部门为主体的自愿供给三种。在供给的同时要保证公共服务的均等化，即全体公民都能公平地获得大致均等的公共产品。

公共财政是国家（或政府）利用社会资源，提供公共产品和服务，满足社会公共需要的分配活动或经济行为。公共财政具有公共性、非营利性和法制性三个基本特征，通过财政收入和支出提供公共产品和服务，实现政府职能，满足社会共同需要。财政收入是国家各项职能履行的基础，是国家宏观调控的重要经济杠杆，是缩小贫富差距的重要工具。税收是财政收入的主要来源。财政支出又称公共支出，是政府为提供公共产品和服务，满足社会共同需要而进行的财政资金支付。

环境财政是国家为保护生态环境和自然资源，向社会和公众提供环境服务、保障国家环境

① 中间投票者是指偏好结果处于所有投票者最偏好的结果的中间状态的投票者。

安全所发生的政府收入和支出活动。自2007年1月1日起，环境保护支出科目被正式纳入国家财政预算。2011年国家将“环境保护”科目更名为“节能环保”科目，分为污染控制、生态保护和能源3个子类。

公共选择是对政府决策过程的经济学分析。公共选择的核心问题主要包含个人的公共物品偏好和公共选择规则两方面。与私人物品的市场均衡一样，公共物品的均衡也应该满足边际收益等于边际成本，也即个人承担的税收份额等于该公共物品带给他的边际效益。公共选择的参与主体包括社会成员（投票者）、政治家（政党）、政府部门（官员）和特殊利益集团，他们的行为各有特点，在公共选择中发挥着不同的作用，最终达成公共选择的政治均衡。

思考题

1. 相对于私人物品，公共物品具有哪些特性？如何分类？
2. 公共物品和服务的供给类型有哪些？
3. 什么是基本公共服务？中国的基本公共服务包括哪些？
4. 公共财政具有哪些主要特征？
5. 中国的环境财政规模有多大，包括哪些领域？
6. 如何理解阿罗不可能定理和林达尔均衡？

参考文献

1. 蒂坦伯格，刘易斯. 环境与自然资源经济学[M]. 王晓霞，译. 8版. 北京：中国人民大学出版社，2010.
2. 方福前. 公共选择理论：政治的经济学[M]. 北京：中国人民大学出版社，2000.
3. 高培勇. 公共经济学[M]. 3版. 北京：中国人民大学出版社，2012.
4. 龚六堂. 公共财政理论[M]. 北京：北京大学出版社，2009.
5. 马中. 中国水价政策研究[M]. 北京：中国环境出版社，2014.
6. 齐守印. 论公共财政及其经济职能[C]. 第14次全国财政理论研讨会论文，2006.
7. 萨缪尔森，诺德豪斯. 经济学[M]. 萧琛，译. 19版. 北京：商务出版社，2013.
8. 斯蒂格利茨. 公共部门经济学[M]. 郭庆旺，译. 3版. 北京：中国人民大学出版社，2005.
9. 王晓光. 财政与税收[M]. 2版. 北京：清华大学出版社，2013.
10. 曾军平. 公共定价分析[M]. 上海：上海财经大学出版社，2009.

第四章

物质平衡理论

物质平衡理论主要依据质量守恒定律分析经济的生产和消费过程。在经济系统中,生产和消费活动是一系列的物理变化和化学变化过程,商品实际上是提供效用和服务,其物质实体仍然存在,最终或者被重新利用,或者被排入自然环境中。实现社会再生产和经济发展,分析环境-经济系统的物质平衡关系和价值平衡关系,证明“外部不经济性”普遍存在,纠正市场失灵,需要建立环境管理体制和政策体系。本章介绍物质平衡的概念模型,物质平衡与一般均衡模型,环境管理模型。

第一节　物质平衡的概念模型

准确地说,经济学分配理论不是关于物质实体的,而是关于服务的。物质在自然界中不可能被毁灭,除非通过反物质的湮灭。物质实体只是携带某种服务的载体。商品之所以被交易,只是由于消费者具有使用它们相关服务的偏好。对生产者来说,则是因为商品能够在生产过程中实现增值。因此,经过生产过程和消费过程之后,商品的物质实体并没有消失,只是从原来有用的物质形态变成了无用的废弃物。当废弃物积累到一定程度并对环境造成影响时,便成为污染物,这些污染物通常只提供负服务(例如,污水杀死鱼类,废气损害人体健康,酸雨毁坏建筑物等),而不是提供正服务。

在经济系统中,生产活动和消费活动就是在进行一系列的物理变化和化学变化。物理变化和化学变化都服从质量守恒定律,也就是物质反应前后的质量是不变的,因此,生产活动和消费活动也遵从质量守恒定律。质量守恒定律是自然界普遍存在的基本定律之一。在任何孤立系统中,不论发生何种变化,其总质量始终保持不变。或者说,任何变化,包括化学反应和核反应,都不能消除物质,只是改变了物质的存在形态或结构。

20 世纪初,爱因斯坦(Albert Einstein)推导出了狭义相对论,他指出,物质的质量和它的能量成正比,可用以下公式表示:

$$E = mc^2 \tag{4-1}$$

式中:E——能量;

m——质量;

c——光速。

上述公式说明物质也可以转变为辐射能,辐射能也可以转变为物质。这一现象并不意味着物质会被消灭,而是物质的静质量转变成另外一种运动形式。由此,质量守恒定律与能量守恒定律一起被称为质能守恒定律。

根据能量守恒定律,能量既不能凭空产生,也不能凭空消失,它只能从一种形式转化为另一种形式,或者从一个物体转移到另一个物体。它是自然界最普遍、最重要的基本定律之一。大到宇宙天体,小到原子核内部,只要有能量转化,就一定服从能量守恒定律。该定律又被称为热力学第一定律,其热力学定义为:一个热力学系统的内能增量等于外界向它传递的热量与外界对它做功的和。公式表达如下:

$$\Delta E = -W + Q \tag{4-2}$$

式中:ΔE——内能增量;

W——外界对系统做功,为正值;

Q——外界向系统传递的热量。

它是能量守恒与转化定律在热现象领域内所具有的特殊形式,说明热力学能、热和功之间可以相互转化,但是总的能量不变。

专栏 4-1　热力学定律与环境经济系统

如果环境空间足够大,环境可以被视为一个封闭系统,这个封闭系统既没有来自外部的投入(能量、物质等),也没有物质和能量输出系统之外。热力学第一定律表明:能量和物质既不能被创造也不能被消灭。

经济系统包含于环境系统之中。从环境输入经济系统的物质或者在经济系统中积累起来,或者经过生产和消费以污染物的形式返回到环境中。当积累过程停止时,从环境输入经济系统的物质总量在质量上等于从经济系统流入环境的物质总量。

热力学第二定律证明,能量从一种形式转换到另一种形式会发生损失,总会消耗掉一些能量,并且该消耗是不可逆的,不能做功的能量称为“熵”,能量损失表述为“熵增”。热力学第二定律也意味着,如果没有新的能量输入,任何一个封闭系统最终都会耗尽它所拥有的能量。对于环境系统而言,能量一旦耗尽,生命也必然终止。因此,从长期来看,环境系统的生存必然取决于太阳能的不断输入,而生存状况依赖于太阳能的转化利用能力。

从整个经济系统物质平衡的角度可以考察环境污染及其控制的过程。这个经济系统投入的是燃料(如煤炭)、食物(如小麦)和原材料(如矿石)。经过生产过程之后,这些投入的一部分转换成为有效用的最终商品,另一部分变成残余物,排放进入环境。除了被储存的商品外,最终商品被消费后,也要成为残余物进入环境。因此,应当强调指出,无论商品是被“生产”还是被“消费”,实际上只是提供了某些效用、功能和服务。其物质实体仍然存在,最终残余物或者被重新利用,或者被排入自然环境中。

这个结论可以用图 4-1 来说明:

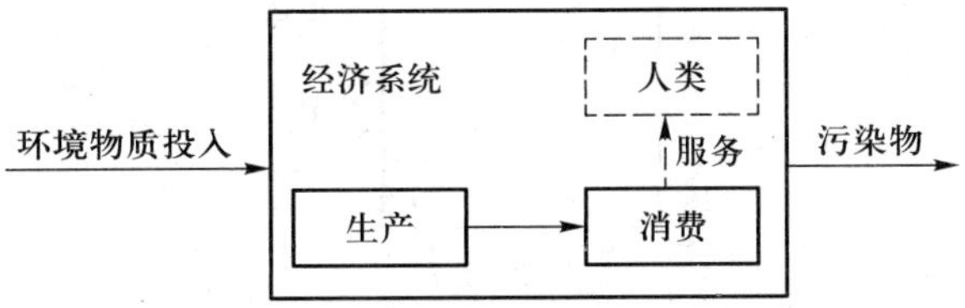

图 4-1　环境与经济系统的物质流动关系

从图 4-1 可以看出,如果生产和消费过程中不存在积累,投入的环境物质最终必然以污染物的形式返回环境。在这个物质流动过程中,环境物质投入的唯一功用就是为人类提供了服务,即图中虚线箭头所示。

但是在现实经济中,生产和消费过程都存

在积累。若把这些积累考虑进去，就可以得出一个推论：在一个足够长的时期内，制造的产品的质量（已被消费的和未被消费的），加上生产和消费过程中产生的污染物的质量，必然大致等于最初从自然界获取的质量。

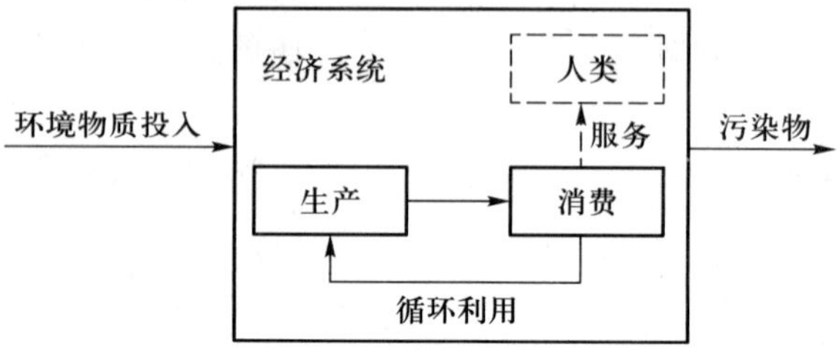

图 4-2　考虑循环利用后环境与经济系统的物质流动关系

但是污染物不一定必然排入环境。如果循环利用，废弃物就有可能返回生产过程，成为原材料的一部分，再次被利用。在这一条件下，图 4-1 可以变为图 4-2。

因此，虽然根据物质平衡理论可以推断，为了保证一定的生产和消费水平，也就是为了保证对人类一定的服务水平，必须不断投入新的环境物质。如果服务水平不变，新物质的投入可以随着能量转换效率、物质利用效率和废弃物回收效率的提高而减少。类似地，在其他条件相同的情况下，用于固定资产的积累，如汽车、建筑物、机器等耐用消费品的使用时间越长，用于补偿损失、磨损、报废所需要的新物质的量就越少。

为了进一步考察物质平衡关系，需要对传统的经济系统结构做一些改造。通常所说的经济系统只包括生产部门和消费部门。生产过程实际上是对来自环境的物质进行了加工，在这一过程中，没有任何新的物质被“生产”出来。根据物质流动关系和功能不同，可以把生产部门分为能量转换和物质加工两个部门。又考虑到污染物处理已经成为现代经济系统的基本功能，因此，在经济系统内部还应当设立污染物处理部门。

改造后经济系统内部的物质流动关系可以用图 4-3 来表示。

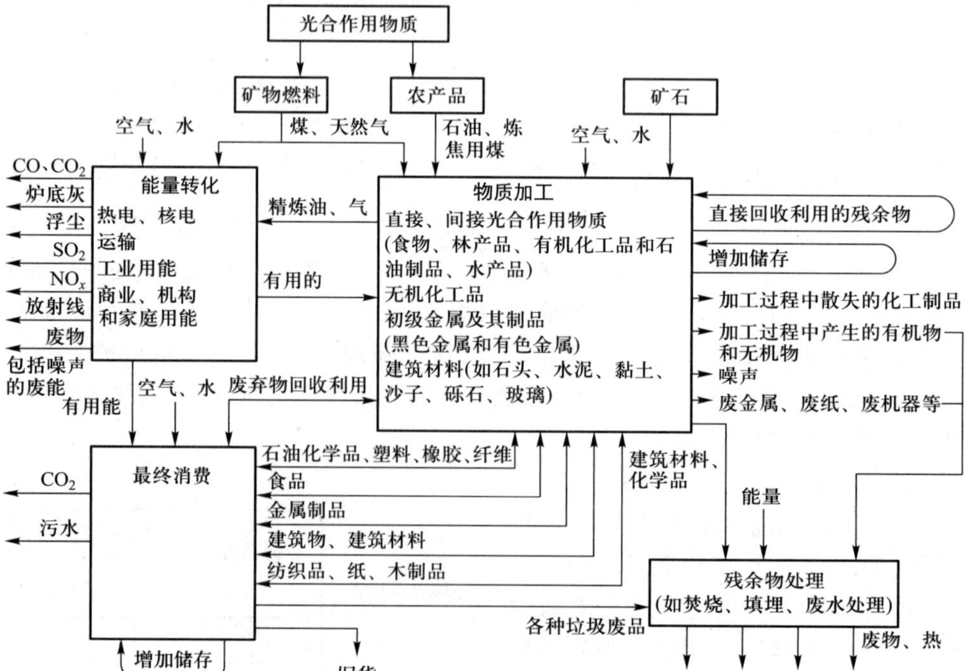

图 4-3　物质流动关系图

资料来源：克尼斯. 经济学与环境[M]. 马中，译. 北京：三联书店，1991.

图 4-3 表明,在一个封闭的(没有进口或出口)、没有物质(植物、设备、储备、耐用消费品和建筑物)净积累的经济系统中,排入自然环境中的污染物量必然大致等于进入经济系统的物质量之和。

专栏 4-2　水量平衡模型

水量平衡模型是物质平衡模型的一种,是质量守恒定律在经济系统中水资源使用和处理上的应用,说明水资源的功能在改变,但是总量不变,即从环境进入经济系统的水量等于从经济系统排入环境的水量。

现代经济系统包含能量转换、物质加工、最终消费和污水处理四个部门,系统内部以及经济系统与环境之间,存在着水的流动关系(图 4-4)。自然环境中的水进入经济系统,经过加工、消费,一部分水成为废水直接进入自然环境;另一部分水进入含水产品,经过消费之后,排放进入环境。加工和消费过程产生的废水也可以循环利用(图 4-5)。

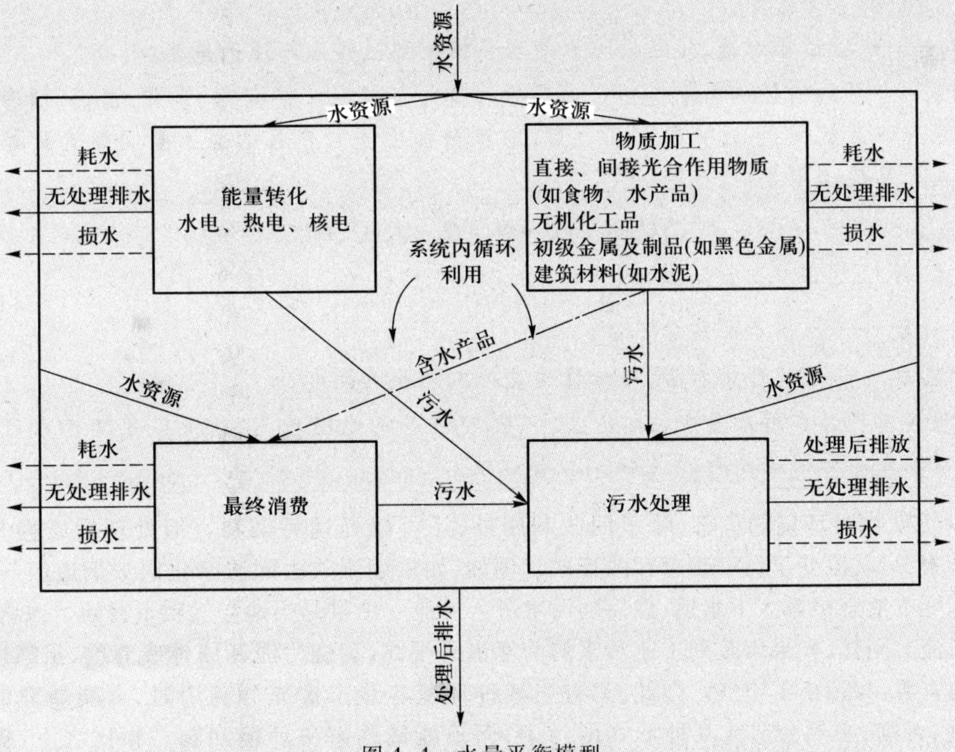

图 4-4　水量平衡模型

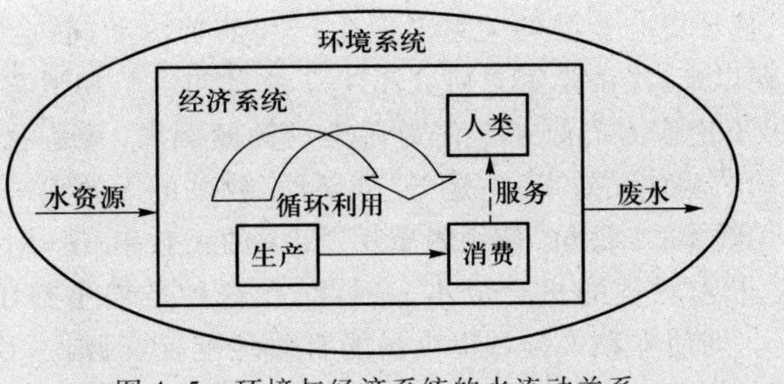

图 4-5　环境与经济系统的水流动关系

水量平衡模型表明，在生产、消费、循环、储存水平不变的封闭经济系统中，经过足够长的时间之后，从环境进入经济系统的水量（取水量）必然大致等于从经济系统排入环境的水量（排水量）。

具体而言，水量平衡模型存在如下等量关系：

（1）排入环境的水可以分为耗水、损水、处理后排水和无处理排水。

$$Q_s=Q_o=Q_h+Q_l+Q_d \tag{4-3}$$

式中：Q_s——取水量；

Q_o——排水量；

Q_h——耗水量，是在输水、用水过程中，通过蒸腾蒸发、土壤吸收、产品带走、居民和牲畜饮用等多种途径消耗掉的水量；

Q_l——损水量，是在输水、供水、排水环节，由于管网跑水、冒水、漏水、滴水、渗水等造成的水量流失；

Q_d——处理后排水量，指经过污水处理系统处理后排入环境的废水。

（2）一个开放的经济系统包括含水产品的流入与流出。在生产、消费、循环、储存水平不变的开放经济系统中，经过一段时间之后，取水量加上流入产品的含水量必然大致等于排水量与流出产品的含水量之和。

$$Q_s+Q_1=Q_o+Q_2=Q_h+Q_l+Q_d+Q_u \tag{4-4}$$

式中：Q_1——流入产品的含水量；

Q_2——流出产品的含水量；

Q_u——无处理排水量，指未经处理排入环境的废水。

如果含水产品在用水量中占的比重小，而经济系统规模较大，就可以忽略含水产品流入和流出对水量的影响。此时，式（4-3）依然成立。

减少污染物对环境的危害，除了回收利用外，还可以处理污染物。但处理污染物并不能使污染物消失，只是改变了污染物存在的形式。例如，如果用湿式去除法净化锅炉烟道废气，污染物就从气态变成液态被排入下水道，然后随污水进入河流。结果是当地空气质量得到了改善，代价是污染了河流。同样，如果市政和工业污水的治理水平很高，焚烧污泥和固体废弃物，虽然保护了水体和土地资源，却污染了空气。因此，只有当某种环境容量未被充分利用时，末端处理的方法才是有效的，否则，必然会造成某种形式的污染，而不能最终解决环境问题。相比之下，提高污染物循环利用水平和采用清洁生产工艺，才是更为有效的办法。

上面的分析表明，从环境与经济的关系考察生产和消费活动，就会发现还有很多市场机制没有解决的问题。长期以来，经济学家只研究图 4-2 所示的生产和消费部门的供求关系。假定环境（如水体、空气等）不论作为资源还是作为污染物的倾倒场，只是没有价值的公共物品。这种认识造成了经济活动的两种无效率：一是与“外部性”相关的无效率——由于不考虑外部性的费用和效益而造成的无效率；二是与“使用者费用”相关的无效率——对环境资源利用的唯一制约是现行费用，而不是未来收益的机会成本。因此，在这种条件下得出的“帕累托最优（最适度）”只是一种“次优”。即使在私人领域里市场能有效地配置资源，一旦涉及公共物品，市场就“失灵”了。

环境系统与经济系统的物质平衡关系表明，保护环境最根本、最有效的途径是提高经济系统的资源利用效率，从而减少资源利用量和污染物排放量。这是循环经济和循环社会的基本思想。

第二节 物质平衡与一般均衡模型

上节定性地阐述了物质平衡的概念。这一节将展示一个把物质平衡概念与交换的一般均衡概念结合在一起的数学模型。这个模型既有理论意义，也表明了经济学一般相互依存模型的简化形式，以及如何用一种经济系统的最终产品函数，从本质上更精确地预测污染物排放。

瓦尔拉-卡塞尔模型包括下列变量：

$$\begin{cases} R=(r_1,r_2,\cdots,r_m) \\ V=(v_1,v_2,\cdots,v_m) \\ X=(x_1,x_2,\cdots,x_n) \\ P=(p_1,p_2,\cdots,p_n) \\ Y=(y_1,y_2,\cdots,y_n) \end{cases}$$

式中：R——资源投入量；

V——资源价格；

X——产品或商品生产量；

P——产品价格；

Y——最终需求。

在 n 个部门中分配 m 种资源：

$r_1=a_{11}x_1+a_{12}x_2+\cdots+a_{1n}x_n$

$r_2=a_{21}x_1+a_{22}x_2+\cdots+a_{2n}x_n$

……

$r_m=a_{m1}x_1+a_{m2}x_2+\cdots+a_{mn}x_n$

$$r_j=\sum_{k=1}^{n}a_{jk}x_k \quad j=1,2,\cdots,m \tag{4-5a}$$

矩阵形式如下：

$$\begin{pmatrix} r_1 \\ \vdots \\ r_m \end{pmatrix}=\begin{pmatrix} a_{11} & \cdots & a_{1n} \\ \vdots & & \vdots \\ a_{m1} & \cdots & a_{mn} \end{pmatrix}\begin{pmatrix} x_1 \\ \vdots \\ x_n \end{pmatrix}$$

即：

$$\boldsymbol{R}=\boldsymbol{AX} \tag{4-5b}$$

式中：$\boldsymbol{A}$——资源消耗系数矩阵；

a_{jk}——k 部门单位产品消耗资源 j 的量。

根据投入产出模型，中间产品、最终需求和商品生产量的关系是：

$$\boldsymbol{AX}+\boldsymbol{Y}=\boldsymbol{X} \tag{4-6a}$$

即：

$$\boldsymbol{X}=\boldsymbol{BY} \tag{4-6b}$$

$$x_k=\sum_{l=1}^{n}b_{kl}y_l \quad l=1,2,\cdots,n \tag{4-6c}$$

式中：$\boldsymbol{B}$——著名的列昂惕夫系数矩阵；

$\boldsymbol{B}=(\boldsymbol{I}-\boldsymbol{A})^{-1}$；

$\boldsymbol{AX}$——中间投入(或中间产品)；

$\boldsymbol{I}$——单位矩阵。

专栏 4-3 投入与产出

在投入产出模型中，生产过程就是采用某种技术把以一定的投入转换为产出的过程。投入分为初始投入和中间投入，产出分为中间产品与最终产品。初始投入与中间投入之和为总投入，中间产出与最终产出之和为总产出。

初始投入是生产所需的工资、租金和利息等支出，中间投入是各种原材料、燃料，也就是各种物耗。初始投入与中间投入的区别是，中间投入的价值被转移到产品中了，初始投入被看作是新创造的价值，因此也被称为增加值。

中间产品和最终产品的区分是看在考察期间内产品是否再回到生产过程中去。如果在本期内不再进入生产过程，那么就称这类产品为最终产品，例如，我们日常所需的各种消费品。中间产品则是本期生产出来，又再次进入生产过程，它主要是用于生产中的各种投入品，既包括各种原材料、燃料，也包括各种服务。

联立式(4-5)和式(4-6)，得到资源投入量与最终需求直接相关的方程组，即：

$$r_j=\sum_{k=1}^{n}a_{jk}\sum_{l=1}^{n}b_{kl}y_l=\sum_{k=1}^{n}\sum_{l=1}^{n}a_{jk}b_{kl}y_l \quad j=1,2,\cdots,m \tag{4-7a}$$

用矩阵形式可表示为：

$$\boldsymbol{R}=\boldsymbol{ABY} \tag{4-7b}$$

令

$$\boldsymbol{G}=\boldsymbol{AB}$$

即：

$$G=\begin{pmatrix}a_{11} & \cdots & a_{1n}\\ \vdots & \cdots & \vdots\\ a_{m1} & \cdots & a_{mn}\end{pmatrix}\begin{pmatrix}b_{11} & \cdots & b_{1n}\\ \vdots & \cdots & \vdots\\ b_{n1} & \cdots & b_{nn}\end{pmatrix}$$

则：

$$\boldsymbol{R}=\boldsymbol{GY} \tag{4-7c}$$

由上式可知：

$$\boldsymbol{G}=\boldsymbol{AB}=\boldsymbol{A}(1-\boldsymbol{A})^{-1}=\boldsymbol{A}+\boldsymbol{AG}$$

即：

$$g_{jk}=a_{jk}+\sum_{k=1}^{n}g_{ik}a_{jk} \quad i,j=1,2,\cdots,n$$

在投入产出模型中，g_{jk}被称为完全消耗系数，它是直接消耗系数和间接消耗系数之和，表示第 j 部门每生产单位产品所直接和间接消耗第 k 部门产品的单位消耗量之和。

我们也可以把 n 种中间商品的价格同 m 种资源的价格联系起来，即：

$$p_k=\sum_{j=1}^{m}v_j g_{jk} \quad k=1,2,\cdots,n \tag{4-8a}$$

或

$$P=(p_1 \quad p_2 \quad \cdots \quad p_n)=(v_1 \quad v_2 \quad \cdots \quad v_m)\begin{pmatrix}g_{11} & \cdots & g_{1m}\\ \vdots & \cdots & \vdots\\ g_{m1} & \cdots & g_{mn}\end{pmatrix}$$

$$\boldsymbol{P}=\boldsymbol{VG} \tag{4-8b}$$

为了把 X 看作物质生产，出于保持一致的考虑，设投入和产出总是处于平衡状态，c_{ij}表示包括污染物在内的所有物质交换的系数。为了完成这个系统，使得既不获得物质也不损失物质，有必要引入两个新部门，这就是环境部门（物质产出为 x_e）和最终消费部门（产出是 x_c）。明确包括这两个部门的投入和产出以后，这个系统就很容易实现平衡了。

对瓦尔拉-卡塞尔模型做进一步修正，把 $\boldsymbol{R}$ 分为资源 $\boldsymbol{R}^z$ 和服务 $\boldsymbol{R}^s$ 两部分，即：

$$\boldsymbol{R}=(r_1^z,r_2^z,\cdots,r_l^z,r_1^s,r_2^s,\cdots,r_p^s)=(\boldsymbol{R}^z,\boldsymbol{R}^s) \tag{4-9}$$

$$l+p=m \tag{4-10}$$

相应地有：

$$\boldsymbol{V}=(v_1^z,v_2^z,\cdots,v_l^z,v_1^s,v_2^s,\cdots,v_p^s)=(\boldsymbol{V}^z,\boldsymbol{V}^s) \tag{4-11}$$

$$\boldsymbol{G}=\begin{bmatrix}\boldsymbol{G}^z\\ \boldsymbol{G}^s\end{bmatrix} \tag{4-12}$$

因此，式（4-7c）变为：

$$\boldsymbol{R}=\begin{bmatrix}\boldsymbol{R}^z\\ \boldsymbol{R}^s\end{bmatrix}=\begin{bmatrix}\boldsymbol{G}^z\\ \boldsymbol{G}^s\end{bmatrix}\boldsymbol{Y} \tag{4-13}$$

而式（4-8b）变为：

$$\boldsymbol{P}=[\boldsymbol{V}^z\boldsymbol{V}^s]\begin{bmatrix}\boldsymbol{G}^z\\ \boldsymbol{G}^s\end{bmatrix}=\boldsymbol{V}^z\boldsymbol{G}^z+\boldsymbol{V}^s\boldsymbol{G}^s \tag{4-14a}$$

即

$$p_k=\underbrace{\sum_{j=1}^{l}v_j^z g_{jk}^z}_{\text{转移到原材料成本的价格}}+\underbrace{\sum_{j=1}^{p}v_j^s g_{jk}^s}_{\text{转移到服务费用的价格}},\quad k=1,2,\cdots,n \tag{4-14b}$$

现在，集中讨论经济系统的物质流动。根据列昂惕夫投入产出系数的定义（这里是关于物质流动）有：

$c_{kj}x_j$——从部门 k 转换到部门 j 的（物质）量；

$c_{jk}x_k$——从部门 j 转换到部门 k 的（物质）量。

所以从环境流动到所有其他部门的物质可以下式表示：

$$\sum_{k=1}^{n}c_{ek}x_k=\sum_{j=1}^{l}r_j^z=\sum_{j=1}^{l}\sum_{k=1}^{n}a_{jk}^z x_k=\sum_{j=1}^{l}\sum_{k=1}^{n}g_{jk}^z y_k \tag{4-15a}$$

即

$$\underbrace{\sum_{k=1}^{n}c_{ek}x_k}_{\text{从环境(e)流向各部门的物质总量}}=\underbrace{\sum_{j=1}^{l}\sum_{k=1}^{n}a_{jk}^z x_k}_{\text{所有原材料}} \tag{4-15b}$$

流入和流出最终部门的物质也必须是平衡的：

$$\sum_{k=1}^{n}c_{kc}x_c=\sum_{k=1}^{n}c_{ck}x_k+c_{ce}x_e \tag{4-16}$$

式中：$\sum\limits_{k=1}^{n}c_{kc}x_c$——各部门流到最终消费部门的物质总量，即全部最终商品总量；

$\sum\limits_{k=1}^{n}c_{ck}x_k$——全部再循环物质之和；

$c_{ce}x_e$ 表示废气污染物（包括积累）。

c_{kc}表示 k 部门流到最终消费部门的物质系数，显然有 $\sum\limits_{k=1}^{n}c_{kc}=1$，所以

$$\sum_{k=1}^{n} c_{kc} x_c = x_c \tag{4-17}$$

根据定义，x_c 当然是最终需求的总和：

$$x_c = \sum_{j=1}^{n} y_j \tag{4-18a}$$

所以

$$\sum_{k=1}^{n} c_{kc} x_c = \sum_{j=1}^{n} y_j \tag{4-18b}$$

把式(4-18a)及式(4-6c)代入式(4-16)，得到以最终需求方式表达的最终产品部门的物质流动。

$$\begin{aligned} c_{ce} x_e &= \sum_{k=1}^{n} c_{kc} x_c - \sum_{k=1}^{n} c_{ck} x_k = \sum_{k=1}^{n} c_{kc} \sum_{j=1}^{n} y_j - \sum_{k=1}^{n} c_{ck} \sum_{j=1}^{n} b_{kj} y_j \\ &= \sum_{k=1}^{n} \sum_{j=1}^{n} (c_{kc} - c_{ck} b_{kj}) y_j \end{aligned}$$

即

$$c_{ce} x_e = \sum_{j=1}^{n} \sum_{k=1}^{n} (c_{jc} - c_{cj} b_{jk}) y_k \tag{4-19}$$

流入和流出中间产品部门的物质也是平衡的：

$$\sum_{j=1}^{l} \sum_{k=1}^{n} g_{jk}^{m} y_k - \sum_{j=1}^{n} y_j + \gamma \sum_{j=1}^{n} \sum_{k=1}^{n} c_{cj} b_{jk} y_k = \sum_{k=1}^{n} c_{ke} x_e \tag{4-20}$$

这里的系数 γ 与来自最终消费部门循环物质的比例有关。在数值上，$0 \leqslant \gamma \leqslant 1$。

流入环境的全部污染物等于中间产品和最终消费部门流出的污染物：

$$c_{te} x_e = \sum_{k=1}^{n} c_{ke} x_e + c_{ce} x_e \tag{4-21}$$

把式(4-19)、式(4-20)代入式(4-21)，可以得到与最终需求相关的总体污染物流的表达式：

$$\begin{aligned} c_{te} x_e &= \sum_{j=1}^{l} \sum_{k=1}^{n} g_{jk}^{m} y_k - \sum_{j=1}^{n} y_j + \gamma \sum_{j=1}^{n} \sum_{k=1}^{n} c_{cj} b_{jk} y_k + \sum_{j=1}^{n} \sum_{k=1}^{n} (c_{jc} - c_{cj} b_{jk}) y_k \\ &= \sum_{j=1}^{l} \sum_{k=1}^{n} g_{jk}^{m} y_k - (1-\gamma) \sum_{j=1}^{n} \sum_{k=1}^{n} c_{cj} b_{jk} y_k + \sum_{j=1}^{n} \sum_{k=1}^{n} c_{jc} y_k - \sum_{j=1}^{n} y_j \end{aligned} \tag{4-22}$$

由式(4-17)可知，式(4-22)最后两项相减为零。所以式(4-22)可简化为：

$$c_{te} x_e = \sum_{j=1}^{l} \sum_{k=1}^{n} g_{jk}^{m} y_k - (1-\gamma) \sum_{j=1}^{n} \sum_{k=1}^{n} c_{cj} b_{jk} y_k \tag{4-23}$$

因此，来自所有部门的总体污染物流与直接需求有关。

通过式(4-21)、式(4-23)，恒等式(4-15b)所反映的基本物质和污染物流之间的物质平衡关系是：

$$\sum_{j=1}^{l} \sum_{k=1}^{n} g_{jk}^{m} y_k - (1-\gamma) \sum_{j=1}^{n} \sum_{k=1}^{n} c_{cj} b_{jk} y_k = \sum_{k=1}^{n} c_{ke} x_e + c_{ce} x_e \tag{4-24}$$

这就是说，来自环境的物质流减去连续再循环的产品，等于来自中间产品部门的污染物流加上最终消费产出的污染物流。这一结论表达了图 4-2 所显示的思想。

这里把式(4-20)中的 γ 再明确一下。由于一部分最终产品要在系统中存留一段时间，再循环就是一个动态的或者与时间相关的过程。在式(4-20)中，如果使再循环进入一般均衡模型，可以假设：从最终产品循环到中间产品的总量中有$(1-\gamma)$部分是永久保存的，再循环的其余部分γ可以看作是中间产品部门的污染物。虽然这些假设简化了代数推导过程，但其意义是不言而喻的。我们还可做出一些更现实的假设。例如，再循环产品的$(1-\gamma)$部分能够作为式(4-15)中增加的原材料重新进入系统，最终产品也会增加。这种增加将取决于一个生产周期内允许的再循环次数。另一方法是重新定义模型中的每一个变量，加上一个时间下标，然后推导出关于确定水平的最佳生产消费计划。这时来自时期i^{th}的再循环最终产品将增加时期$(1+i)^{\text{th}}$内可利用的原材料。事实上，再循环现象的表现与新古典增长模型有很多相似之处。在新古典增长模型中，节约一部分当前生产是为了增加资本总额，提高未来生产水平。而再循环可以减少污染物造成的环境破坏，降低原材料开采的环境影响。

如果假定起初没有再循环，推导还能再简单一些。就这个模型来说，可以假定所有污染物都返回到环境，其中一部分变成了“原材料”。这些污染物将和新的原材料混在一起，真假难辨。因此，对式(4-24)移项可得：

$$\sum_{j=1}^{l}\sum_{k=1}^{n}g_{jk}^{m}y_k=\sum_{k=1}^{n}c_{ke}x_e+c_{ce}x_e+(1-\gamma)\sum_{j=1}^{n}\sum_{k=1}^{n}c_{cj}b_{jk}y_k$$

若把右边第三项看作是污染物，则整个等式表明来自环境的物质最终将以污染物的形式回到环境中。这正是图 4-1 所表达的思想。

在上面的论述中，没有考虑到污染物流改变环境容量和环境资源可利用性的问题，也没有考虑到物质资源开采对于环境容量或净化废弃物能力可能产生的影响。如果考虑这些，应再增加两个方程：第一个是把总体污染物流同环境容量和原材料流之差联系起来；第二个是把原材料同环境容量和污染物流之间的差联系起来。当然，这两个方程并不一定相等。因为可以想象开采 1 t 原材料对环境容量的影响与排放 1 t 废弃物是不同的。这些关系可以表示如下：

$$c_{te}x_e\leqslant\beta^{t}\left(c_e x_e-\sum_{k=1}^{n}c_{ek}x_k\right)\tag{4-25a}$$

$$\sum_{k=1}^{n}c_{ek}x_k\leqslant\beta^{j}(c_e x_e-c_{te}x_e)\tag{4-25b}$$

其中式(4-25a)表示污染物排放不能影响环境容量和环境资源的可利用性。式(4-25b)表示资源开采不能影响环境容量和净化污染物能力。β^{t}，β^{j} 为参数。

这个概要的模型表明，当具有公共物品性质的环境资源变得稀缺时，与生产消费相关的外部性是“普遍存在”的。通过引入一些影子价格，市场影响可以模拟到基本近似的程度，从而使资源配置从“次优”逐步逼近“帕累托最优”状态。下面一节通过一个简化的环境管理模型来说明这一点，并说明环境管理政策的理论根据。

第三节　环境管理模型

一、基本模型

通过图 4-3 阐明了经济系统与环境系统之间以及经济系统内部的物质平衡关系。本节把残余物处理部门改设为环境管理部门，具有管理环境的职能，具体是：① 对利用环境容量处理污染物的行为收费(即排污收费);② 治理环境,恢复环境质量,增强环境吸纳降解污染物的能力;③ 监测生产和消费过程的污染物排放。这样,可以把图 4-3 简化为如图 4-6 所示的物质平衡模型。

图 4-6 包括 5 个方框,分别表示生产、消费、资本积累、环境管理和环境。下面考察模型中的物质流动和服务流动。

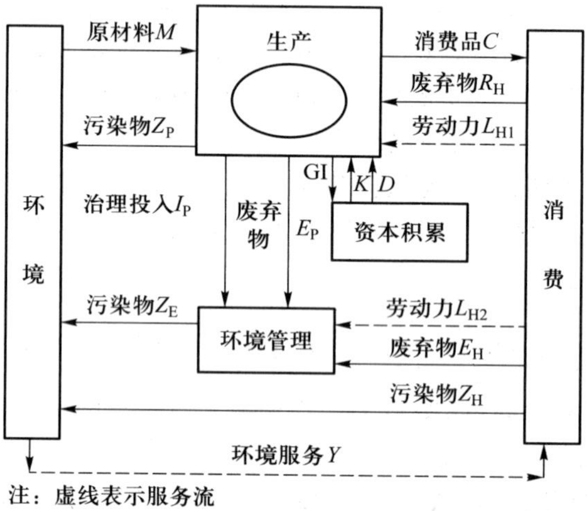

图 4-6　简化的物质平衡模型

生产部门:获得来自环境的自然资源 M,获得来自资本积累部门的折旧 D 和资本服务 K,获得来自消费部门的废弃物 R_H(作为生产原料重新利用)和劳动力 L_{H1}。同时,生产部门向消费部门提供消费品 C,向环境排放污染物 Z_P,向环境管理部门提供污染物治理所需要的投资 I_P 和排放需要治理的废弃物 E_P,向资本积累部门提供投资 GI;生产中产生的残余物,一部分得到重复利用,即生产部门中的圆圈表示部分。

消费部门:获得生产部门提供的消费品 C 和来自环境的服务 Y。消费部门产生的残余物,或以污染物的形式直接排入环境,以消费部门指向环境的箭头 Z_H 表示;或者排入生产部门,在那里得到回收利用,用 R_H 表示;或者排入环境管理部门,在那里得到处理,用 E_H 表示。消费部门同时要向生产部门和环境管理部门提供劳动力 L_{H1} 和 L_{H2}。在这里假定消费部门把废弃物转给生产部门时要支付一定的费用。

资本积累部门:表示经济系统中的资本存量,这种资本存量提供生产要素服务。资本积累部门获得来自生产部门的总投资 GI。由于磨损和消耗,资本存量会贬值,因而从资本积累部门到生产部门有一个因折旧产生的废弃物流 D。D 有两个经济效应:第一,它意味着资本存量的减少;第二,它增加了经济运行过程中产生的废弃物流量。D 作为原材料回到生产框,因而这种流量是可以再循环的。资本积累部门还向生产部门提供资本服务 K。

环境管理部门:获得来自生产部门和消费部门的废弃物 E_P 和 E_H,获得来自生产部门的用于污染物治理的投入 I_P 和来自消费部门的劳动力 L_{H2}。治理后的污染物 Z_E 排入环境。

环境:环境向生产部门提供原材料 M。环境是一种公共物品,它对消费部门提供服务 Y。一般来说,这种服务流量将随污染物排放量的增加而减少,随环境的改善而增加。环境接受来自生产部门、消费部门和环境管理部门的污染物 Z_P、Z_H 和 Z_E。环境质量受污染物排放和环境治理两方面的影响。

因为生产部门、消费部门和环境管理部门都不存在商品存量的积累，所以进入这些部门的物质与离开这些部门的物质一定保持平衡。故

对生产部门有： $M+R_H+D=C+GI+I_P+Z_P+E_P$

对消费部门有： $C=R_H+Z_H+E_H$

对环境管理部门有： $I_P+E_P+E_H=Z_E$

合并以上式子，得：

$$M+D=GI+Z_P+Z_E+Z_H \tag{4-26}$$

或者

$$M-(Z_P+Z_E+Z_H)=GI-D=NI \tag{4-27}$$

式中：NI——净投资。

由此得出，来自环境的物质净流出量等于资本存量的净积累。

这个看起来很平常的结论是很有意义的。它以一种简明的形式给出了物质的平衡关系。一方面它表明不能作为资本存量积累的那部分的原材料最终要归于环境。另一方面，它可以引申出一个结论：在给定净资本积累量 NI 的前提下，如果不存在某些刺激使排入环境的污染物$(Z_P+Z_E+Z_H)$保持低水平，那么自然资源的开采量 M 将会相应提高；环境质量的恶化和自然资源的过度开发是密切相关的。

二、价值平衡和最优环境管理对策

在市场经济条件下，价格是资源配置的调节器。无论是"市场失灵"或是"政策失效"，都表现为商品价格不能反映资源的真实价值。因此将价格引入物质平衡模型是有意义的。

假定：

① 所有生产者与消费者是价格的承受者。

② 除环境质量以及使用环境处理废弃物的价格之外，所有商品和服务的价格都由市场决定。

③ 环境质量的价格被看作消费者对环境服务的需求价格。因为环境质量是一种公共物品，因此不存在市场价格。但假定能发现消费者的需求价格，也就是他们对环境服务的边际支付意愿。

④ 使用环境处理废弃物的价格由环境管理部门确定。

在进行分析前，先明确下面一些符号的含义：

P——商品的价格；

p_M——自然资源的价格；

q_H——生产部门以回收利用方式处理消费部门废弃物的价格；

p_K——资本商品的价格；

q_D——生产部门以回收利用方式处理资本积累部门废弃物的价格；

q——利用环境处理废弃物的价格（排污收费的价格）；

p_E——投入环境治理的商品的价格；

w——工资；

π——资本收益率；

v——环境管理部门治理废弃物的价格；

δ——环境服务的需求价格；

δY——环境服务的总价值；

Π_{P}——生产部门的利润；

Π_{K}——资本积累部门的利润；

Π_{E}——环境管理部门的利润；

Z——排入环境的污染物总量，$Z=Z_{\mathrm{P}}+Z_{\mathrm{H}}+Z_{\mathrm{E}}$；

NS——消费者的储蓄。

运用这些符号，根据收入支出法，我们可以计算出生产、资本积累和环境管理三个部门的利润：

$$\Pi_{\mathrm{P}}=pC+p_{\mathrm{K}}\mathrm{GI}+q_{\mathrm{H}}R_{\mathrm{H}}+q_{\mathrm{D}}D+p_{\mathrm{E}}I_{\mathrm{p}}-wL_{\mathrm{H1}}-p_{\mathrm{M}}M-\pi K-qZ_{\mathrm{p}}-vE_{\mathrm{p}}$$

$$\Pi_{\mathrm{K}}=\pi K-p_{\mathrm{K}}D-q_{\mathrm{D}}D$$

$$\Pi_{\mathrm{E}}=vE_{\mathrm{P}}+vE_{\mathrm{H}}-p_{\mathrm{E}}I_{\mathrm{p}}-qZ_{\mathrm{E}}-wL_{\mathrm{H2}}$$

再假定所有的利润都转入消费者手中，则消费者的预算约束为：

$$\mathrm{NS}+pC+q_{\mathrm{H}}R_{\mathrm{H}}+qZ_{\mathrm{H}}+vE_{\mathrm{H}}=w(L_{\mathrm{H1}}+L_{\mathrm{H2}})+p_{\mathrm{M}}M+\Pi_{\mathrm{P}}+\Pi_{\mathrm{K}}+\Pi_{\mathrm{E}} \tag{4-28}$$

合并上面四个等式，得：

$$\mathrm{NS}=p_{\mathrm{K}}\mathrm{GI}-p_{\mathrm{K}}D-q_{Z_{\mathrm{p}}}-q_{Z_{\mathrm{H}}}-qZ_{\mathrm{E}}=p_{\mathrm{K}}(\mathrm{GI}-D)-qZ=p_{\mathrm{K}}\mathrm{NI}-qZ \tag{4-29}$$

这就是储蓄-投资恒等式，即净储蓄等于净投资减去利用环境处理污染物的费用。因此，通过引入价格参数，实现了由物质平衡向价值平衡的转变。

现在假定污染物排放、环境治理和环境质量之间的关系可以表示为下列环境质量函数：

$$Y=Y_0-F(Z,E) \tag{4-30}$$

式中：Y_0——初始环境质量；

Z——排入环境的污染物总量；

E——治理量。

假定污染物排放会对环境产生负的影响，而治理会产生正的影响。所以有：

$$\frac{\partial Y}{\partial Z}<0\Rightarrow\frac{\partial F(Z,E)}{\partial Z}>0$$

$$\frac{\partial Y}{\partial E}>0\Rightarrow\frac{\partial F(Z,E)}{\partial E}<0$$

即

$$\frac{\partial F}{\partial Z}=F_1>0$$

$$\frac{\partial F}{\partial E}=F_2<0$$

环境服务的总价值为 δY，而由污染物排放引起的环境损害的价值为 $\delta(Y_0-Y)$，它是利用环境处理污染物的社会费用中的一个因素；另一个因素是环境管理部门治理污染物的费用 vE。由此得出，利用环境处理污染物的总机会成本为 $vE+\delta(Y_0-Y)$。利用环境处理污染物的效益显然是 qZ。因而净效益为：

$$\mathrm{NB}=qZ-vE-\delta(Y_0-Y) \tag{4-31}$$

对于 Z 和 E 求净效益 NB 的最大值。它们的一阶偏导数分别为：

$$\frac{\partial \mathrm{NB}}{\partial Z}=q-\delta\frac{\partial F}{\partial Z}=q-\delta F_1$$

$$\frac{\partial \mathrm{NB}}{\partial E}=-v-\delta\frac{\partial F}{\partial E}=-v-\delta F_2$$

令以上两式等于零，便可得出环境管理部门的最优政策（假定这个机构认为价格都是给定的）为：

$$q=\delta F_1$$
$$v=-\delta F_2 \tag{4-32}$$

因此，环境管理部门应允许污染物排放，直至每多排放一单位污染物所产生的社会边际效益与其所产生的社会边际成本相等；环境管理部门也应治理环境，直至社会边际效益等于社会边际成本。

要点总结

物质平衡理论是环境与自然资源经济学的基础理论，它通过对整个环境经济系统物质平衡关系的分析，揭示了外部不经济性是环境污染的经济学本质。由于外部不经济性的存在，边际社会成本大于边际私人成本（差额便是外部环境成本），环境的价值不能自动反映在市场运行的过程中，从而导致“市场失灵”。

在经济系统中，生产活动和消费活动就是在进行一系列的物理反应和化学反应，因此遵从质量守恒定律与能量守恒定律。严格说来，标准的经济学分配理论是关于服务的，而不是关于物质实体的，物质实体只是携带某种服务的载体。因此，经过生产过程和消费过程之后，商品的物质实体并没有消失，只是从原来有用的物质变成了无用的污染物。这些污染物通常只提供负服务。这些负服务最终流向消费者和生产者，不管他们是否需要这些服务。自发的市场交易过程对于这些“负服务”是无能为力的。

在现实经济中，生产和消费过程都存在积累。若把这些积累考虑进去，就可以得出一个推论：在一个足够长的时期内，制造的产品的质量（已被消费的和未被消费的），加上生产和消费过程中产生的污染物的质量，必然大致等于最初从自然界获取的质量。但是物质污染物不一定必然排入环境。如果循环利用，污染物就有可能返回生产过程，成为原材料的一部分，再次被利用。

基于瓦尔拉-卡塞尔模型，本章从理论的角度阐明了环境经济系统中的物质平衡关系，并推导出有实际意义的结论。这些结论有助于指导建立环境和资源管理体制和政策。

思考题

1. 什么是物质平衡理论？关于物质平衡理论可以得出哪些重要结论？
2. 现代经济系统由物质加工、能量转换、废弃物处理和消费四个部门组成，这四个部门之间，以及由这四个部门组成的经济系统与自然环境之间存在着怎样的物质流动关系？
3. 在经济系统中，保护环境最根本、最有效的途径是什么？
4. 提高经济系统内部资源的利用率有哪些途径？
5. 如何看待物质平衡理论与循环经济之间的关系？

参考文献

1. 克尼斯,艾瑞斯,德阿芝. 经济学与环境[M]. 马中,译. 北京:三联书店,1991.
2. 克尼斯,鲍威尔. 环境质量与残余物管理[M]. 王增东,译. 北京:三联书店,1990.
3. 汉利,邵格瑞,怀特. 环境经济学教程[M]. 曹和平,译. 北京:中国税务出版社,2005.
4. 蒂坦伯格,刘易斯. 环境与自然资源经济学[M]. 8 版. 北京:中国人民大学出版社,2011.
5. 夏明,张红霞. 投入产出分析理论、方法与数据[M]. 北京:中国人民大学出版社,2013.

第五章

环境资源的优化配置

社会经济发展使得人类对环境资源稀缺性的认识越来越深刻。解决社会福利最大化问题必须将环境资源、经济发展与社会福利联系起来。本章系统地介绍环境资源的优化配置问题，介绍环境资源的稀缺性、经济效率、帕累托最优、环境资源配置效率目标的选择。

第一节　环境资源的稀缺性

一、稀缺性

经济学意义上的稀缺是指相对于一定时期或时点上的人类需要，资源是有限的。资源的稀缺性与资源的可耗竭性无关，也与资源储量无关，而是指在一定时期内，与需求相比较，资源的供给量相对不足。经济学意义上的稀缺与物理学意义上的稀缺既有区别又有联系：经济学的稀缺是物理学的稀缺在特定经济关系中的具体体现，物理学的稀缺是经济学中的稀缺在特定时期内的具体反映。

稀缺作为一种客观事实，有其自身的特性和表现形式。概括起来有以下几方面：

（一）稀缺的绝对性

稀缺的绝对性具有两方面的涵义：首先，稀缺是自有人类社会以来就普遍存在的客观现实，它存在于一切时代和一切社会；第二，稀缺是自然资源的共同属性。各种自然资源不论当前多么丰富，总有数量和质量的限制。人类需求总是随着文明进步而不断发展，旧的需求满足，又会出现新的需求。与人类不断增多的需求相比较，任何资源都是稀缺的。资源曾经被分为生产资源和自由资源，生产资源是有限的，而自由资源非常充裕，可以自由免费取用，例如，阳光、空气和水。但是，今天的空气和水，特别是干净的空气和清洁的水，已经不可能“自由”取用了。由此可以说，资源的稀缺是绝对的。

（二）稀缺的相对性

经济学中的稀缺也是一个相对的概念，相对于人类无限的需要和欲望而言，自然界能够提供的各种资源都是有限的。但是在一定的空间范围和时期内，对于特定人群的需求，资源的供给可以是不稀缺的。比如工业革命之前的空气，人口稀少地区的土地。时至今日，太阳光能依然是不稀缺的资源。

（三）稀缺的差异性

在不同的地区，资源总量或某种（些）资源的稀缺程度是不一样的，这是资源禀赋决定的，也就是说，资源的稀缺具有差异性。例如，美国、加拿大、澳大利亚、俄罗斯等国就是自然资源相对丰裕的国家，日本则是自然资源稀缺程度比较高的国家。中国的东部不如西部自然资源的蕴藏量丰富。

（四）稀缺的可变性

稀缺的可变性是稀缺资源在特定的经济关系中或一定的时空内表现出来的特性，是指在供给或需求一定的情况下，由于供给或需求的变化而导致的资源相对稀缺程度的变化，它取决于供给或需求强度的变化。

二、环境资源稀缺概念

由于稀缺的相对性，对于环境资源的稀缺性，不同的社会发展阶段有着十分不同的认识。在地理大发现时代，拥有丰富的自然资源是一个国家实力和财富的象征。工业革命以后，一些本来十分丰裕的自然资源（例如，土地、森林）和一些新发现的自然资源（例如，矿石、石油），由于社会需求的迅速增长变得日益稀缺。随之出现了土地经济学、矿产经济学等新的经济学分支。但是今天，我们发现，即使是清洁的空气和水体等这些传统的自由取用物品，也在变成稀缺资源。这对传统经济学理论是一个挑战。

长期以来，经济学的一个重要假设是：环境资源是外生的、可以无限供给的、不存在稀缺性的资源，不进入经济系统分析过程，不进入生产函数和消费函数。然而环境资源稀缺性的出现和稀缺程度的迅速提高，证明了这一传统经济学假设已经不能成立。

传统经济理论研究仅仅考虑了自然资源作为工业原材料和能源的功能，而忽略了其作为环境容纳污染物和提供生存服务的功能。20 世纪 60 年代以来，发达国家工业经济迅猛发展，人类面临日益严重、不断累积的环境污染和生态系统退化问题，对人类生存构成严重威胁。现在人们已经普遍认识到，稀缺的环境和自然资源具有三类重要的经济功能：

（1）提供了工业生产过程中所必需的原材料和能源，包括可耗竭资源和可再生资源；

（2）可以吸收、容纳、降解生产和消费过程中排放的废弃物和污染物，这一功能常具有公共物品特征；

（3）向人类社会提供服务，包括生产过程与环境之间物质和能量的直接物理交换（物质循环、能量流动）和福利效益（休闲、健康、审美等）。当环境提供的物质和能量超过了环境再生能力，容纳的废物量超过了其承载力时，环境必然要出现损害和退化。如果这种状况长期得不到改善，并且成为累积性问题，就将永久地破坏生态稳定性和恢复能力，对经济可持续发展产生绝对稀缺性约束，最终破坏经济过程的稳定和人类的福利。

专栏 5-1　中国水资源

中国 2010 年水资源总量①为 30 906.8 亿 m^3，约占全球水资源的 6%，仅次于巴西、俄罗斯和加拿大，居世界第四位。其中，地表水资源量为 29 798 亿 m^3，占水资源总量的 95%。地下水与地表水资源不重复量为 1 108.8 亿 m^3，占地下水资源量的 13.2%，即地下水资源量的 86.8% 与地表水资源量重复。2010 年中国人均水资源量为 2 310.6 m^3，为世界平均水平的 1/4 左右。

① 水资源总量是指当地降水形成的地表水和地下水总量，即地表流量与降水入渗补给地下水量之和（扣除地表水和地下水重复量）。

由于水资源禀赋和人口分布的共同作用，中国人均水资源量分布不均衡。2010 年，天津、北京、宁夏的人均水资源量低于 150 m^3，为全国平均水平的1/16；西藏的人均水资源量最为丰富，达到 153 681 m^3/人，为北京、天津和宁夏地区的 1 000 余倍（图 5-1）。我国水资源供需矛盾突出，全国年平均缺水量 500 多亿 m^3，2/3 的城市缺水。不少地方水资源过度开发，黄河流域开发利用程度已经达到 76%，淮河流域也达到了 53%，海河流域超过了 100%。

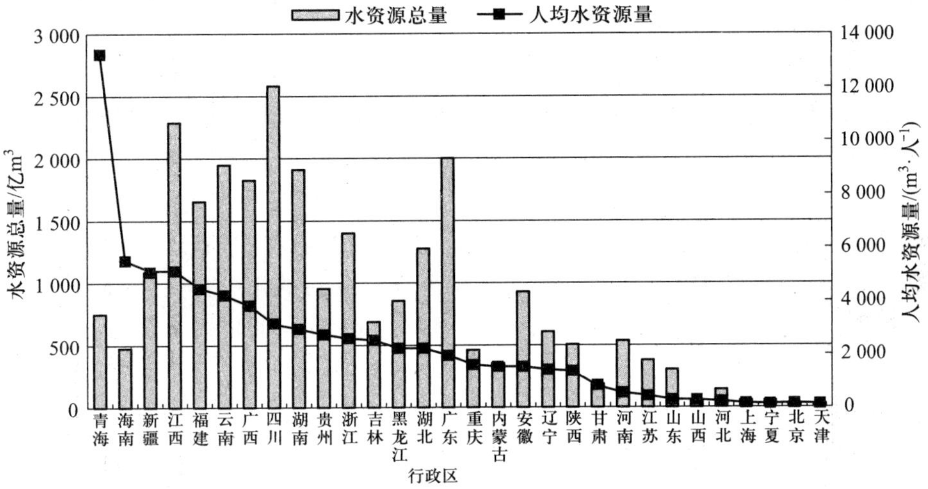

图 5-1　中国省级行政区人均水资源量：2010 年

数据来源：《中国统计年鉴 2011》。

注：西藏的人均水资源量为 153 681 m^3/人。

三、对于环境资源稀缺性的认识

（一）环境资源稀缺性凸现的成因及表现

随着人们生活水平的提高和需求层次的上升，人们对环境资源质量的要求逐渐增加，环境资源稀缺问题依旧长期伴随着人类社会。环境资源稀缺性的显现，以及由此而产生的环境资源的配置和利用问题是环境与资源经济学研究的出发点和理论发展的基础，也是研究环境资源产权的原因。

环境对经济活动具有承载能力，在一定条件下环境能容纳一定数量的污染物和提供一定量的自然资源。随着人口增长、经济发展，人类社会对环境资源的需求越来越大，当对环境资源的利用接近或超越环境承载力的极限时，环境资源的稀缺性就迅速显现，随着对环境资源需求的进一步增加，环境资源的稀缺程度将迅速提高。

由于环境资源没有进入经济系统的分析过程，各种技术进步都是为了利用更多的环境资源来满足人们的欲望和需求，保护环境资源以及提高环境资源供给效率的技术没有足够的市场需求。需求与供给的尖锐矛盾导致了环境资源稀缺程度的不断提高，并给人类生存和发展带来巨大压力。这种资源稀缺程度的急剧上升，主要表现为：一方面，人类从自然界获取的可再生资源超过其再生能力，人类消耗可耗竭资源的速度快于人类发现替代资源的速度，导致可再生资源和可耗竭资源稀缺程度都急剧上升；另一方面，人类排入环境的废弃物，特别是有害物质的迅速增加，超过了环境的自然净化能力，干扰了自然界的正常循环，导致环境容量资源稀缺程度的急剧上升。这些方面相互影响，形成复合效应，已经发展成全球性问题，严重威胁着人类的生存和发展。

（二）人类对环境资源稀缺性认识的发展

20世纪中叶，随着环境污染日趋严重，特别是西方国家公害事件的不断发生，环境问题频频困扰人类。20世纪50年代末，美国海洋生物学家卡森（Rachel Carson）在潜心研究美国使用杀虫剂所产生的种种危害后，于1962年发表了经典的环境保护科普著作《寂静的春天》。作者通过对污染物富集、迁移、转化的描写，阐明了人类同大气、海洋、河流、土壤、动植物之间的密切联系，揭示了污染对生态系统的影响。

1968年，来自世界各国各领域的专家聚会罗马，成立了一个非正式的国际协会——罗马俱乐部（The Club of Rome）。它的工作目标是，关注、探讨与研究人类面临的共同问题，使国际社会对人类面临的社会、经济、环境等诸多问题，有更深入的理解，并在现有全部知识的基础上推动采取能扭转不利局面的新态度、新政策和新制度。1972年，以麻省理工学院梅多斯（Dennis Meadows）为首的研究小组受俱乐部委托提交了俱乐部成立后的第一份研究报告——《增长的极限》。报告深刻阐明了环境的重要性以及资源与人口之间的基本联系。报告认为：由于世界人口增长、粮食生产、工业发展、资源消耗和环境污染这五项基本因素的运行方式是指数增长而非线性增长，全球的增长将会因为粮食短缺和环境破坏于21世纪某个时段内达到极限。就是说，地球的支撑力将会达到极限，经济增长将发生不可控制的衰退。因此，要避免因超越地球资源极限而导致世界崩溃的最好方法是限制增长，即“零增长”。《增长的极限》的出版在全世界引起强烈反响，它所得出的结论引起世人普遍关注和忧虑。

1972年，联合国人类环境会议在斯德哥尔摩召开，大会通过的《人类环境宣言》宣布了7个共同观点和26项共同原则。它向全球呼吁：保护和改善人类环境是关系到全世界各国人民的幸福和经济发展的重要问题，是全世界各国人民的迫切希望和各国政府的责任，也是人类的紧迫目标。各国政府和人民必须为全体人民和子孙后代的利益而作出共同的努力。作为探讨保护全球环境战略的第一次国际会议，联合国人类环境大会的意义在于唤起了各国政府共同对环境问题，特别是对环境污染的觉醒和关注。

1983年3月，联合国成立了世界环境与发展委员会（WCED）并要求其负责制定长期的环境对策，研究能使国际社会更有效地解决环境问题的途径和方法。经过3年多的深入研究和充分论证，该委员会于1987年向联合国大会提交了研究报告《我们共同的未来》。该报告在系统探讨了人类面临的一系列重大经济、社会和环境问题之后，提出了“可持续发展”的概念。报告深刻指出，在过去，我们关心的是经济发展对生态环境带来的影响，而现在，我们正迫切地感到生态的压力对经济发展所带来的重大影响。因此，我们需要有一条新的发展道路，这条道路不是一条仅能在若干年内、在若干地方支持人类进步的道路，而是一直到遥远的未来都能支持全球人类进步的道路，这条道路就是可持续发展。

1992年6月，联合国环境与发展大会（UNCED）在巴西里约热内卢召开。会议通过了《里约环境与发展宣言》和《21世纪议程》两个纲领性文件。前者是开展全球环境与发展领域合作的框架性文件，是为了保护地球永恒的活力和整体性，建立一种新的、公平的全球伙伴关系的“关于国家和公众行为基本准则”的宣言。后者则是全球范围内可持续发展的行动计划，旨在建立21世纪世界各国在人类活动对环境产生影响的各个方面的行动规则，为保障人类共同的未来提供一个全球性措施的战略框架。此外,各国政府代表还签署了《联合国气候变化框架公约》等国际文件及有关国际公约。可持续发展得到世界最广泛和最高级别的政治承诺。

为了21世纪的地球免受气候变化的威胁,1997年12月,149个国家和地区的代表在日本东京召开《联合国气候变化框架公约》缔约方第三次会议,经过紧张而艰难的谈判,会议通过了旨在限制发达国家温室气体排放量以抑制全球变化的《京都议定书》。该议定书规定,在2008年至2012年期间,发达国家的温室气体排放量要在1990年的基础上平均削减5.2%,其中美国削减7%,欧盟削减8%,日本削减6%。但在2001年3月,布什政府以减少温室气体排放将增加美国经济负担和发展中国家未参与减排为由宣布退出《京都议定书》。

2002年8月26日,以"拯救地球、重在行动"为宗旨的可持续发展世界首脑会议在南非约翰内斯堡开幕。会议的主要成果有《约翰内斯堡可持续发展宣言》和《可持续发展问题世界首脑会议执行计划》。宣言中指出"消除贫困、改变消费和生产方式,保护和管理经济与社会发展所需的自然资源是可持续发展中心目标,也是可持续发展的根本要求",这是对可持续发展认识的深化。本次大会通过的《执行计划》提出了诸多明确目标,并设立了相应的时间表,其中包括到2020年最大限度地减少有毒化学物质的危害;到2015年将全球绝大多数受损渔业资源恢复到可持续利用的最高水平;在2015年之前,将全球无法得到足够卫生设施的人口降低一半以及到2005年开始实施下一代人资源保护战略等。

2009年12月7日—18日于丹麦首都哥本哈根召开了《联合国气候变化框架公约》缔约方第15次会议,共有192个国家的环境部长、官员与会,共同商讨《京都议定书》一期承诺到期后的后续方案,就未来应对气候变化的全球行动签署新的协议。由于2012年《京都议定书》第一承诺到期,这意味着全球将没有共同文件和协定来约束温室气体的排放,因此这次会议被各方寄予厚望,一度被视为是人类遏制全球变暖行动最后的一次机会。经过各方复杂的谈判,会议的进展相当艰难,最终会议达成了不具法律约束力的《哥本哈根协议》,虽然没有达到人们之前的高预期结果,但是仍然是国际社会共同应对气候变化迈出的具有重大意义的一步。

2012年6月20日,联合国可持续发展大会在巴西里约热内卢举行,该会又被称为"里约+20"峰会。与会各方围绕"可持续发展和消除贫困背景下的绿色经济"和"促进可持续发展机制框架"两大主题,就20年来国际可持续发展各领域取得的进展和存在的差距进行深入讨论,经过各方积极努力,大会最终达成了题为《我们憧憬的未来》的成果文件。文件内容全面、基调积极,反映了各方主要关切的问题,体现了国际社会的合作精神,展示了未来可持续发展的前景,对于确立全球可持续发展方向具有重要指导意义。

2015年12月12日,《巴黎协定》在巴黎气候变化大会上通过并于2016年11月4日正式生效。该协定是继1992年《联合国气候变化框架公约》、1997年《京都议定书》之后,人类历史上应对气候变化的第三个里程碑式的国际法律文本,主要为2020年后全球应对气候变化行动做出安排。协议体现共同但有区别的责任原则,同时根据各自的国情和能力自主行动,采取非侵入、非对抗模式的平价机制,是一份让所有缔约国达成共识且都能参与的协议。与此同时,《巴黎协定》建立了从2023年开始每5年对各国行动的效果进行定期评估的约束机制,并要求建立针对国家自定贡献(INDC)机制、资金机制、可持续性机制(市场机制)等的完整、透明的运作和公开透明机制,以促进其执行,具有延续性、公平性、长期性和可行性。

第二节 经济效率

一、经济效率的含义

（一）经济效率的含义

经济效率就是资源利用的有效性，是配置与使用资源的效率。如果资源的配置达到任何改变都不可能使至少一个人的状况变好而又不使其他人的状况变坏。那么，这个经济就是有效率的。

（二）经济效率的判断标准

判定经济效率的标准是帕累托最优状态分析。在两人社会中，假设A、B是两种资源配置状态，如果两人中至少有一人认为A优于B，而没有人认为A劣于B，则从社会的角度来讲，也有A优于B，反之亦然。而如果两人认为A、B没有差异，那么从社会的角度看，也认为A、B没有差异。推广到多人社会：如果至少有一人认为A优于B，而没有人认为A劣于B，那么从社会的角度来讲，则有A优于B。

这就是帕累托最优状态标准，简称帕累托标准。进一步可以定义帕累托最优状态。帕累托最优状态指的是这样一种资源配置状态：在该状态下，任何资源配置的改变都不可能使至少一个人的福利状况变好而同时又不使任何人的状况变坏，即此状态下不存在进一步的帕累托改进可能。一般来说，竞争性的市场是有效率的，在经济学中通常用帕累托最优来定义有效率。

二、经济效率的实现

下面以一个简单的经济模型为例，推导出实现经济效率的必要条件和充分条件。

设在一个简单的经济系统中，有经济主体（厂商或消费者）1和2，并存在两种资源：土地（L）和机器（M）；生产且消费两种商品：小麦（W）和衣服（C）。则其生产函数为：

$$W=f_W(L_W,M_W)$$
$$C=f_C(L_C,M_C)$$

效用函数为：

$$U_1=f_1(W_1,C_1)$$
$$U_2=f_2(W_2,C_2)$$

条件是：

① 生产技术在分析期内不变；

② L、M、W 和 C 的货币单位是可比的；

③ 个人偏好在分析期内不变；

④ 每一种资源投入在每一种商品生产中的边际生产率为正值，但却是递减的；每一种商品对每一个消费者的边际效用也为正值，但却是递减的。因此，全部等产量线和全部无差异曲线都凸向原点。

（一）高效率的生产过程

假定资源的供给量是一定的，即：

$$L=L_W+L_C$$
$$M=M_W+M_C$$

则可以把 W 和 C 的等产量线合并在一个埃奇沃斯矩形图中,这个矩形的边长是由一定的资源供给量 L 和 M 确定的,见图 5-2。

显然,在矩形内有无数条代表 W 和 C 的等产量线。向右上角移动时,C 的产量增加而 W 的产量减少,向左下角移动时,W 的产量增加而 C 的产量减少。

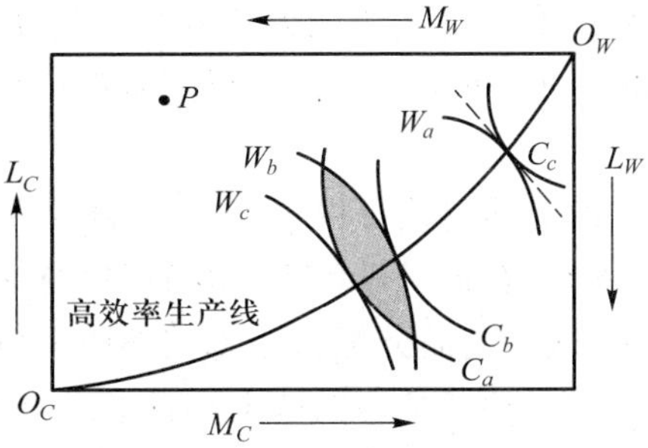

图 5-2 生产契约曲线

矩形内任意一点 P 可表示为资源的一种配置状况和产出情况。但是 P 点不一定就是高效率的资源配置。只有当 P 点恰好是 W 等产量线和 C 等产量线的切点时,才能得到一定资源配置状态下最高的产出量,也就是一定资源配置状态下效率最高的生产方式。由于矩形内有无数条 W 和 C 的等产量线,这些等产量线总是两两相切,因而必然产生无数个切点,连接位于矩形之内的所有切点,就可以得到一条从 O_W 至 O_C 的曲线,此即生产契约曲线或称高效率生产线(图 5-2)。

由上述分析可得出:

(1) 在生产过程中,资源投入可以有多种组合。如果通过重新配置资源投入能够获得更多的一种或两种商品的产出,则过去资源投入的配置就是无效率的。例如,图 5-2 中的 P 点。

(2) 生产契约曲线上的任意一点都代表着一种资源配置状态下高效率的生产方式。

(3) 生产契约曲线上的任意一点都是一对 W 和 C 等产量线的切点,因此,在该点上 W 的等产量线斜率必然等于 C 的等产量线的斜率。也就是说在这一点,用于制造商品 W 和 C 的两种资源 L 和 M,其边际技术替代率 MRTS 必然相等,即:

$$\mathrm{MRTS}_{(M,L)C}=\mathrm{MRTS}_{(M,L)W}$$

因为技术替代率是厂商等产量线的斜率,要在资源投入过程中实现竞争性均衡,每个生产者必须在利用资源时,使各等产量线的斜率都相等,并等于两种投入的价格之比。因此,可以得出推论,竞争性均衡处在生产契约曲线上,并且竞争性均衡在生产上是有效率的。

需要注意的是:

(1) 在生产契约曲线上仍然有无穷多个切点,因而有无穷多种高效率资源配置状态。因此仅从生产过程无从确定经济效率。

(2) 如果某种资源投入没有市场价格或者市场价格过低(例如,环境物品),也会扭曲资源配置的效率。

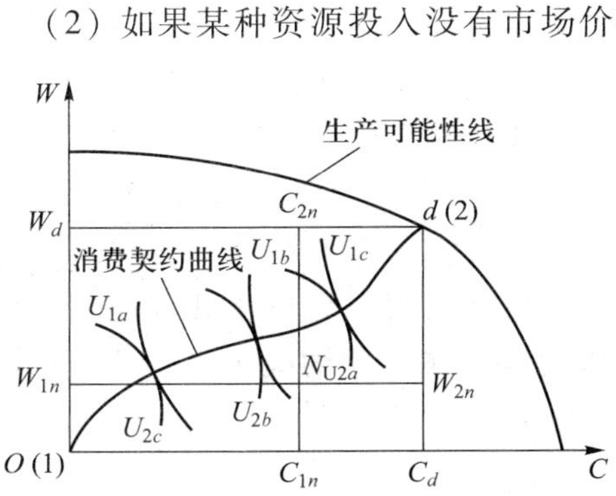

图 5-3 高效率消费

(二) 高效率的消费过程

生产契约曲线上的每一点都代表 W 和 C 的一种产出量,因而可以把该曲线在以 W 为纵轴,C 为横轴的坐标系上描点,得出如图 5-3 高效率消费所示的生产可能性线。

在生产可能性线上任选一点 d,由 d 点向 W 轴和 C 轴引的两条垂线,就确定了一个商品组合 W_d-C_d(即确定了商品最大可能供给量)。在由 OW_ddC_d 组成的矩形内,以对角的形式放入个人 1 和个人 2 的无差异曲线,显然,这样的无差异曲线有无数对。向矩形右上角移动时,个人 1 的效用增加而个人 2 的效用减少;向左下角移动时,个人 2 的效用增加而个人 1 的效用减少。

矩形内任意一点 N 都可以唯一地确定一种商品分配方式($W_{1n}-C_{1n}$和 $W_{2n}-C_{2n}$),随之也确定了个人 1 和个人 2 的效用水平。但是 N 点不一定就是高效率的商品分配。与生产契约曲线的分析同理,也可以连接矩形内所有个人 1 和个人 2 无差异曲线的切点,确定从 O 至 d 的消费契约曲线。

由上述讨论可得出:

(1) 在消费过程中,商品可以有多种分配方式。如果通过重新分配商品,能够获得更多的满足,这些商品分配就是无效率的。例如图中的 N 点。

(2) 消费契约曲线上的任意一点都代表着一种商品分配状态下效率最高的消费方式。

(3) 消费契约曲线上任意一点都是一对个人 1 和个人 2 无差异曲线的切点,因此在该点上,两条相切的无差异曲线的斜率必然相等。显然,该点满足个人 1 和个人 2 消费的两种商品 W 和 C 的边际商品替代率 MRS 必然相等,即:

$$\mathrm{MRS}_{(W,C)1}=\mathrm{MRS}_{(W,C)2}=\mathrm{MRS}$$

因为商品替代率是消费者无差异曲线的斜率,要在商品消费过程中实现竞争性均衡,每个消费者必须在利用商品时,使各无差异曲线的斜率都相等,并等于两种商品的价格之比。因此,可以得出推论,竞争性均衡处在消费契约曲线上,并且竞争性均衡在消费上是有效率的。

需要注意的是:

(1) 消费契约曲线上仍然有无穷多个点,因而有无穷多种高效率商品分配状态。

(2) 高效率生产可能性线上的任意一点都具有与之相对应的商品最大可能供给量的组合,而每一种组合又对应着一条新的消费契约曲线。

(3) 如果某种商品没有市场价格或者市场价格过低(例如,环境物品),也会扭曲商品分配的效率。

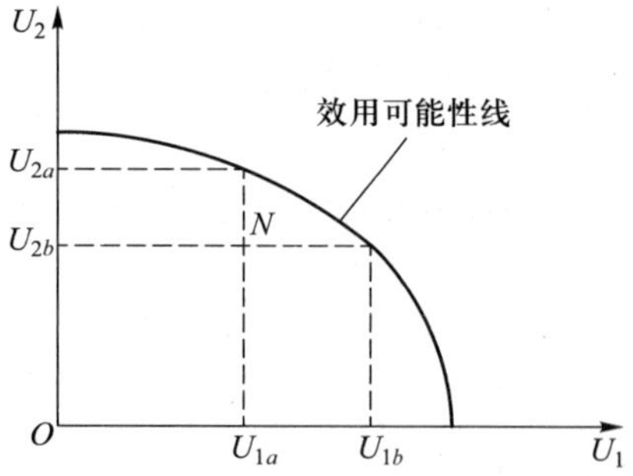

图 5-4　效用可能性线

消费契约曲线上的每一点都唯一地代表个人 1 和个人 2 的一种效用水平,因而可以把该曲线转换到以 U_1 为横轴,以 U_2 为纵轴的效用空间上,形成效用可能性线(见图 5-4)。

从图中可以看出,在效用可能性线以内的任意一点(例如 N 点),通过个人 1 和个人 2 的交易,可以使至少一个人的效用增加,而另一个人的效用不致减少。但是在效用可能性线上,一个人效用的增加必然引起另一个人效用的减少。

(三) 效用边界线

高效率生产可能性线上有无穷多个点,每个点都代表一种可能的产品组合,因而都可以得到一条唯一的消费契约曲线,把它表示在效用空间,又可以得到一条唯一的效用可能性线;故对应于生产可能性线可以得到无数多条效用可能性线,见图 5-5。

图 5-5 表明:

① 所有的效用可能性线均与横纵坐标相交;

② 效用可能性线相互相交；

③ 某些效用可能性线落在其他效用可能性线之内。

考察效用边界线，可知：

① 代表效用水平的点置于效用边界线之外是不可能的；

② 代表效用水平的点置于效用边界线之内是低效率的；

③ 效用边界线是由一段段不同的效用可能性线组成，因而不是真正的曲线。

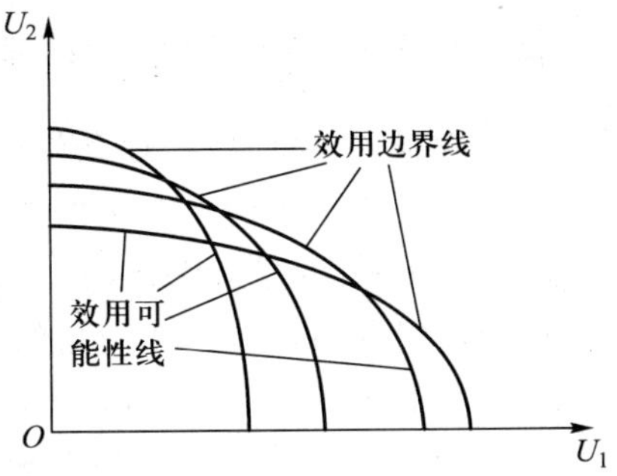

图 5-5　效用边界线

因此在效用边界线上，可以排除以下几点：

① 排除了生产契约曲线之外的投入组合；

② 排除了消费契约曲线之外的所有商品分配方式；

③ 排除了没有落在效用边界线上的所有效用可能性线。

效用边界线代表着一种帕累托效率，其经济状态已经达到这样一种程度，任何人的境况都不可能更好，同时也不使其他人境况变坏。这时，任何资源再配置和自愿交易都不可能发生，因为效率已是如此之高，以至于任何人要得到好处，必然要以牺牲别人的利益为代价。

至此，我们已经排除了大量低效率的投入组合，大量低效率的商品分配方式和大量低效率的效用可能性，但是在效用边界线上，仍然存在有无穷多个高效率的帕累托解。

第三节　帕累托最优

一、帕累托改进的概念

意大利经济学家帕累托(Vilfredo Pareto)在研究经济效率和收入分配时提出了判断资源是否达到最优配置的帕累托准则，其具体表述为：如果一项改变能够使某些人的状况改善，而同时不会使其他人的状况恶化，则这种改变就是可取的。

符合这项准则的改变被称为帕累托改进。就整个社会而言，判断一项改变是否是帕累托改进，需要考察以下两个方面：① 至少有一个人的境况变好；② 没有人的境况是变差的。帕累托改进是与帕累托最优密切相关的概念，是达到帕累托最优的路径和方法。

二、帕累托最优的概念

帕累托最优指的是这样一种资源配置状态：在该状态下，任何资源配置的改变都不可能使至少一个人的福利状况变好而同时又不使任何人的状况变坏，即此状态下不存在进一步的帕累托改进可能。

帕累托最优状态又称作经济效率。满足帕累托最优的状态就是具有经济效率的，不满足帕累托最优的状态就是缺乏经济效率的。例如，如果产品在消费者之间的分配已经达到这样一种状态，即任何重新分配都会至少降低一个消费者的满足水平，那么，这种状态就是产品的最优分配状态。同样地，如果要素在厂商之间的配置已经达到这样一种状态，即任何重新配置都会至少降低一个厂商的产量，那么，这种状态就是要素的最优分配状态。

三、帕累托效率最优的必要条件和充分条件

（一）帕累托最优的必要条件（一阶条件）

实现帕累托效率的必要条件如下：

1. 生产的帕累托最优条件（高效率的资源配置）：

对于使用资源投入生产商品的全部厂商来说，任何两种要素的边际技术替代率（MRTS）对所有生产者都相等，任何一对投入的边际技术替代率应当相等，且等于投入的资源价格之比：

$$\mathrm{MRTS}_{(M,L)C}=\mathrm{MRTS}_{(M,L)W}=P_M/P_L\mathrm{MRTS}$$

这个条件保证，在要素禀赋数量一定时，给定其他物品的产量，可以使得任何一种商品的生产达到最大。

2. 交换的帕累托最优条件（高效率的消费）：

考虑最终产品在不同消费者之间的分配。这里还要再引入以下条件：可分性（即产品和生产要素可以划分为任意所需的量）、连续性（商品、要素、效用函数与生产函数等均连续变化，没有跳跃）、生产和消费不存在外部性、不存在交易成本。

在这些假设下，交换的帕累托最优条件可以表述为：任何两种商品的边际替代率（MRS）对消费这两种商品的人而言都是相等的，对每一个消费者来说，任何两种商品的边际替代率应当相等，且等于商品价格之比：

$$\mathrm{MRS}_{(W,C)1}=\mathrm{MRS}_{(W,C)2}=P_W/P_C$$

3. 生产和交换的帕累托最优条件（高级条件）：

对于所有消费者，任何两种商品的商品边际替代率应等于生产相同商品的技术替代率，并等于商品价格之比：

$$\mathrm{MRS}_{(W,C)1}=\mathrm{MRS}_{(W,C)2}=\mathrm{MRTS}_{(W,C)1}=\mathrm{MRTS}_{(W,C)2}=P_W/P_C$$

对一阶条件的进一步考察：交换最优保证的是给定的一组物品在不同个人之间的分配达到帕累托最优，亦即在其他人效用一定的前提下，每个人的效用均达到最大化，即实现了高效率的消费；生产最优保证的是在给定的要素禀赋下，在其他产品产量确定的情况下使每一种产品的生产最大化，实现了高效率的生产。交换和生产是总体均衡的两个方面，高级条件即是同时满足这两个方面的最优，保证生产的产品与人们的偏好一致。

（二）帕累托最优的充分条件（二阶条件）

严格地讲，要达到帕累托最优，上面给出的一阶条件是必要的，但还不充分。因此给定二阶条件（充分条件），即实现帕累托效率的充分条件是：在资源空间的所有等产量线和在商品空间的所有无差异曲线必须是非凹的（或特例是直线）。这样才能保证商品空间的高效率生产可能性线和效用空间的效用可能性线凹向原点，以及最终效用边界线是凹向原点的。否则，只满足必要条件将导致“陀思妥耶夫斯基困境”，即不能使某人更苦，除非至少使一个人的状况变好。

四、完全竞争与帕累托最优

完全竞争的均衡和帕累托最优之间有着一种对应的关系：任何完全竞争达到的均衡都是帕累托最优状态；任意帕累托最优状态也都可以由一套竞争价格来实现。

完全竞争能够实现帕累托最优的关键是：任何物品或者要素的单个买者或卖者都不能对价格产生重大影响。厂商的利润最大化和消费者的效用最大化和供求机制决定了所达到的均衡

就是帕累托最优。

现实的经济并不是完全竞争的,抽象的帕累托最优在现实中难以实现。例如,当存在公共物品和外部性,一部分人福利的改进就有可能是以其他人的福利损失为代价的,这种变化不符合帕累托准则的要求,会导致资源配置的无效率。这种现象在环境领域十分常见,如一家火力发电厂排放的烟尘,污染了城市空气,对居民的健康造成损害,就是典型的外部不经济性的例子。当存在外部性和公共物品时,就会出现市场失灵。

五、最大社会福利

效用边界线上有无数个帕累托效率点,任一点都存在唯一的资源配置、商品分配和价格比率。位于效用边界线上的任意一点,均表示在给定的技术条件和要素条件下的最优状态,在这些点上,要在没有任何人的情况恶化的情况下使任何人变好是不可能的。但需要指出的是,帕累托最优是资源配置的一个理想状态。在这无穷多个达到帕累托最优的点中,可能包括收入分配极不公平的情况。帕累托效率作为判别优劣的标准,回避了哪一种收入分配方式是最好的这一判断难题。

为了在这无穷多个帕累托最优点中继续选择,就要引入一系列的伦理标准,并在道德和价值判断的基础之上来构建社会福利函数(Social Welfare Function,SWF)。

设有社会福利函数,记为 SWF。社会福利函数将整个社会的福利与每个人的效用水平相联系,可以表述为如下的一个多元函数:

$$SWF = f(U_1, U_2, \cdots, U_n)$$

式中:$U_1, U_2, \cdots, U_n$——个人 $1, 2, \cdots, n$ 的效用水平。因此社会福利函数是全体个人效用水平的函数。

从 SWF 可以得出一组社会无差异曲线。其中必有一条与效用边界线相切,其切点就是最大社会福利。因为该点在效用边界线上,且只有该点与社会无差异曲线相切,所以其在全部帕累托效率点中是最理想的。

最大社会福利的必要条件是:

(1) 帕累托最适度状态;

(2) 效用边界线与社会无差异曲线相切。

最大社会福利的充分条件是效用边界线与一条且仅与一条社会无差异曲线相切。

六、帕累托效率的政策意义

当政策处于低效率状态时(例如,社会福利水平处于效用边界线之内),从不完全经济效率的观点看,任何能够提高政策效率的改进都是可以接受的。但是用帕累托效率作为标准,则使任何一方受到损害的政策改进是不可取的。帕累托效率只承认一方受益的同时至少不使他人受损的政策改进。

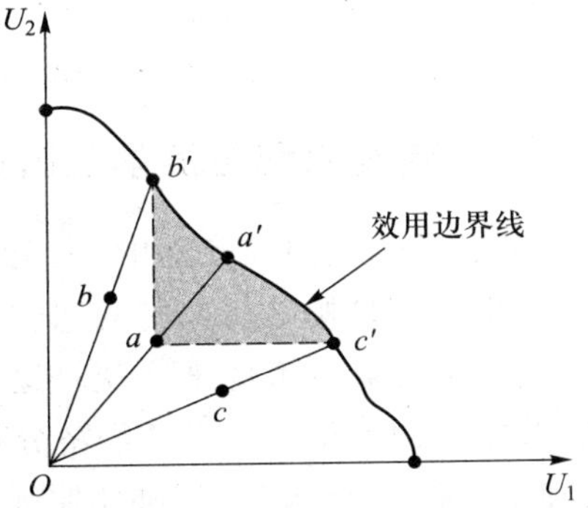

图 5-6　帕累托改进

如前所述,能够至少使一人受益同时不使任何人受损的政策改进就是帕累托改进。在图 5-6 中,这种改进只能发生在起点的右上方的三角区内,例如,a 向 a'的改进。在现实经济活动中，有许多可以实现帕累托改进的例子，例如，清洁生产，既增加了生产，又避免了污染损害。

但是，如果帕累托改进是继续原来的进程，则只能避免损害，不能必然改变原有的分配状态，也不能自我判断改进的相对理想程度。例如，在图 5-6 中，从 b 改进到 b'，从 c 改进到 c'，虽然消费者 1 和 2 的效用水平都增加了，但并不能确定 b'和 c'孰优孰劣，甚至可能进一步加强了不公平。同样，如果把 a'和 c'相比，也很难判断哪种分配更公平。显然公平性问题已经超出了帕累托效率的范围。

实际上，社会福利函数是和公平观念紧密联系在一起的。因为人们对公平有不同的理解，社会福利函数也有不同的形式，这种公平的观念会受到文化、制度、道德、认知等因素的影响。在现实中，有关是否存在社会福利函数或如何表达它们，一直是社会经济学界和经济政策部门争论的一个热点。

上节介绍的社会福利函数是一种最一般的形式，另外还有几种社会福利函数的形式，分别基于不同的公平观念，社会福利函数的具体形式不一，以下作一简述：基于功利主义的公平观者，继承了边沁（Jeremy Bentham）追求"最大多数人的最大幸福"之理念，认为应当在函数形式上为每位社会成员的效用赋予权重，以求得社会全体成员的总效用最大化。另外还有几种社会福利函数的形式，分别基于不同的公平观念。平均主义者主张在社会成员之间平均配置资源，才能够实现最大社会福利，纳什（John Nash）的乘法型社会福利函数即是一种；还有一种改良的平均主义观点，如罗尔斯（John Rawls）认为，公平配置资源的标准是使社会处境最坏的人效用最大化；市场竞争主义者的观点认为，竞争性市场最公平，竞争性均衡是最合理的资源配置。

因此，产生帕累托效率的竞争性均衡不一定必然是公平的。需要政府通过再分配体制，尽可能实现公平的目标。对于环境问题来说，通过正确利用经济手段，有可能实现帕累托效率。但是，如果初始资源配置就不公平，政府的干预就是必要的了。

第四节　环境资源配置效率目标的选择

环境与自然资源经济学研究如何实现稀缺的环境资源有效配置，因此，选择环境资源效率目标十分重要，因为这决定了环境资源配置和利用方式的选择。环境与自然资源经济学家对环境问题的经济学根源进行了探讨，试图找出一种合理的福利标准，将环境资源利用、经济发展与社会福利联系起来，在兼顾效率和公平的基础上对环境经济问题加以分析，实现环境资源配置的效率目标——具有新的内涵的社会福利最大化。

一、传统福利经济学在衡量环境资源配置效率时的缺陷

在传统的福利经济学中，完全竞争市场的一般均衡遵循着两大定理：其一，完全竞争市场中，一般均衡是帕累托最优的；其二，任何一个帕累托的最优配置都可以从适当的初始配置出发，通过完全竞争市场来实现。这两大定理指出市场机制能最有效地协调错综复杂的经济行为，配置有限资源。在具体经济分析方法上，传统福利经济学基于效用理论，提出了消费者剩余原则和"希克斯-卡尔多"补偿原则。消费者剩余原则用消费者剩余的多少来衡量社会福利，指出任何可以增加消费者剩余的方案均为帕累托最优。"希克斯-卡尔多"补偿原则提出，如果资

源配置的结果使福利受益者补偿福利受损者后,受益者的福利水平仍可以提高,那么整个社会的福利也相应提高,这一配置就是最优配置。

利用上述福利标准,对经济增长造成的环境影响很难做出正确的反映。这里以"大气污染"这个环境问题为例对其做具体分析。

首先,在传统福利理论中,价格是影响福利的主要因素。尽管大气污染会给社会经济发展和人类生活带来巨大影响,但是,只有当这些结果作用于价格,使相对价格发生变化时,环境因素才可能作为一个影响生产可能性边界以及社会福利水平的外部因素,进而影响社会福利水平。

图 5-7 为大气污染的社会福利水平分析,AB 为生产可能性边界,假设有 A 与 B 两种商品,A 商品的过度生产会产生大气污染。大气污染发生前,社会福利水平用社会无差异曲线 C_1 表示,A、B 两种商品的数量组合为 AB 曲线上的 E_1 点,A、B 两种商品的相对价格为 P_1,资源的滥用和过度耗费使生产可能性边界短期内从 AB 扩大到 $A'B$。A 商品的生产成本上升使 A、B 两种商品的相对价格从 P_1 改变为 P_2,生产可能性边界 $A'B$ 和 P_2 的切点在 E_2,表明在两种商品生产的重新组合中,A 商品的数量大大增加。这种生产没有使社会达到均衡,过 E_2 点的社会无差异曲线 C_2 在 C_1 的下方,表明整个社会的福利水平反而下降。此外,由于图 5-7 仅仅只反映了部分商品间相对价格的变化对社会福利的局部影响,从而无法对大气污染的整体影响做出评判。

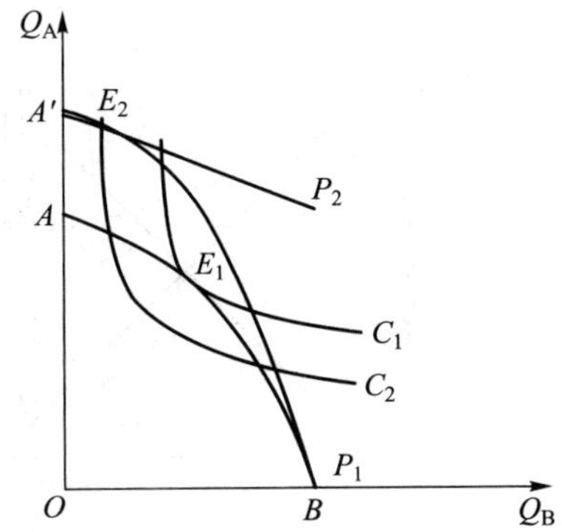

图 5-7 大气污染的社会福利水平分析

由此可见,传统福利理论存在明显的缺陷,主要表现在:

(1) 货币因素在福利衡量中起主导作用。一方面,价格在资源配置中起着决定力量,另一方面,衡量社会福利的"消费者剩余",也是用货币来度量,使得整个社会福利的衡量在很大程度上基于资源的价格因素。然而,环境问题涉及的福利远远超出了纯货币因素,这些在传统的福利理论中均无法得到反映。

(2) "希克斯-卡尔多"补偿原则中的"补偿"仅仅是潜在的,资源配置的改变如使一方得益,另一方受损,而通过经济政策使得受益方补偿受损方后,自己仍有结余,这就不失为一种更优的经济政策,因为社会总福利增加。然而,补偿政策采取与否,取决于非经济的其他因素,从而这一福利标准仅仅是一种假想的补偿。

不难发现,重效率而轻公平是传统福利标准的重要特点之一,反映在环境问题上则是盲目追求经济效率而滥用资源。

专栏 5-2 厌恶品的配置效率

传统福利经济学研究一般商品的生产、消费、均衡及效率。当这种分析框架延伸到厌恶品的时候,传统的福利经济学就需要做出调整。假设有一种厌恶品——污染物。如果把污染物视作一种商品,它具有负的效用和价格。但是这种厌恶品的供给和需求曲线与以往的商品供给和需求曲线有很大差别,它是颠倒的图形。

为了便于理解和分析，使厌恶品和标准的供给需求模型一致。通过分析污染物处理，厌恶品就转化成了一般商品。污染物处理的供给需求曲线如图 5-8 所示。

同商品的供给需求均衡一致，当污染物处理的价格改变，基于有限预算的消费者的选择也将改变。因此形成需求曲线向右下方倾斜，即污染处理服务的价格上升，需求量会下降。同理，供给曲线向右上方倾斜：价格上升，供给量减少。

在这种分析视角下，厌恶品的剩余和福利的分析也变得易于理解。图 5-9 为污染物处理的总剩余，给出了污染物处理的供给需求与剩余。

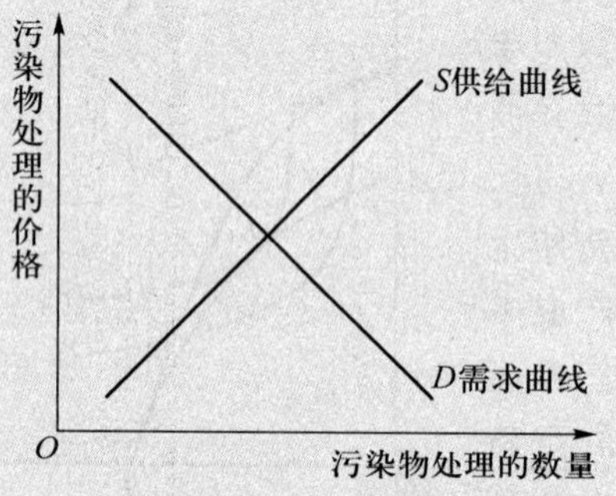

图 5-8 污染物处理的供给需求曲线

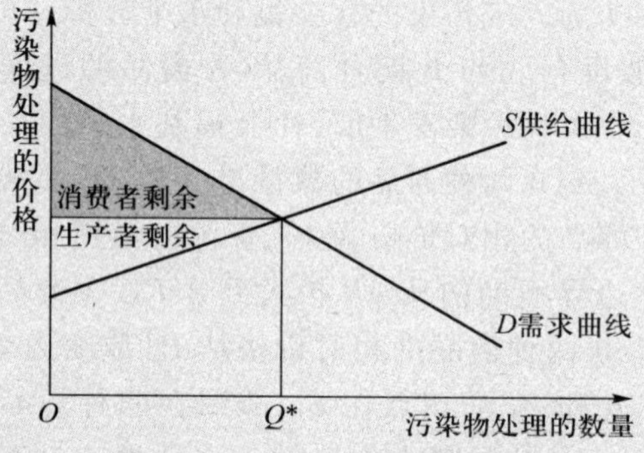

图 5-9 污染物处理的总剩余

如图 5-9，如果市场运行是最有效率的，预期污染物处理的费用达到均衡价格，污染物处理的最优数量为 Q^*，此时达到帕累托最优。与此相关的污染物处理带来的剩余即图中阴影部分所示，在均衡的时候总剩余达到最大。

如果出现市场失灵，即市场无法自动出清达到均衡。那么政府可能会来管理并提供这项服务。如果政府不能有效获得最优污染物处理数量或者无法实现最优处理率，那么社会总福利就会减少；同理，政府可能采取税收的方式来管理污染物处理市场的运行，如果征税后的污染物处理价格没有处于市场均衡价格，社会的总福利同样会减少。所以，无论是政府规定污染物处理数量，还是进行征税，在非完全竞争的自然市场下，都可能造成福利的损失及配置效率的降低。

二、后福利经济学的福利标准与环境资源配置效率

环境问题与人类生活息息相关，福利经济学就不可避免地涉及将环境指标转化为个人福利、再将个人福利汇总为社会福利的问题。1998 年诺贝尔经济学奖得主阿马蒂亚·森（Amartya Sen）对传统的福利经济学进行了批判性重建，创造性地提出了“功能－能力理论”和“部分序数理论”。这些理论的创立，对于重建福利标准并在此基础上评价环境经济问题提供了全新的思路，提出了具有新内涵的社会福利最大化标准。

传统福利经济学理论中，效用来自于对商品的消费，只受到预算曲线的约束，即主要受可支配收入和消费品价格因素的制约。针对这一情况，阿马蒂亚·森强调商品特性对商品需求的重大影响，从而将“效用”理论扩展为“功能”理论。“功能”是生活的一个方面，换句话说，生活就可以看成一个相关的“功能”集合。从而，人类的健康、幸福乃至衣食丰足均可以是“功能”的组

成部分，这样，“功能”概念不仅与“商品”的概念区分开来，与“效用”概念也有了明显的不同。阿马蒂亚·森认为，一个人的“生活状态”就可以理解为一个“功能矢量”，他可以在这些矢量中自由地选择，任何人可行的矢量集也就是此人的“能力集”。由于后福利经济学强调“评估方法”的作用，强调个人对其生存状态的再评价，对于这些评价结果如何进行合理排序就是一个新问题。针对这一情况，他提出了部分序数理论，指出如果存在大量的评价序数，那么可确定的福利评价必然由这些序数的变动界限所决定。

利用“功能-能力”理论与“部分序数”理论的分析方法，阿马蒂亚·森对许多涉及效率与公平的问题做出了分析。长久以来，主流经济学家们只关注一些传统的经济指标，如一国的国民生产总值、人均收入等。而阿马蒂亚·森的视角则关注于一些具体的人类基本活动。他有意识地回避“效用”概念，引用“功能”的概念作为衡量福利的标准。由于“功能”广泛地涉及物质与精神多方面领域，这一概念为福利经济学提供了更为丰富的信息基础，也为更好地研究环境与自然资源经济学中效率与公平的关系找到一个新的突破口。

阿马蒂亚·森提出利用市场调查收集数据和非市场观察的方法获得有关社会福利状况的详细数据和资料，确定对“能力集”的评估并在此基础上综合评价社会福利状况，从而为许多重要环境指标（如与经济增长相关的污染指数、环境污染引起的致癌指标等）影响社会福利提供了有力的理论基础。仍以大气污染为例，这一环境因素对不同地区居民的影响，可以用他们各自“能力集”的变化反映出来。通过数据收集和市场调查，可以得出大气污染发生前后不同地区居民“能力集”的福利评估。运用上述“功能-能力”理论与“部分序数”理论，可以通过分析得出明显的结论：大气污染使得绝大多数国家，尤其是发展中国家的福利进一步下降。这表明，经济学家们已将环境问题纳入到社会福利的评价范围，并提出了新的社会福利最大化的标准。

三、在可持续发展思路下对效率、帕累托最优的重新理解

效率概念的产生归因于社会经济活动中人们的选择行为。对稀缺资源进行配置就产生了“效率”的概念，因为人们总想使其“效用”最大化。帕累托最优是福利经济学的核心思想，作为一个价值判断被广泛运用于经济分析。按照福利经济学的解释，最优条件是指在一定的经济组织下，为达到最大社会福利在生产、交换和分配等方面所需具备的条件。帕累托最优是这样一种经济状态，在该状态中没有一个人能够在不损害其他人利益的前提下，使自身利益得到改进，也就是人们没有共同改进各自利益的机会的状态。因此，帕累托最优常被用来说明经济社会达到一种没有互利或互惠机会的效率状态。

由此可见，效率与最优，其各自的评价标准是不一样的。经济效率有个定位的问题，要看是从哪个角度去评价。在现实生活中，某种资源配置方式，从其个体利益看，是具有经济效率的，但是，从实现全社会福利的角度看，却不具有经济效率。最为典型的就是环境污染问题。假设发电厂的可选燃料有两类，一类是污染严重的煤炭，另一类是没有污染的可再生能源。因为煤炭价格低，往往被以利润最大化为目标的发电厂选用。然而，污染造成的健康损害和治理污染必需的开支，可能大大超过发电厂使用廉价燃煤的成本。从发电厂来说，面对多种资源配置方式的选择，在污染环境不需付费的条件下，选择产生重度污染但是廉价的煤炭，可以达到效用最大化的目标，是有效率的。但是，从实现全社会福利最大化的角度来说，这种资源配置方式显然是无效率的，因此，肯定不是最优。所以，效率与最优并不总是重合。效率评价可以站在多个角度，而最优标准却是以全社会福利最大化为目标。

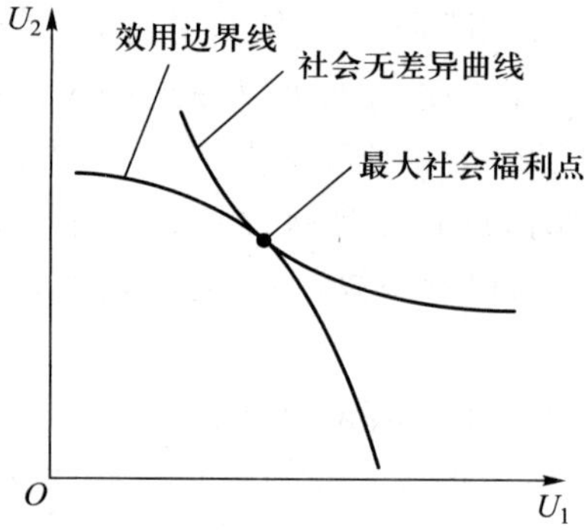

图 5-10 最大社会福利

即使是站在社会的角度,效率与最优这两个概念也是有区别的。要实现帕累托最优,即实现最大社会福利的充分必要条件是效用边界线与社会无差异曲线相切,如图 5-10 所示:

效用边界线是在一定的资源约束条件下,社会实现效用最大化的资源配置的组合。而社会无差异曲线则是社会福利函数的图形化,是在兼顾效率与公平的前提下,社会谋求福利最大化的资源配置的组合。效用边界线与社会无差异曲线相切,意味着社会在兼顾效率与公平的前提下实现了效用最大化,因此,是社会福利的最优状态。这表明,效率是指由效用边界线所确定的效用最大化的区间,在此区间内的任何一个资源配置组合都是有效率的。而最优则是既满足效率又满足公平的效用边界线上的一个点。效率是最优的必要条件,但不是充分条件。只有既满足了资源配置的效率标准,又满足了资源配置的公平标准,这样的资源配置才是最优的。因此,最优体现的是效率与公平并重。我们在选择环境资源配置方式的时候,应该选择最优标准,既体现效率,又实现公平。

但是,即使是最优标准,也不能完全准确地实现可持续发展的思想。可持续发展强调的公平,还包括国际公平和代际公平,只有将国际公平和代际公平也纳入社会福利函数,可持续发展才能与最优相统一。这里要对社会的概念重新定义,在传统经济学中,社会一般是指一个国家全体国民的组合,因此社会福利函数是全体国民个人效用水平的函数。如果要实现国际公平,就要追求整个人类福利最大化,社会福利最大化扩展为人类福利最大化;如果要实现代际公平,则就要把子孙后代的福利也纳入社会福利函数。

要点总结

经济学意义上的稀缺是指相对于一段既定时期或某一时点上的人类需要,资源是有限的。稀缺性分为绝对稀缺性和相对稀缺性。随着环境资源的消耗,环境资源的存储量越来越少,呈现出物理的稀缺(绝对的稀缺);随着生活水平的提高,人们对于环境资源稀缺性的认识越来越深刻,对环境质量的要求也在不断提升,环境资源的稀缺性又体现出相对于人类要求的不足,即意识上的相对稀缺。

资源配置的效率是指通过在不同生产单位,不同区域或不同行业之间分配有限的经济资源而达到的效率,这种效率使每一种资源都有效地配置于最适宜的使用领域和方向上。这种效率概念的深层含义可以引申为,如果一种经济能合理地运用和分配资源,达到若不使某人的状况差一些就不能让另一个人变得更好一些的程度,那么,这个经济就是有效率的。可见,市场的竞争程度越高,则经济效率越高;一般而言,市场的垄断程度越高,则经济效率越低。

帕累托最优指的是这样一种资源配置状态:在该状态下,任何资源配置的改变都不可能使至少一个人的福利状况变好而同时又不使任何人的状况变坏,即此状态下不存在进一步的帕累托改进可能。满足帕累托最优的状态就是具有经济效率的,不满足帕累托最优的状态就是缺乏经济效率的。

效率、帕累托最优和可持续发展是环境与资源经济学研究的三个基本主题,环境与资源经济学研究始终都在寻求效率、帕累托最优和可持续发展三者之间的统一。我们在选择环境资源配置方式的时候,应该选择最优标准,既体现效率,又实现公平。

思考题

1. 什么是稀缺性,如何理解环境资源的稀缺性?
2. 什么是经济效率,简述其在生产和消费过程中的实现?
3. 什么是帕累托最优,其必要条件和充分条件有哪些?
4. 如何实现环境资源的有效配置?
5. 在效率、帕累托最优和可持续发展三者之间我国应怎样选择?

参考文献

1. 萨缪尔森,诺德豪斯. 经济学[M]. 北京:人民邮电出版社,2008.
2. 蔡宁,郭斌. 从环境资源稀缺性到可持续发展:西方环境经济理论的发展变迁[J]. 经济科学,1996(6):59-66.
3. 曼昆. 经济学原理:微观经济学分册[M]. 5 版. 北京:北京大学出版社,2009.
4. 蒂坦伯格,刘易斯. 环境与自然资源经济学[M]. 8 版. 北京:中国人民大学出版社,2011.
5. 庇古. 福利经济学[M]. 上海:上海财经大学出版社,2009.
6. Barnett H J, Chandler M. Scarcity and Economic Growth: the Economics of Natural Resource Availability[M]. Baltimore: Johns Hopkins Press, 1963.

第六章

自然资源可持续利用

自然资源是人类社会赖以生存和发展的物质基础,是人类可以利用的自然形成的物质与能量。在一定的时间、地点、条件下,自然资源能够产生经济价值,提高人类当前和未来的福利。根据自然资源的存在状况,可划分为可耗竭资源、可再生资源和舒适性资源。本章介绍自然资源存量和流量,自然资源的类别,自然资源的可持续性。

第一节　自然资源存量和流量

一、存量和流量的概念

自然资源的存量是在一定的经济技术水平下可以利用的资源储量。在某一固定时间点上,自然资源存量是一个确定的数值。随着社会经济的发展,科学技术水平的提高,已探明的资源被不断开发利用,新的资源被不断发现,在一个动态的时间范围内,资源存量又是不断变化的。

自然资源的流量是在一定时期内的资源流入量和流出量。例如,可再生资源的生长量和可耗竭资源的开采量。影响资源流量的因素包括自然的新陈代谢和人为的干预。在一定的时期内,资源流入量减去资源流出量,就等于资源净流量。资源净流量可以反映自然资源的消耗速度。用公式表示如下:

期初存量+期内资源流入量-期内资源流出量=期初存量+期内净流量=期末存量

其中,期内资源流入量包括新发现量、生长量、补充量、重估增值量等,期内资源流出量包括开采量、各种损失量、重估减值量等。

二、自然资源存量的分类

有三个与资源存量相关的概念:① 已探明储量;② 未探明储量;③ 蕴藏量。

(1) 已探明储量是利用现有的技术条件,资源位置、数量和质量得到明确证实的储量。具体又分为:

① 可开采储量(如图 6-1 中阴影部分所示),即在目前的经济技术水平下有开采价值的资源。

② 待开采储量,即储量虽已探明,但由于经济技术条件的限制,尚不具备开采价值的资源。

在技术条件不变的情况下,待开采储量转变为可开采储量,在很大程度上取决于人们对这些资源的支付意愿。

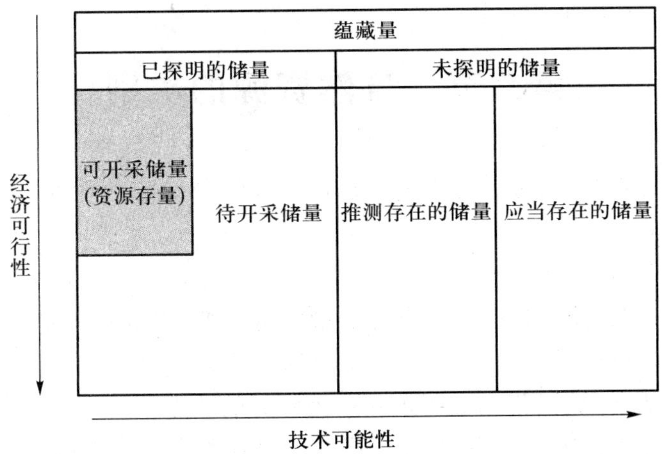

图 6-1　自然资源储量的关系

（2）未探明储量是指目前尚未探明，但可以根据科学理论推测其存在或应当存在的资源。它分为：

① 推测存在的储量，即可以根据现有科学理论推测其存在的资源。

② 应当存在的资源，即今后由于科学的发展可以推测其存在的资源。

（3）资源蕴藏量等于已探明储量与未探明储量之和，是指地球上所有资源储量的总和。因为价格与资源蕴藏量的大小无关，所以蕴藏量主要是一个物质概念而非经济概念。对于可耗竭资源来说，蕴藏量是绝对减少的；对于可再生资源来说，蕴藏量是一个可变量。这个概念之所以重要，是因为它代表着地球上所有有用资源的最高极限。

图 6-1 为自然资源储量的关系。从图 6-1 可以看出，自然资源储量的利用程度取决于经济可行性和技术可能性。图的纵坐标从上到下表示开采成本不断提高，资源利用的可能性逐渐降低。横坐标从左到右表示技术难度逐渐增加，资源利用的可能性逐渐降低。这两个方面都包含有时间概念，但没有表示时间的尺度，这是因为不同的资源在不同的时间会有不同开发利用形式。

掌握这三个概念的区别非常重要，否则就会得出错误的结论。如果把已探明储量当作是资源蕴藏量，再根据目前的资源消费水平估算地球上的资源还能使用多少年，就会得出非常悲观的结论。例如，1934 年有人估计铜的蕴藏量（实际是已探明储量）只够开采 40 年，而 1974 年铜的已探明储量被证实还能开采 57 年。罗马俱乐部 1971 年发表的《增长的极限》，也犯有类似的错误。实际上，这种计算方法只有在以下两个条件下才可能是正确的：① 资源消费量一直保持不变，直到资源耗竭；② 即使外界条件发生变化，已探明储量也不会增加。而以上两个条件都是不现实的，需求会随着价格的变化而变化，已探明储量也可能随着技术的发展而增加。所以这种计算方法是不正确的。

另一个错误是认为全部资源蕴藏量都是可利用的，即把所有资源看成是同质的，认为人们愿意为最后一个单位的资源付钱。如果价格可以无限增长，那么最后一个单位的资源蕴藏量有可能被开采，然而价格不可能无限增加，总有一些资源由于开采成本过高，最终不会被利用。因此，资源的最大可利用量是小于资源蕴藏量的。更确切地说，可能被利用的最大资源储量是不能以某一具体数字来表示的。

第二节　自然资源的类别

根据自然资源的存在状况，可以分为可耗竭资源、可再生资源和舒适性资源。

一、可耗竭资源

在任何对人类有意义的时间范围内，资源质量保持不变，资源蕴藏量不再增加，这种资源就称为可耗竭资源。耗竭可以看作是一个过程，也可以看作是一种状态。可耗竭资源的开采过程就是耗竭过程。耗竭状态①就是指当资源蕴藏量为零时的状态。

可耗竭资源按其能否被重复使用，分为可回收的可耗竭资源和不可回收的可耗竭资源。

（一）可回收的可耗竭资源

资源产品的效用丧失后，还能回收再利用的可耗竭资源称为可回收的可耗竭资源。可回收的可耗竭资源主要是金属等矿物资源。例如，汽车报废后，汽车上的废钢铁可以回收利用。不过，资源的可回收利用程度是由经济条件所决定的。只有当回收利用的成本低于开采新资源的成本时，回收利用才有可能。

可回收的可耗竭资源最终仍会耗竭，但是耗竭速率取决于需求、资源产品的耐用性和回收利用的程度。除了需求缺乏弹性的情况外，一般来说价格增高会使需求量减少；资源产品的使用寿命越长，对资源的需求就越少。回收利用可以通过提高产品使用率（例如，重复使用饮料瓶）、重新利用废弃产品，减少对资源的需求。需要强调的是，可回收的可耗竭资源不可能100%地循环利用。根据热力学第二定律，在一个封闭的系统内，无限的内循环是不可能的，甚至从系统外界不断投入能量时（例如，太阳能的有效利用），无限的内循环也是不可能的。每次内循环都要产生某些损失，每次资源利用都会使资源产生某种退化，例如，铜币能被熔化而铸成铜锭，但是在流通过程中摩擦掉的铜却不能恢复。只要资源的回收利用率小于100%，那么资源存量最后一定会降低到零。

（二）不可回收的可耗竭资源

在使用之后不能回收利用的可耗竭资源叫作不可回收的可耗竭资源。不可回收的可耗竭资源主要指煤、石油、天然气等化石能源。例如煤，一旦燃烧变成了热能，热量消散到环境中，不可回收再利用。

能源一直是人类社会发展的动力。煤、石油、天然气等不可回收的可耗竭资源的特点决定了它的资源耗竭速度必然快于其他资源。当代社会对能源资源迅速增加的巨大需求，更加剧了这种资源的耗竭速率。尽管经济条件的变化同样可以对这类资源的开发提供刺激，但是其作用相对来说是有限的。

减缓不可回收的可耗竭资源耗竭速率的重要措施是提高资源利用率。由于不可回收的可耗竭资源使用过程的不可逆性，决定了使用机会只有一次，如果在一次使用中资源得不到充分利用，就会造成重大浪费。另外，由于煤、石油等资源在使用过程中，产生对环境有害的污染物，

① 确切地说，当市场价格过高，有效需求为零时，尽管资源蕴藏量尚未为零，也可视为资源已达到耗竭状态。

提高资源利用率可以减少污染物的产生。

可耗竭资源(不论可回收还是不可回收的)的可开采储量能够通过经济条件的变化而增加,使得以前不具有开采价值的资源变得有开采价值。资源的市场价格是一个最明显的例子。当价格上升时,会刺激生产者去勘探潜在的资源,或者开采低品位的资源。此外,高价格还会刺激技术进步。技术进步可以提高资源利用率,或是发现新的可替代资源。

专栏6-1 中国矿产和能源资源现状

中国已发现矿产171种,其中探明储量的矿产158种。已探明的矿产资源约占世界总量的12%,居世界第3位。按探明储量计算,中国45种主要矿产中有25种居世界前三位,其中有12种矿产储量居世界第一位。但我国人口众多,资源的人均占有量普遍低于世界平均水平,此外,资源的空间分布不均衡,资源禀赋亦欠理想。

作为不可回收的可耗竭资源,中国化石能源储量有限。其中,煤炭占世界总量的16%,石油占1.8%,天然气占0.7%,此三者折合成标准油当量占世界化石能源总储量的比例不足11%。中国能源禀赋中较高的煤炭比重决定了中国的能源消费结构以煤为主。由于技术和经济上的限制,我国煤炭开采与燃烧利用引发一系列复杂的生态破坏(如地表塌陷、土地侵占)和环境污染(如排放烟尘、SO_2)问题,能源发展面临着较严重的环境制约,能源结构亟待优化。

二、可再生资源

能够通过自然力以某一增长率保持或不断增加流量的自然资源叫可再生资源。例如,太阳能、大气、农作物以及各种野生动植物等。有些可再生资源的持续性和流量受人类利用方式的影响。在合理开发利用资源情况下,资源可以恢复、更新、再生产以至不断增长;在不合理的开发利用条件下,其可再生性就会受阻,使存量不断减少,以至耗竭。例如,过度捕捞减少了鱼的存量,并且进一步降低了鱼群的自然增长率。有些可再生资源的存量和持续性不受人类活动影响,例如太阳能,当代人消费的数量不会使后代人消费的数量减少。

一些可再生资源能够被储存起来。资源的可储存性为在不同时期配置资源提供了可能。例如,粮食储备可以调剂余缺,平抑市场价格。太阳能也可以被储存,最常见的方式就是光合作用。可再生资源的储存一般来说不同于可耗竭资源的储藏。储藏可耗竭资源是为了延长它的经济生命;储存可再生资源则是为了保证不同时期的供求平衡。

依据产权明确与否,可再生资源可以分为可再生商品性资源和可再生公共物品资源。

(一)可再生商品性资源

可再生商品性资源是指财产权可以确定,能够被私人所有,并能在市场上进行交易的可再生资源。例如,私人土地上的农作物、森林等。这些可再生资源主要具有以下特点:

1. 完全明确的财产权

对这些资源所有者的各项权利、权利的限制以及破坏这些权利的处罚等都有明确规定。

2. 专有性

由拥有这些资源带来的所有效益和费用都直接给予资源的所有者,而且只有通过所有者才可转卖资源资产使用权。

3. 可转让性

所有资源产权可以在双方自愿的条件下,从一个所有者转移到另一个所有者,从而实现有效配置。

4. 可实施性

资源产权可保证免于他人的侵犯和非自愿的获取,使得破坏权利者得到的惩罚大于破坏权利可能得到的最大好处或期望的非法收入。

(二)可再生公共物品资源

可再生公共物品资源是指不为任何特定的个人所拥有,但是却能为任何人所享用的可再生资源。如,公海鱼类资源、物种、空气等。这类可再生资源至少具有下列特征中的一个:

1. 消费不可分性或非竞争性

消费不可分性或非竞争性是指某人对某物品的消费完全不会减少或干扰他人对同一物品的消费。例如,每一个人可以自由呼吸空气,同时并不减少其他人可以得到的数量。

2. 消费非排他性

消费非排他性是指不能阻止任何人免费消费该物品。例如,在公海中某一渔民无法阻止别人前来捕鱼。属于公共物品的可再生资源是非专有的。非专有性是财产权的一种减弱,它将导致低效率。在这种情况下,价格既不能在使用者之间对分配和利用资源起调节作用,也不能为生产或保护资源提供刺激作用。这种可再生资源配置的结果是可再生资源开发过度,以及在管理、保护和提高生产力方面投资不足。

专栏6-2 对可再生性的理解

"可再生"是一个相对的概念,其内涵是指在"人类历史"的尺度上可以天然再生。而这个再生循环过程既受到自然规律的支配,又受人类利用方式或强度的影响。

例如,人们通常认为耕地是可再生的,但土地肥力能否持久却与人类的开发方式有关。对这个问题的处理,在人类历史上,不乏成功案例,亦不乏前车之鉴。

公元前3000年左右,苏美尔人在两河流域的美索不达米亚平原修建了复杂的灌溉工程,发展出了发达的农业,创造了两河文明。但两河流域降雨稀少,蒸发剧烈,苏美尔人不合理的灌溉方式引起了土地盐碱化,导致土地生产力下降,粮食减产。农业的衰退动摇了整个文明大厦的基础,不断的战争和动荡,使得两河文明不断衰落,最终淹没在历史之中。

中国的古代是一个农业为基础的社会,中国古人很早就懂得了利用收集各种有机物(人畜粪便、枯枝落叶等)制作农家肥保持土地肥力,改善耕种条件。《史记·河渠书》就载有秦国修筑郑国渠,引泾河之泥沙灌溉"泽卤之地",变盐碱地为良田一事。这些活动都是人类主动促进土地的恢复、再生产以至不断增长的典范,确保了土地资源的可持续利用。

事实上,农业是年复一年利用可再生的农作物、各种牲畜等,直接或间接地将太阳能转化为人类可以直接利用的能量的一个过程。传统的农业社会中很多朴素的观点,如孟子强调的"斧斤以时入山林,林木不可胜用也""鸡豚狗彘之畜,无失其时,七十者可以食肉矣",就蕴含着永续利用可再生资源的智慧。

历史不断提醒人类,唯有在慎待、善用的前提下,可再生资源才能真正被人永续利用。

三、舒适性资源

（一）舒适性资源的概念和分类

舒适性资源的概念是由克鲁蒂拉（John V. Krutilla）在《自然资源保护再认识》一文中首次提出，该文发表于1967年9月《美国经济评论》杂志。在《自然环境与资源经济学》一书中，克鲁蒂拉和费舍尔（Anthony C. Fisher）深入分析了舒适性资源的概念，通过与开采性资源比较，将自然环境的舒适性与经济学理论和应用结合起来，对舒适性资源进行了系统研究。克鲁蒂拉和费舍尔的研究主要集中在破坏不可逆的自然资源，例如峡谷、荒原等珍奇景观和重要生态系统等。

"舒适性资源"是能够为人类提供舒适性服务，满足人类精神需求的自然资源。"舒适"的含义是在满足物质需要的前提下，提供尽量丰富的精神享受。具有观赏、文化或科学价值的山川、湖泊、地貌、森林、动植物、化石、特殊地质、天文气象等自然景物，都可以某种方式为人类提供舒适性服务，满足人类的精神需求。

舒适性资源所具有的功能主要体现在娱乐、审美、文化、科研、认知、教育、保健等方面。舒适性资源可以分为四类：

1. 自然风景美学资源

自然风景美学资源具有极高的美学价值，例如，名山大川由于风景优美奇异，是人们旅游休闲的首选场所，从而成为提供舒适性服务的主要资源类型。

2. 地质变迁遗迹资源

地质变迁遗迹资源通常是由于自然地质变化留下的遗迹，因而具有较高的科研价值，例如，火山、冰川、温泉、化石、荒漠等。

3. 生物进化资源

生物进化资源包括被称为活化石的濒危生物物种（如扬子鳄）、已灭绝物种的生物化石和原始生物群落，例如，原始森林、冻荒漠、热带雨林和自然保护区，都具有极高的科研和认知价值。

4. 野外娱乐资源

野外娱乐资源指能吸引野外运动的天然风景，例如，滑雪、登山、海浴、滑水、垂钓、狩猎等，野外运动也是舒适性服务的重要内容。

（二）舒适性资源的特点

舒适性资源包含以下五方面特点：

1. 唯一性

舒适性资源提供的服务是其他类型资源无可替代的，这就是舒适性资源的唯一性。舒适性资源满足的是人类特有的高层次需求，即精神需求，包括对美感、文化和认知的需求，而且愈是基本的物质需求得到满足，人们对舒适性资源的需求就愈是强烈。有人提出以人工资源替代自然资源，但恰恰在舒适性资源方面，人工资源永远无法取代自然资源。由于舒适性资源提供的服务是不可替代的，而这类资源在自然界中的存量又是有限的，因而其供给量不能随着需求的增长而增长。

2. 真实性

大多数舒适性资源（主要是自然生态型的舒适性资源）是亿万年来自然力的结果，以人类目前所掌握的科学技术，还无力复制宏观的自然环境；即使是在局部或微观上复制了，也不可能包含自然界的全部信息。真实性作为未受破坏的舒适性资源的一种属性，人们对它的需求就好比观赏艺术品,即便最精致的仿制品,也不是真实的艺术品。对于艺术鉴赏家来说,只有原创的艺术品才是有价值的。从经济学的角度来看,对"原始状态的自然"的需求是收入高度有弹性的。

3. 使用方式的非消耗性

人们对于资源价值的一般认识是,只有当资源被开发采掘时才具有价值;而资源的舒适性价值只有在资源不被开发采掘时才体现,人们可以以非消耗和非破坏性的方式获得其效用。同一自然资源一旦被用于开采性的使用,舒适性价值往往遭到破坏。

4. 不确定性

由于认识能力的局限,迄今为止,人类对自然的认识仍十分有限。随着人类对自然界的不断探索,总是能够发现新的信息,这种认知的不确定性使得舒适性资源的价值也存在诸多不确定性。例如,一种现在被认为没有经济价值的物种可能包含着一种重要的基因,这意味着人类在做出可能导致舒适性资源退化的决策时必须十分谨慎。

5. 破坏的不可逆性

舒适性资源是自然力长期作用的结果,一旦对资源的舒适性功能造成破坏,这种改变往往是单向的,破坏将不可逆转,从这个意义上说,舒适性资源的损失是永久性的,因此而导致资源总量的绝对减少。

专栏 6-3 舒适性资源破坏的不可逆性

亚马孙热带雨林的破坏是不可逆性的例证。亚马孙热带雨林位于南美洲的亚马孙河,是世界上最大的热带雨林区,占地球上热带雨林总面积的 50%,达 650 万 km^2,其中有 480 万 km^2 在巴西境内,在地球上已存在至少 5 500 万年。亚马孙热带雨林自然资源丰富,物种繁多,生态环境纷繁复杂,生物多样性保存完好。然而人类意识到了亚马孙热带雨林的宝贵,却没有因此而加以厚爱。

目前由于开发不当和保护不利,巴西的亚马孙雨林正在遭到严重的破坏,热带雨林面积正以惊人的速度减少,森林覆盖率已从原来的 80% 减少到 58%,以致动植物资源遭到破坏,造成水土流失、暴雨、旱灾、土地荒漠化等一系列环境问题。专家们说,这种情况对物种保护和全球气候的平衡有可能构成威胁。据专家估计,2000 年以来,雨林面积已经减少了 4.4 万 km^2,是巴西政府估计的三倍。亚马孙地区毁林速度惊人,平均每 8 秒就有一个足球场大小的森林在那里消失。亚马孙雨林目前正遭受着历史上第二次严重破坏,这已引起巴西以及国际环保组织的密切关注。历史上最严重的一次毁林事件发生在 1995 年,当时有 2.9 万 km^2 的森林被毁。到目前为止,亚马孙地区被毁森林总面积已达 58.2 万 km^2,比巴西巴伊亚州全州的面积还要大。世界自然基金会警告说,如果毁林事态得不到有效控制,不久的将来,亚马孙将空留其名。

热带雨林的减少不仅意味着森林资源的减少,而且意味着全球资源范围内的环境恶化。因为森林具有涵养水源、调节气候、削减污染及保持生物多样性的功能。热带雨林的破坏不仅带来环境的危机,同时人类将会失去亚马孙热带雨林这个巨大的基因库。据统计,亚马孙热带雨林中每平方千米不同种类的植物达 1 200 多种,地球上动植物的 1/5 都生长在这里。由于热带雨林的砍伐,这里每天都至少消失一个物种。根据美国科学探索杂志的预测,"随着热带雨林的减少,十年后,至少将有 50 ~ 80 万种动物灭绝"。物种的灭绝会对生态系统造成严重的影响，如果这种生物处于生态系统的顶级，其灭绝就等于消除了一种生态连续性，这种生态连续性可能是千万年自然进化的结果。如果环境改变影响到非生物领域，例如原始的突然条件受到破坏，要想在人类社会短暂的时间跨度内恢复其原始生态环境几乎是不可能的。

第三节　自然资源的可持续性

一、可耗竭资源：最优耗竭

可耗竭资源的可持续性就是实现不同时期高效率的资源配置，使资源利用净效益现值最大化。下面首先分析一种资源在两个时期的配置模型，然后将其推广到更长的时期和更复杂的情况。

（一）两个时期的资源配置模型

假设：

① 资源的边际开采成本在两个时期内是不变的，且以不变的方式供给；

② 在两个时期内对资源的需求是不变的，且边际支付意愿的方程式为 $p=8-0.4q$；

③ 在两个时期内边际成本 MC 也是不变的，且单价为 2 元/t（如图 6-2）。

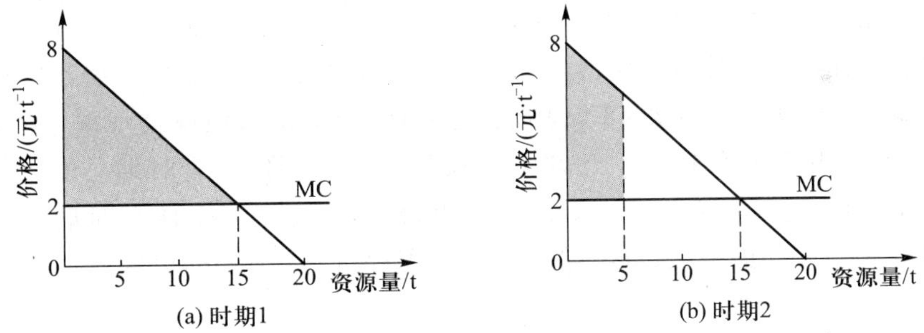

图 6-2　充足的可耗竭资源在不同时期的配置

图 6-2 为充足的可耗竭资源在不同时期的配置。从图 6-2 可以看出，如果资源总供给量为 30 t 或 30 t 以上时，在两个时期间的资源配置很容易实现高效率（暂不考虑贴现率），因为每个时期都能得到本期所需要的 15 t 资源量，分别实现本期的高效率；时期 1 对资源的需求量不会减少资源对时期 2 的供给量。然而，当资源的有效供给量小于 30 t 时，就会出现另一种情况。

假设资源的有效供给量为 20 t，为了实现高效率的资源配置，就要使这 20 t 资源在两个时期内的净效益现值之和达到最大化。净效益现值之和的求法可用下面例子说明。假设分配给时期 1 的资源为 15 t，分配给时期 2 的资源为 5 t。则时期 1 的净效益现值就等于图 6-2(a) 中阴影部分的面积（45 元）；时期 2 的净效益现值就等于图 6-2(b) 中阴影部分的面积除以 $1+r$（r 是贴现率）。如果贴现率 $r=0.10$，那么时期 2 净效益现值就是 $25\div(1+0.1)=22.73$ 元。因此，两期的净效益现值之和就等于 $45+22.73=67.73$ 元。

为了找到使两个时期净效益现值最大的资源配置方案，可以通过计算机，找出时期 1 资源配置量(q_1)和时期 2 资源配置量(q_2)所有可能的组合($q_1+q_2=20$),然后挑选出其中净效益现值最大的配置组合。

实现资源高效率配置的必要条件是,时期 1 使用的最后 1 t 资源的边际净效益现值等于时期 2 使用的最初 1 t 资源的边际净效益现值。不需要复杂的数学知识,这个原则也很容易理解。为此,我们用一种简单直观的图形来表示两个时期的资源配置问题(图 6-3)。

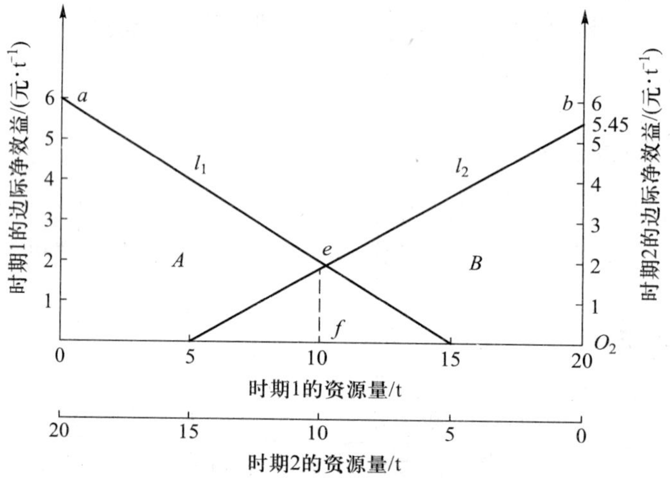

图 6-3 稀缺的可耗竭资源在不同时期的高效配置

图 6-3 中 l_1 和 l_2 分别表示时期 1 和时期 2 的边际净效益现值曲线,时期 1 的边际净效益现值曲线从左往右读,时期 2 的边际净效益现值曲线从右往左读。l_1 与纵坐标交点 a 为 6 元,因为最大边际净效益等于最大边际效益(8 元)减去边际成本(2 元);假设贴现率 $r=0.1$,则 l_2 与纵坐标交点 b 为 $6\div(1+0.1)=5.45$ 元。l_1 和 l_2 相交于点 e。这样,两个时期总的净效益现值就等于 $aebO_2O_1$ 围成的面积。e 点为高效率资源配置点,因为在这一点上两个时期净效益现值之和最大(此时面积最大)。如图可见,分配给时期 1 的资源量为 10.238,分配给时期 2 的资源量为 9.762。

以上的模型是在健全的市场和合理的政府调节条件下建立起来的。同时,由于这里分析的是稀缺的可耗竭资源,所以还必须考虑由于资源稀缺产生的额外边际成本,这里称之为边际使用成本(即图中 ef 所示)。边际使用成本是指在边际上失去的机会成本的现值。由于可耗竭资源的供给是固定、有限的,今天多使用一个单位的资源,就意味着明天少使用一个单位的资源。因此,今天决定使用一定数量的资源,就意味着放弃将来使用该资源的净效益。

在一个有效的市场中,不但要考虑边际开采成本,而且要考虑边际使用成本。如果资源是不稀缺的,资源价格就等于边际开采成本;如果资源是稀缺的,资源价格就等于边际开采成本加上边际使用成本。边际使用成本主要是受贴现率的影响。贴现率的大小反映了人们对边际使用成本的评价。在上面的模型中,由于正贴现率的存在,使得时期 1 比时期 2 获得更多的资源。贴现率越大,边际使用成本就越小,时期 2 获得的资源也就越少。所以贴现率的大小,表明了当代人对边际使用成本的评价和代际之间的资源配置。

(二)n 个时期的资源配置

假设前面的需求曲线和边际成本曲线仍然保持不变,时间由两个时期延长到 n 个时期,资源的供给量也相应增加(图 6-4)。

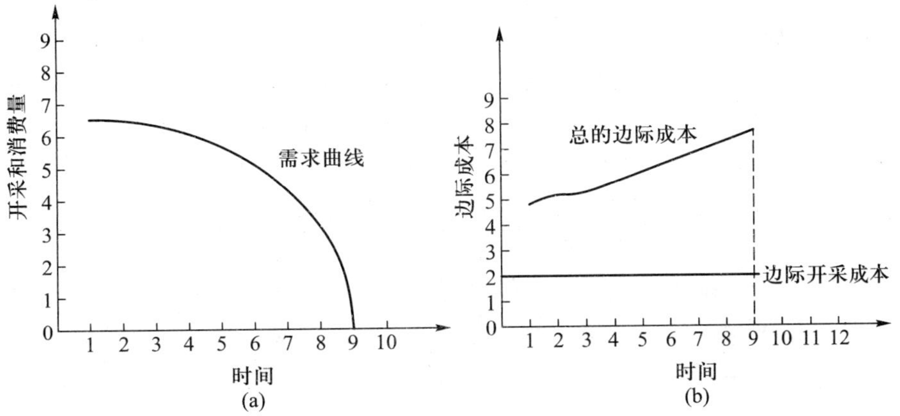

图 6-4 在没有替代资源时,可耗竭资源在不同时期的开采数量和边际成本

图 6-4(a)表示资源开采量在时间上的变化。图 6-4(b)表示资源的总边际成本和边际开采成本随时间的变化,总边际成本和边际开采成本之差就是边际使用成本。

从图中可以看出,尽管边际开采成本保持不变,但边际使用成本是不断增加的。边际使用成本的增加反映了资源稀缺程度的增加和资源消费机会成本的提高。与随着时间的推移而增加的总边际成本相对应的是,资源开采量随时间的推移逐渐降低至零。在图 6-4 中,当时间为 9,总边际成本为 8 元时,开采量为零。在这一点上,总边际成本等于人们愿意支付的最高价格。因此,由于边际使用成本的增加,而导致总边际成本的增加,实现资源的供给和需求同时为零。从这个例子中可以看出,即使边际开采成本没有增加,有效配置资源也能够使资源逐步耗竭,而避免了突然耗竭。

(三)可耗竭资源之间的替代

假设有两种可替代的可耗竭资源,它们有各自的不变边际开采成本,在一定条件下,边际开采成本低的可耗竭资源可以被边际开采成本高的可耗竭资源替代。这时,可耗竭资源之间的有效配置如图 6-5 所示。

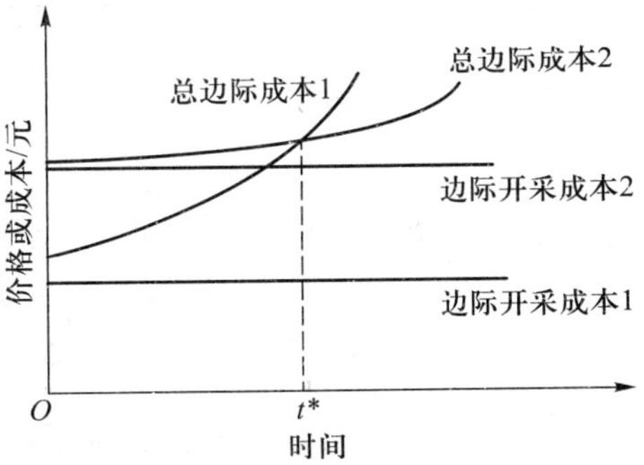

图 6-5 边际开采成本不变时,可耗竭资源之间的替代

两种资源的总边际成本都随时间不断增加,在转折点 t^* 以前的时期,只有总边际成本低的资源 1 才会被利用。到转折点 t^* 时,两种资源的总边际成本相等。在经过 t^* 以后,只有总边际成本低的资源 2 才会被利用。分析总边际成本曲线可以发现两个值得注意的特征:首先,两种资源的替代是平滑过渡的;其次,总边际成本的增长率在替代以后慢了下来。

第一个特征比较容易理解。两种资源的总边际成本在替代的那一刻必然相等,如果不相等,成本低的资源会被使用以获得较多的净效益。

总边际成本的增长率在替代以后变慢了,是因为就边际使用成本占总边际成本的比例而言,资源 2 小于资源 1。每一种资源的总边际成本是由边际开采成本与边际使用成本之和决定的。对两种资源来说,边际使用成本都是以比率 r 增加,而边际开采成本都是不变的。从图 6-5

中可以看出，不变的边际开采成本占总边际成本的比例，资源 2 要大于资源 1，因此，资源 2 的总边际成本增加速率要慢一些，至少在开始是这样。

（四）边际开采成本不断增加

在前述的基础上，进一步分析可耗竭资源的边际开采成本随着开采量的增加而增加的情况。这在现实中是一种普遍现象，例如，矿物品位的降低会带来开采成本的上升。

在以前的分析中，假定边际使用成本在时间上是以百分率 r 增加的。当边际开采成本随开采量增加而增加时，边际使用成本随时间的增加而逐渐下降，直至过渡到可再生资源时降为零。

边际使用成本是反映放弃将来边际净效益的机会成本。与边际开采成本不变的情况相反，当边际开采成本随时间而增加时，未来因开采而发生的损失就会减少。边际开采成本越大时，因为越来越多的资源被开发，未来因节省资源而获得的净效益也会越小。最后，如果边际开采成本足够高时，相比之下起初的边际开采成本就可以忽略不计。这时，边际使用成本降到零，总边际成本等于边际开采成本。

还有一点应当指出，在不变的边际开采成本下，可耗竭资源的储量最后可能开采完，而在不断增加边际开采成本的情况下，有些资源会因为边际成本太高而不被开采。

综上所述，可以全面解释可耗竭资源的有效配置过程。首先，当资源的边际开采成本不变，并且资源的数量有限时，如果有效的替代品出现了，就应向替代品平稳地过渡，如果没有替代品则应节约使用资源。而当边际开采成本不断升高时，情况则比较复杂，因为它改变了边际使用成本的时间轮廓。不过，正是由于边际开采成本的不断增加才使得可耗竭资源能够持续利用，不会迅速耗竭。

（五）资源勘探和技术进步对可耗竭资源的影响

回顾历史可以发现，可耗竭资源的储量和消费量随着时间的推移，不是减少而是增加了。造成这一现象的主要原因是资源勘探和技术进步。

当地理位置优越和高品位资源开采殆尽的时候，人们必须转向地理位置不好和低品位的资源。例如，海底和地层深处的资源。勘探这种资源的成本被称作边际勘探成本，它随时间的增加而增加。当一种资源的总边际成本随时间的增加而不断增加时，社会就会积极勘探新的资源。如果新发现资源储量的边际开采成本足够低，就会降低、至少会延缓总边际成本的增长速度。新储量的发现就会鼓励资源消费。

技术进步最显著的影响是使某一时期边际开采成本持续下降。如果由于技术进步的作用，尽管对低品位资源的依赖增加了，但边际开采成本还是下降了，资源的总边际成本在时间上才有可能真正降低。但是，由于可耗竭资源储量是有限的，其总边际成本的下降只会是暂时的，最终必然会上升。因此，技术进步只是延长了可耗竭资源被替代的时间。

二、可再生资源的可持续利用

在关于可再生资源可持续利用的经济学分析中，财产权是最重要的影响因素。财产权明确的可再生资源称为可再生商品性资源，例如，私人土地上的农作物、森林。财产权不明确或者不可能确定财产权的可再生资源称为可再生公共物品资源，例如，公海渔场和生物物种。

（一）可再生商品性资源

可再生商品性资源的管理类似一般生产过程的管理，这类资源的可持续利用问题主要是确定资源的最佳收获期和最大可持续收获量。下面以一个林场的经营决策问题为例，分析林木采伐的最优时间和最大可持续收获量。

首先分析一片林地一次皆伐的最优采伐时间。林木的采伐价值随着树木的生长而增大。但不可能无限增加，树木最终会衰老和死亡，其时的商业价值将降低。假定林场希望选择一个最优采伐时间（t_1），使得林木采伐的净效益现值（B_1）最大化，则：

$$B_{\max 1}=(P_t-C_t)/(1+r)^t-k_0=V_t-k_0$$

式中：P_t——时刻 t 的木材销售价值；

C_t——时刻 t 的采伐成本；

k_0——林场的初始投资；

V_t——$P_t-C_t/(1+r)^t$，时刻 t 采伐林木的净现值；

r——贴现率。

这一决策问题的解可用图 6-6 表示：

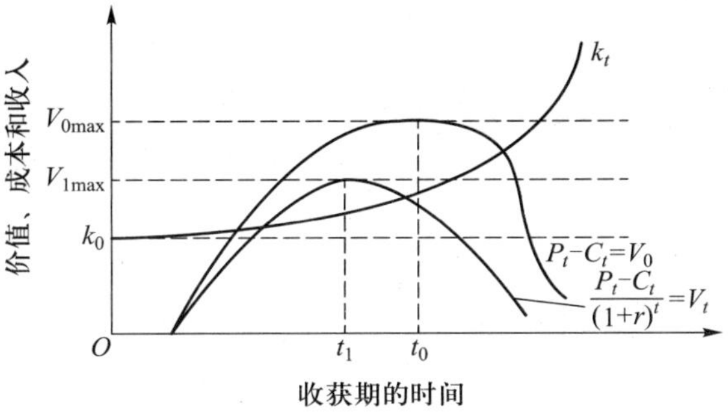

图 6-6　可再生资源的最佳收获期

图 6-6 中，V_0 曲线表示未贴现（$r=0$）的林木采伐价值，V_t 曲线表示贴现率为 r 的林木采伐价值；k_t 曲线与纵轴交于 k_0 点，表示以利率 r 计算复利并以 r 贴现的初始投资。

从图中可以看出，贴现率为零时，林场选择在 $V_{0\max}$ 采伐树木，最优采伐期为 t_0，贴现率为 r 时，林场选择在 $V_{t\max}$ 采伐树木，最优采伐期是 t_1。t_1 小于 t_0。

假设林场不仅希望采伐的树木净效益现值最大化，还希望林地的可持续总产出净效益现值最大化，因为林地既可用于现有树木的生长，又可用于种植新树，因此林场所面临的经营决策问题就是如何确定林地上的轮作和择伐。此时：

$$B_{\max 2}=B_{\max 1}+K_0=(P_t-C_t)/(1+r)^t-k_0+K_0$$

式中：K_0——林场资本在时期 0 的现值。

首先，假定 k_0 等于零，这意味着最佳轮作期正好等于 t_1，正是前面所说的最优采伐时间，在这个问题里只要皆伐一片树林。

但是，从图 6-6 可以看出，有一个时期 V_0 的增长率大于利率 r，在 V_0 曲线比 V_t 曲线陡的任何时候都会出现这种情况。这时，k_0 为正值。于是，最佳轮作期 t_1 比最佳采伐期 t_0 短。增长率大于利息率的时期刺激林场不断实施轮作，因此，最佳轮作期总是小于最佳采伐期。

假设林场希望确定每一时期的采伐率。于是必须在每一时期种植同样数量的树。已知林地面积有限，每棵树占用的林地面积不变，问题就是要确定种植率和采伐率，使得从种植到采伐的时间最优。

解决这一问题的数学过程比较复杂，但是其原理易于理解。种植开始于时期 0，以不变的种植率继续；采伐开始于 t_1 时期。也以不变的速率继续。在此以后，每一单位时间内被采伐的树木量将等于种植和生长的树木量。t_1 这一时期的最优长度应当满足下列条件：树木每多生长一年的净采伐价值 V_t 的增量，必须等于树木每多生长一年 V_t 的利息增量减去因树木生长期延长而节约的边际种植成本。

（二）可再生公共物品资源

可再生公共物品资源的可持续利用主要是通过控制使用率和收获率实现最大可持续收获量（maximum sustained yield，MSY）。

公共物品资源不可能确定专有财产权，因此不可能像一般生产过程那样进行管理，私人林场可以自行决定林木数量和采伐时间。然而在公海渔场，因为私人不能拥有财产权，对资源利用的控制必须通过实施国家政策。

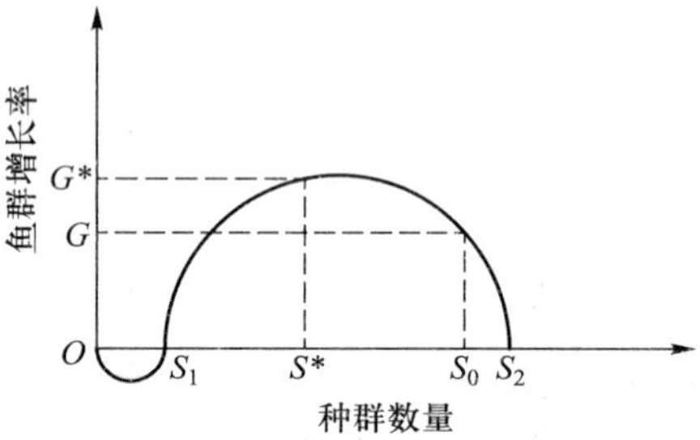

图 6-7 种群数量和增长率之间的关系

假定有一海洋渔场，鱼群种群数量和增长率之间的关系如图 6-7 所示。在图中，S_1 至 S^* 表现为种群数量增加造成增长率增加，S^* 至 S_2 表现为种群数量增加导致增长率下降。S_1 被称为最小可变种群量，种群数量低于这一点时，种群增长率将为负数，种群数量将会减少直到种类灭绝，此时，任何力量也不能帮助种群数量恢复到可变水平。种群处于失衡状态。种群数量大于 S_1 时，种群数量可以实现正增长。

S_2 被称为自然均衡点，在这一点上，由于死亡和迁出造成的种群数量减少将由于出生和迁入得到补偿。自然均衡是一种稳定状态，如果种群数量暂时超过 S_2，即超出了承载能力，死亡率和迁出率就会增加，使种群数量又回到承载力范围之内。反之亦然。

在任何条件下，如果捕获量（产量）等于增长量，就可称该捕获量是可持续的，因为这种捕获量可以永远保持。只要增长量不变，捕获量也保持不变，那么种群数量就不会发生变化。在生物学中，S^* 被称为最大可持续捕获量种群，此时最大可持续捕获量等于最大增长量，如果捕获量等于增长量也代表可永久保持的最大捕获量。图 6-7 为种群数量和增长率之间的关系。在图 6-7 中，任一种群数量状态对应于相应的可持续捕获量。例如，S_0 对应于 G。只要捕获量等于增长量，种群规模就保持不变。过度捕获在短期内虽然是可能的，却是不可持续的，将会造成种群数量减少，如果其小于 S_1，物种就会灭绝。

1. 静态有效可持续捕获量

最大可持续捕获量并不等于效率，效率与资源利用的净效益最大化相关。所以在界定资源的有效配置时，不但要考虑效益，还要考虑收获成本。

静态有效可持续产量是指不考虑贴现时，能够产生最大年净效益且能连续保持的收获水平。为了简化分析，假设 3 个条件：① 鱼价不变，不取决于销售量；② 单位捕鱼的边际成本不变；③ 单位工作量的捕获量与鱼的种群数量成正比。

图 6-8 为鱼群的有效可持续产量。在图 6-8 中，效益（收益）和成本是捕鱼工作量的函数，横轴上的任一点对应于图 6-7 中的种群水平。收益曲线决定于产量（因为假定价格不变），但因任何捕捞工作量的增加都会引起种群减少，所以种群数量从右到左是增加的。当捕捞工作量不断增加，直至 E_m 点，如果工作量继续增加，效益就会降低，因此 E_m 是最大可持续产量。净效益表现为效益与成本之差。从图 6-8 中可以看出，有效率的工作量水平是 E_e，因为该点上效益与

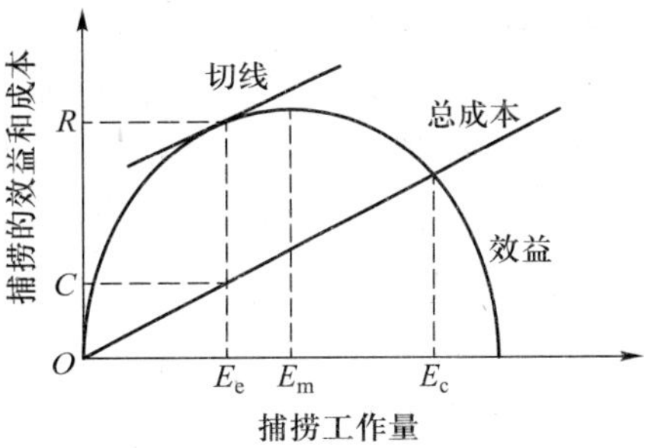

图 6-8　鱼群的有效可持续产量

成本之差最大。在这一点上，边际效益等于边际成本。高于 E_e 的工作量水平是低效率的，因为成本增加超过了效益增加。

至此，我们可以认定最大可持续产量是无效率的。因为只有当边际成本为零时，最大可持续产量才有效率，而这是不可能的。由此产生的推论是：与最大可持续产量的工作量水平相比，静态有效率工作量水平会产生较大的种群数量。

技术进步将会降低边际成本。边际成本的减少会使总成本曲线顺时针转动，出于效率标准的考虑，边际成本等于边际效益，使得边际效益同步减少，这意味着工作量水平增加。新的静态有效率可持续产量使得工作量水平增加，种群数量减少，收获量增加，净效益增加。

2．动态有效可持续产量

静态有效可持续产量是动态有效可持续产量贴现率为零时的一个特例。如果贴现率为正值，对渔业资源管理的影响类似对可耗竭资源配置的影响。贴现率越高，资源所有者保存现有资源的成本就越高。引入正贴现率后，相应于均衡种群水平的减少，所需的有效工作量水平将会超过静态有效可持续产量所对应的有效工作量水平。

超过有效可持续产量所需年度工作量水平的增加，开始会由于捕捞量的增加使得净效益增加。然而，当捕捞量超过鱼群可持续产量时，鱼群数量就会减少，并使得将来的鱼群数量和种群捕捞量减少。最后，当工作量水平保持不变时，就会得到一个新的较低的均衡水平，这时捕捞量又等于鱼群数量的增加量。用数学方法可以表明，当贴现率增加时，动态有效工作量水平就会增加，如果贴现率为无穷大时，它等于 E_c，在这一点上净效益为零。

使用无穷大的贴现率将会导致资源在 E_c 配置。因为时间上互相作用的资源配置将会提高边际使用成本，这个机会成本反映了目前开发资源所放弃的将来的净效益。当贴现率为无穷大时，边际使用成本为零，因为没有价值可从将来的资源配置中获得。这就意味着：① 边际开采成本等于边际支付意愿，等于不变价格；② 总效益等于总成本。所以一旦采用贴现率，动态有效可持续产量所对应的种群数量就会小于静态有效可持续产量；可持续捕捞量也将较小。

鱼群数量减少并且低于最大可持续产量水平主要是受贴现率的影响。一般来说，捕捞成本越低，贴现率越高，有效工作量水平超过实现最大可持续产量的工作量水平的可能性越大。如果边际捕捞成本为零，静态有效可持续产量和最大可持续产量就会相等。当边际捕捞成本为零和贴现率为正时，动态有效工作量水平就必然会超过静态有效工作量水平和与最大可持续产量相关的工作量水平。较高的捕捞成本只会减少静态有效可持续产量，却不会减少最大可持续产量。贴现率使得鱼群数量低于最大可持续产量水平，但较高的开采成本会降低这种可能性。

如图 6-8 所示，在动态管理的情况下鱼群是不会灭绝的，因为 E_c 是这个模型中最高的动态有效工作量水平，而该水平低于使种群灭绝所必需的水平。种群灭绝的条件是，捕捞最后一单位资源的效益必然超过捕捞该单位资源的成本（包括后代人的成本）。只要种群增长率超过贴现率，种群灭绝就不会发生。然而，如果增长率低于贴现率，捕捞最后一单位的成本足够低，就会导致种群灭绝。

有效的捕捞量是否会导致种群灭绝与增长率有关。因为种群增长率决定了保护工作的生产率。增长率越高,后代人就越可能得到满足。相反,当增长率很低时,后代人会由于当代人获得过多而蒙受损失。在这个例子中,如果增长率为零,我们就有一个固定供给的资源,这时与可耗竭资源没有什么区别。无论什么时候,资源价格高到足以支付最后一单位的边际捕捞成本时,资源耗竭便会发生。

我们已经知道,对于在时间上互相作用的可再生资源来说,动态效率标准与不变的可持续产量并不会自动一致,所以对于鱼群的有效配置来说,导致资源灭绝在数学上是可能的。经验研究表明,由于存在捕捞成本,最后一些鱼群的捕捞成本经常超过人们的支付意愿,此时捕捞率小于最大可持续产量,鱼群灭绝的可能性也就基本不存在。

三、可再生资源替代可耗竭资源

如果存在可替代可耗竭资源的可再生资源,并且以不变的总边际成本供给,就可能实现可再生资源替代可耗竭资源的有效配置。例如,太阳能替代煤炭和石油。

假设对于可耗竭资源存在可再生资源替代品。可再生资源和可耗竭资源都存在不变的边际开采成本,但是可再生资源的边际开采成本高于可耗竭资源。可耗竭资源的边际使用成本随着开采量逐渐减少而增加,因此总边际成本也随着开采量逐渐减少而增加;可再生资源的边际使用成本与开采量无关,因此总边际成本也与开采量无关,保持不变。

在资源开采初期,由于可耗竭资源的总边际成本低于可再生资源,市场只供给可耗竭资源。但是,由于可耗竭资源的总边际成本会逐渐增加,而可再生资源的总边际成本不变,经过一段时间之后,可耗竭资源的总边际成本达到可再生资源的水平。这时,就会发生可再生资源对于可耗竭资源的替代,但在一段时期内,可耗竭资源和可再生资源的开采会同时进行。随着资源的继续开采,可耗竭资源的总边际成本继续增加,而可再生资源的总边际成本保持不变,可再生资源替代可耗竭资源的水平会不断提高,直至完全替代。由于可再生资源的永续供给,资源消费水平永远不会低于供给水平。

图 6-9 为用边际开采成本不变的可再生资源代替可耗竭资源时,可耗竭资源的开采数量和边际成本。在图 6-9 中,可耗竭资源的开采开始于时间 1,此时供给量是 9 t,总边际成本低于可再生资源的总边际成本 6 元,此时,市场供给全部是可耗竭资源,一直到时间 6,此时,可耗竭资源供给量下降到 5 t,总边际成本增加到 6 元,可耗竭资源和可再生资源的总边际成本相当,可再生资源开始供给,资源替代发生。经过时间 6 后,随着可耗竭资源的总边际成本继续增加,资源供给逐渐只使用可再生资源。在这个资源配置过程中,决定资源使用模式变化的是资源成本变化。在时间 6 之前,可耗竭资源便宜;在时间 6 之后,可再生资源便宜。由于可再生资源的永续存在,资源消费量在任何时候也不会降到 5 t 以下。

由于可再生资源总边际成本是 6 元,可耗竭资源总边际成本达到 6 元就不会继续增加,因为替代已经发生,开采就会停止。可以推论,如果没有可再生资源作为替代品,可耗竭资源的总边际成本在最大支付意愿推动下还会继续提高。可再生资源的边际开采成本即使高于可耗竭资源,但由于长期总边际成本低于可耗竭资源,依然可以抑制住资源总边际成本的上升。

从图 6-9 中可以看出,在有效的资源配置中,实现了可耗竭资源向可再生资源的平滑过渡。可耗竭资源的开采量随着边际使用成本的增加而逐渐减少,直到可再生资源出现并最终替代它。由于可再生资源的出现,会可能加速可耗竭资源的开采,结果是可耗竭资源比没有替代品的情况下耗竭要快。在这个例子中，可耗竭资源是在时间 6 停用的，而在前面的例子（图 6-4）中，可耗竭资源是在时间 9 停用的。

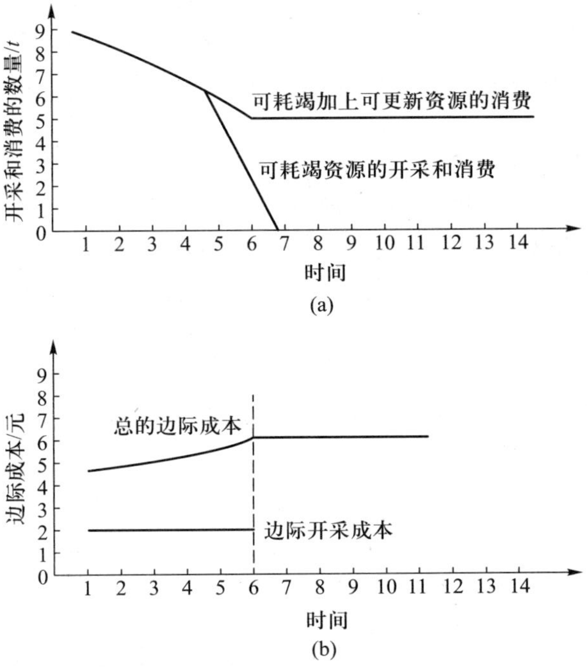

图 6-9　用边际开采成本不变的可再生资源替代可耗竭资源时，可耗竭资源的开采数量和边际成本

四、舒适性资源的可持续利用

（一）舒适性资源利用的特点

如前所述，“舒适性资源”是能够为人类提供舒适性服务，满足人类精神需求的自然环境资源。对于这种资源的利用，存在以下几方面特点：

1. 日益显著的稀缺性

人类对舒适性资源的需求是在不断变化的。在社会经济活动中，环境资源除了提供物质资源外，还可以满足非物质需求。特别是当人们基本生活条件得到满足后，随着生活质量提高，将会追求高水平的医疗保健、教育、休闲、户外娱乐和优美的居住环境。在此过程中，原有消费方式出现边际效益递减，人们将收入增量投入新的消费方式，以实现消费效用的最大化。也就是说，当生活质量提高到一定水平时，就会产生对舒适性资源的消费需求，生活方式也相应发生转变。

舒适性资源是大自然的赠物，而不是人类生产出的产品，具有唯一性、不可复制性和破坏的不可逆性，总量不可能增加，也几乎不可能再生。因此不可能通过增加供给来满足日益增长的舒适性资源需求，因此，舒适性资源的稀缺程度将会越来越高。

2. 公共物品性

大量舒适性资源属于公共物品或准公共物品，是可产生拥挤的物品，在生产和消费过程存在外部性和市场失灵。即使在美国，大量自然资源为私人拥有，联邦政府仍然拥有占国土面积近三分之一的公共土地和相关的自然资源。公共物品资源在达到容量限制之前,对每一个消费者都是免费的,增加一个消费者带来的边际成本为零,某人的消费也不会减少其他人对同类服务的消费量。但是当对舒适性资源的需求不断上升时,资源的容量趋于极限。一旦越过极限,继续增加消费者的边际成本急剧上升,带来拥挤和服务质量下降。大多数舒适性资源都存在容量限制,超过容量后,不加限制的使用将会导致个人福利降低。

3. 技术进步的非对称影响

技术进步对不同类型资源的稀缺程度有不同的影响。例如,勘探和采掘技术的进步不仅降低开采成本,还扩大了开采型资源的可开采储量,虽然技术进步同时也使得资源耗竭的速度加快,但开采型资源产品的相对价格一直变动不大甚至下降。但是舒适性资源则非常不同,它所提供的服务往往以不干预生产技术的方式直接进入消费者的效用函数。也就是说,它的功能可以为最终消费者直接利用,不需要借助或通过中间生产技术,也没有生产技术可以替代舒适性资源的产生过程,所以技术进步对于资源的稀缺性没有直接影响。

但是,通过技术进步实现的经济增长和收入提高,会增加对舒适性资源的需求,从而间接导致稀缺性水平的提高。

4. 经济价值的构成

许多研究都表明,在自然资源的总体经济价值中,舒适性资源的价值可能远大于作为物质性资源开采利用的价值。这一结论提示人们在进行资源开发利用的决策时,应该更全面地比较不同方案的机会成本。

由于人类对舒适性资源的服务认知存在较大的不确定性,舒适性资源的选择价值具有特殊意义。选择价值指由于个人偏好或不确定性的原因,当代人可能现在愿意为将来一种物品的使用做出支付,现在做出的支付就是选择价格。这种支付意愿表达的是保留使用一种环境物品的选择权,即使可能从不行使这种权利,因为这种环境物品一旦被使用就很难或不可能恢复原状,也无法得到近似的替代物。舒适性资源的选择价值实际上相当于消费者为了避免在将来不能得到舒适性服务的风险,为这个现在未利用的自然资产愿意支付的保险金。

舒适性资源的价值构成中,存在价值尤为重要。很长一段时间以来,人们对于存在价值的界定一直存在争论,一般认为这是一种纯粹环境保护主义的理念。但随着全球环境意识的不断提高,经济学家也承认了这一价值的基础,即人们对环境资源的存在意义具有支付意愿,且存在价值在环境资源总经济价值中的地位日益重要。舒适性资源的唯一性、真实性和不可逆性等特点使其存在具有特别的意义,也构成了其存在价值的基础。

5. 竞争性利用的可能

环境资源有不同的利用方式,最常见的利用方式可分为非破坏性使用和破坏性使用。前者以保护性利用为主,如建立国家公园和自然保护区等,主要是为了获得包括娱乐、科学考察等在内的各种舒适性服务;后者则是以开采性利用为主,以获得矿产、能源或土地等从而取得经济利益为目的。这两种不同的利用方式往往是不相容的。这里,人们通常就会在开发物质性资源和利用舒适性资源之间发生矛盾。例如,位于美国黑尔斯峡谷的斯内克河流域是北美大陆上最吸引人的原野风光河流之一,具有美妙的自然景色,同时又是美国最好的水电站建设场址,因此它的开发使用和保护使用之间的利害冲突非常严重。

经济学认为,只要一种资源存在两种以上利用方式或竞争性利用,资源就是稀缺的。舒适性资源大多存在两种以上的利用可能,这些利用方式往往是竞争性的、不相容的(例如,娱乐和开矿),利用一种功能可能造成另一种功能永久性的破坏。对该资源的利用就面临一个抉择:将其作为舒适性资源以非消耗性的方式使用,还是将其作为物质性资源以采掘或开发的方式使用?

6. 决策的不可逆性

对于常规经济资源而言,一般认为,如果可以充分发挥技术和资源投入的作用,任何资源开发的决策结果都是可逆的。但是对于舒适性资源而言,许多破坏之后恢复的决策在技术上是不可能实现的,例如,物种灭绝。有关“恢复”的问题主要有两个,一是由于恢复所需的时间相当长,因而需要承受投资决策造成不良后果的时间也相当长;另一个是复制或恢复的逼真度及可接受性问题。投资决策的不可逆性意味着伴随资源开发的可能只是单向运动的成本流。这使得对舒适性资源的经济利用应该审慎抉择。

(二)舒适性资源的过度利用

舒适性资源的过度利用主要表现在两个方面,即拥挤问题和污染问题。

拥挤,指的是众多团体或个人同时利用自然环境,彼此在舒适性方面受到影响。以旅游为例,调查发现,人们观察到在一段时间内某地多接纳一个旅游团使其他游客感到不舒适。这是一个社会心理现象,既可以看成游客的动态需求,又可以看成反映的是游客的心理容量,其容量限制比单纯考虑生态环境损害要严格得多。这一现象提出了确定资源价值达到最大时的资源利用适度性问题,资源价值达到最大的时候就是多接纳一个旅游团造成他人的负效益与接纳该团体获得的正效益相互抵消的时候。对自然生态系统的限制性使用,既可以保护生态系统,又能够避免使用者之间相互干扰而抵消从中获得的满足。

一般来说,拥挤问题在一定限度内不会损害自然环境,污染问题则不同。污染是对自然环境的竞争性利用造成的,能够破坏性地改变环境资源的特性。污染与开采资源对舒适性价值的影响有关,例如,采矿破坏自然景观的美学和科研价值。因此,面对两种以上竞争性利用方式的选择。这是一个资源价值如何在不同利益群体之间分配的问题。当一定要在两个互不相容的利用自然环境的方案中做出选择时,就必须通过评价机会成本、比较资源利用的相对价值的方式来解决。尽管理论上可行,但在实践中,如何避免人类对资源的开采性利用活动损害自然生态系统,仍然是最棘手的决策问题之一。

(三)舒适性资源可持续利用

1. 生态旅游

探险和旅游学会将生态旅游定义为:对环境负责的、对一定地区自然或人文景观进行有利于促进保护和地区经济发展的旅游观光。开展生态旅游是实现舒适性资源保护性利用和可持续发展的重要途径。作为一种非消耗性的资源利用方式,生态旅游既可以实现舒适性资源的经济价值,促进地区经济发展,又可以获得保护生态环境的资金。

生态旅游地主要包括自然保护区、风景名胜区、国家公园、森林公园以及生态实验站。从景观生态角度来看,主要包括山地、森林、草地、各种水域、沼泽等景观生态类型。这类旅游地往往属于自然和人文生态环境敏感区,旅游业极易对其生态环境造成破坏。因此,在生态旅游地应建立一种合理有效的旅游发展和管理模式,对旅游地进行科学的规划、实施可持续发展,控制旅游业对区域生态环境可能造成的破坏。

(1) 确定生态旅游临界容量

自然状态下的生态系统通常都保持着相对稳定的生态平衡,开发旅游后,随着游客的增加,如果不能有效地控制旅游临界容量,自然环境的生态平衡就可能被打破。在旅游开发范围内,生态平衡主要取决于旅游活动对生态环境影响的方式和强度,以及大自然对这种影响的承载能力。在一定时空范围内,当旅游活动超过自然环境承载力时,这个量值就是该区域的游客临界容量。

专栏6-4 旅游沙丘的容量测定

昌黎黄金海岸国家级自然保护区开办了沙丘滑沙旅游项目,为了确定沙丘滑沙场的临界容量,1991年开始监测沙丘的变化状况。每年在旅游旺季后的10月和次年旺季开始前的4月各测量一次沙丘形态,包括沙丘的高度、坡度、向陆位移幅度等,以及当年游客量。通过对照和比较历年沙丘量值与游客数量发现:每当年客流量超过12.5万人次时,沙丘的高度和坡度就不能靠自然力维持在30 m和29°以上,而且沙丘向陆位移的速度会增加一倍多。当沙丘的高度低于30 m、坡度小于29°时,滑沙的质量就下降,而过快的沙丘位移会导致资源加速退化,甚至侵害土地。因此12.5万人次是该旅游沙丘的年临界容量。

由此可见,确定旅游临界容量,必须研究人为作用和自然资源承载力的相互作用关系,相关的监测记录和数据是确定临界容量的重要依据。

当旅游活动超过临界容量时,必须采取管理措施。可以通过提高门票、住宿价格控制游客数量,也可以采用限量售票和预约游览的方式。条件容许时,可选择轮流开放,避免长期超容量利用,使自然资源和环境得到休养生息。

(2)旅游区规划

生态旅游地多属于自然保护区域,为避免旅游活动对保护对象造成破坏,同时对游客进行分流以及使旅游资源得以优化利用,生态旅游地应进行功能分区。

1973年,景观规划设计师福斯特(Richard Forster)提出同心圆式的利用模式,将国家公园从里到外分成核心保护区、游憩缓冲区和密集游憩区等不同功能的同心圆。核心保护区一般实行全封闭保护,仅供观测研究之用。缓冲区是少量散客游览的对象,只允许步行或简单的交通工具进入,对游客的规模有严格的限制。密集游憩区是生态旅游地游客集中活动的区域。这种功能分区能够起到分流游客的作用,同时对自然程度高的地方起到了较理想的保护作用。

2. 舒适性资源的保护

舒适性资源的破坏有两个方面的因素:自然因素和人为因素。自然因素包括自然力的作用,例如,地震、火山喷发、飓风等灾变。人为因素则包括非旅游活动和旅游活动造成的破坏性影响,前者包括人类活动所造成的全球性气候变化、生态失调、大范围酸雨等,后者包括交通工具和生活用能源排放的废气、旅游区内生活和服务排放的污染物,以及基础设施建设造成的生境破坏等。随着旅游业的发展,相比之下,人为因素以更大的规模对舒适性资源产生影响,造成的破坏也可能更具危险性和毁灭性。

1972年10月17日至11月21日,联合国教科文组织在法国巴黎举行第17届会议,会议通过了《保护世界文化和自然遗产公约》,并决定同时成立世界遗产组织(即世界遗产委员会)。世界遗产委员会又设立了专项保护基金,在全球范围内对列入世界遗产名录的文化和自然遗产项目实施有计划的保护措施。公约明确规定了计划给予保护的世界自然遗产的范围,它们包括:从审美或科学角度看,具有突出的普遍价值的由物质和生物结构或这类结构群组成的自然面貌；从科学和保护角度看，具有突出的普遍价值的地质和自然地理结构以及明确划为受威胁的动物和植物生境区；从科学、保护或自然美角度看，具有突出的普遍价值的天然名胜或明确划分的自然区域。该公约计划保护的对象均属于舒适性资源的范畴，通过该项计划，已经有越来越多的世界著名遗产列入世界遗产名录并受到有效保护。

专栏 6-5　中国对舒适性资源的保护

在我国，有一些公约在各自的领域发挥着保护舒适性资源的作用。例如，《关于特别是作为水禽栖息地的国际重要湿地公约》(简称《湿地公约》或《拉姆萨公约》)、《生物多样性公约》等。

中国也正在加强对舒适性资源的保护工作。除了环境保护的法律法规外，中国在保护舒适性资源方面还颁布了多部相关制度，例如《风景名胜区条例》(2006)、《自然保护区条例》(2011)、《国家级森林公园管理办法》(2011)等。这些制度分别由国务院和林业主管部门制定颁布，地方政府结合本地区具体情况，制订可行的管理措施和实施办法。

中国的自然保护区包括森林、草原、湿地、海洋、荒漠、野生动物、野生植物、地质遗迹、古生物遗迹等九种类型。截至 2016 年 5 月，全国共建立自然保护区 2 740 个，总面积 147 万 km^2，约占陆地国土面积的 14.83%。

为了应对全球生态环境的威胁，舒适性资源保护越来越受到国际社会和各国政府的重视。这需要在基础设施建设、管理保护、人员培训、宣传教育及科学研究等方面投资，为此需要建立保护资金机制，资金来自包括中央政府和地方政府的财政资金、生态旅游收入、专项税费、国际基金机制等。

专栏 6-6　全球环境基金

全球环境基金(GEF)是一个由 183 个国家和地区组成的国际合作机构，其宗旨是与国际机构、社会团体及私营部门合作，协力解决环境问题。

全球环境基金成立于 1991 年 10 月，最初是世界银行的一项支持全球环境保护和促进环境可持续发展的 10 亿美元试点项目。全球环境基金的任务是为弥补将一个具有国家效益的项目转变为具有全球环境效益的项目过程中产生的“增量”或附加成本提供新的和额外赠款和优惠资助。联合国开发计划署、联合国环境规划署和世界银行是全球环境基金计划的最初执行机构。

在 1994 年里约峰会期间，全球环境基金与世界银行分离，成为一个独立的常设机构。将全球环境基金改为独立机构的决定提高了发展中国家参与决策和项目实施的力度。自 1994 年以来，世界银行一直是全球环境基金信托基金的托管机构，并为其提供管理服务。全球环境基金受托成为《生物多样性公约》和《联合国气候变化框架公约》的资金机制。全球环境基金与《关于消耗臭氧层物质的蒙特利尔议定书》下的多边基金互为补充，为俄罗斯联邦及东欧和中亚的一些国家的项目提供资助，使其逐步淘汰对臭氧层损耗化学物质的使用。随后，全球环境基金又被选定为《关于持久性有机污染物的斯德哥尔摩公约》(2001)、《联合国防治荒漠化公约》(2003)和《关于汞的水俣公约》(2013)等三个国际公约的资金机制。自 1991 年以来，全球环境基金已为 165 个发展中国家的 3 690 个项目提供了 125 亿美元的赠款并撬动了

580亿美元的联合融资。23年来,发达国家和发展中国家利用这些资金支持相关项目和规划实施过程中与生物多样性、气候变化、国际水域、土地退化、化学品和废弃物有关的环境保护活动。

通过小额赠款计划(SGP),全球环境基金已经向民众社会和社区团体提供了2万多笔赠款,共计10亿美元。

全球环境基金投资的主要成果包括:在全世界建立了大体相当于巴西国土面积的保护区;减少了23亿吨碳排放;减少了中欧、东欧和中亚地区消耗臭氧层物质的使用;改善了33个大江大河流域和世界上三分之一的大规模海洋生态系统的管理;通过改进农业耕作方式,减缓了非洲的荒漠化进程。所有这些都对改善数百万人的生活条件和食品安全做出了贡献。

全球环境基金管理着《联合国气候变化框架公约》缔约方大会(COP)设立的最不发达国家基金(LDCF)和气候变化特别基金(SCCF)。全球环境基金还管理着《生物多样性公约》设立的名古屋议定书执行基金(NPIF)。

要点总结

根据自然资源的再生性质进行分类,自然资源可以分为可耗竭资源和可再生资源两大类。假定在任何对人类有意义的时间范围内,资源质量保持不变,资源蕴藏量不再增加的资源称为可耗竭资源。可耗竭资源按其能否重复使用,又可以分为可回收的可耗竭资源和不可回收的可耗竭资源。能够通过自然力以某一增长率保持或不断增加流量的自然资源叫可再生资源。依据产权明确与否,可再生资源可以分为可再生商品性资源和可再生公共物品资源。

"舒适性资源"指的是能够为人类提供舒适性服务,满足人类精神需求的自然环境资源。国家公园、自然保护区都具有提供舒适性资源的功能。舒适性资源所具有的功能主要体现在娱乐、审美、文化、科研、认知、教育、保健等方面。其特点为:唯一性、真实性、使用方式的非消耗性、不确定性和破坏的不可逆性。

可耗竭资源在不同时期配置的核心问题是实现高效率的资源配置,高效率资源配置的社会目标是使资源利用净效益的现值最大化。对于可耗竭资源而言,需要合理分配不同时期的资源使用量。可再生商品性资源的可持续利用问题主要是确定资源的最佳收获期和最大可持续收获量。可再生公共物品资源的可持续利用主要是通过控制使用率和收获率实现最大可持续收获量。舒适性资源的合理利用途径包括:生态旅游、舒适性资源的保护、建立舒适性资源保护的资金渠道。

可再生能源是在自然界中可以不断再生、永续利用的能源资源。同常规化石能源相比,可再生能源具有资源可再性、分布区域广泛、环境污染排放低、生态环境友好的特点。可再生能源的利用方式主要包括两种,直接利用和经过转化后的间接利用。其利用形式包括:太阳能、风能、生物质能等。

思考题

1. 自然资源可分为哪几类?
2. 舒适性资源的含义及特点?其合理利用途径有哪些?

3. 对于可耗竭资源而言，怎样实现其可持续使用？
4. 怎样理解可再生公共物品资源的可持续利用？
5. 可再生能源的利用方式有哪些？
6. 怎样实现可再生能源替代可耗竭能源？

参考文献

1. 高虎，王仲颖，任东明. 可再生能源科技与产业发展知识读本[M]. 北京：化学工业出版社，2009.
2. 张象枢. 环境经济学[M]. 北京：中国环境科学出版社，2001.
3. 中华人民共和国国家发展和改革委员会. 可再生能源中长期发展规划[EB/OL].(2007-08-31)[2013-09-30].
4. 左然，施明恒，王希麟. 可再生能源概论[M]. 北京：机械工业出版社，2007.
5. Tietenberg Tom. Environmental and Natural Resource Economics. New York：Harper Collins Publishers，1992.
6. Krutilla J V，Anthony C F. The Economics of Natural Environments：Studies in the Valuation of commodity and Amenity Resources[M]. Washington DC：Resources for the Future，1975.

第七章 环境经济评价概述

在社会经济发展和环境保护决策过程中，需要评估环境和自然资源的价值。由于外部性、公共物品属性，以及其他因素的影响，环境资源产品和服务功能不可能通过市场实现最优配置。环境经济评价能够评估环境和自然资源经济价值，为环境资源有效配置和有关社会经济决策提供信息支持。本章介绍环境资源的价值与评价、决策需求与环境经济评价、费用效益分析。

第一节 环境资源的价值与评价

一、环境资源的价值构成

环境资源的价值称为总经济价值(total economic value,TEV)。环境资源的总经济价值分为两个部分:① 使用价值(use value,UV)或有用性价值(instrumental value);② 非使用价值(non-use value,NUV)或内在价值(intrinsic value)。使用价值又可以进一步分解为直接使用价值(direct use value,DUV)、间接使用价值(indirect use value,IUV)和选择价值(option value,OV)。

因此，环境资源的总经济价值可以写成:

$$TEV=UV+NUV=(DUV+IUV+OV)+NUV$$

直接使用价值是直接使用环境资源产生的价值，例如，取用河水浇灌农田，开采煤炭用作燃料，观赏美丽的风景。使用或消费环境资源能够满足人们某种需要。直接使用价值是环境资源对当前的生产或消费做出的直接贡献。也就是说，直接使用价值是环境资源直接满足人们生产和消费需要的价值。直接使用价值在概念上容易理解，但在经济上不容易衡量。例如，木材的价值可以根据价格和产量计算，休闲娱乐的价值却是不容易衡量的。

间接使用价值是环境资源具有的间接支持当前的生产和消费活动的功能价值，例如，森林的营养循环、水土保持、减少空气污染、小气候调节等，间接使用价值不直接进入生产和消费过程。

选择价值又称期权价值，任何一种环境资源都可能具有选择价值。人们在利用环境资源的时候，可能不希望把环境资源的功能消耗殆尽，也许会设想未来的某个时候该资源的使用价值会更大;或者由于不确定性的原因，如果现在利用了这一资源，未来就可能无法获得该资源，因此，要对其做出利用选择。也就是说，为了将来的利用而现在保护环境资源。例如，保护森林以备未来之用而具有支付意愿。对于森林在未来的使用也包括直接和间接使用价值。选择价值的出现取决于环境资源供给和需求的不确定性，并且依赖于消费者是想逃避风险还是喜欢冒险。因此,选择价值相当于消费者为一个未利用的资产愿意支付的保险金,是为了避免在将来丧失的风险。

非使用价值相当于生态学家认为的环境资源的存在价值,它与是否被使用没有关系。对于如何界定非使用价值还存在许多不同的观点。一种被普遍接受的观点认为,存在价值(existence value,EV)是非使用价值的一种最主要的形式。存在价值是因为环境资源的存在而具有的价值,与是否要使用无关。

存在价值是人们对环境资源存在的价值认同,这种认同包括人类对其他生物物种的同情和关注。如果认同所有生物都有权利继续生存在地球上,人类就必须保护这些生物,即便它们看起来既没有使用价值,也没有选择价值。由于绝大多数人对环境资源的存在,例如,野生生物和环境的服务功能等具有支付意愿,所以人们对环境资源存在的支付意愿就是存在价值的基础。随着环境意识的提高,存在价值已经成为环境资源总经济价值中的重要部分。如果某种环境资源是独特的,它的存在价值就更为重要。经济学可以解释存在价值,并使用一些方法来度量它。人们具有的几种行为动机可以证明环境资源具有存在价值:① 遗赠动机;② 礼赠动机;③ 同情动机。

遗赠动机(bequest motives)是当代人有把某种资源保留下来遗留赠送给后代人的意愿。遗赠动机同使用资源有一定关系,所以有人认为遗赠动机应当纳入使用价值的范畴。因为把资产留给后人,是为了让后人在使用它们的时候获得满足。

礼赠动机与遗赠动机类似,但是主要是赠与当代人,比如亲戚朋友等。

人类对其他生物的同情动机(sympathy motives)同存在价值关联性较大。尽管人类对其他生物的同情在不同的文化、宗教和国家背景下有很大的差异,但在许多国家已经形成一种规范。表 7-1 表明了热带雨林的总经济价值。

表 7-1 热带雨林的总经济价值

产品和服务	使用价值			非使用价值
	直接使用价值	间接使用价值	选择价值	存在价值
木材	有	无	有	无
生物多样性	无	有	有	有
休闲娱乐	有	无	有	无
药材	有	无	有	无
基因库	有	无	有	有
环境教育	有	无	无	无
生活居住	有	无	有	无

资料来源:皮尔斯,沃福德. 世界无末日[M]. 北京:中国财经出版社. 1996.

二、环境资源价值的评价

在人类的社会经济活动中,环境资源价值是一种客观存在。评价计量环境资源的价值,能够识别环境和自然资源在社会经济系统中的作用和功能,实现资源的有效配置,支持科学合理的行为决策,促进社会经济的可持续发展。

环境资源价值的存在和在社会经济运行过程中发挥的作用,是评价计量环境资源价值的基础和依据。有些环境资源的价值可以通过市场上供求关系，直接或间接在交易过程中得以实现，通过市场价格表征其价值。

按照与市场的关联程度，环境资源产品和服务可分为三类：① 市场可直接交易的环境资源；② 市场可间接交易的环境资源；③ 市场不可交易的环境资源。不论哪一类环境资源，价值评估的理论基础都是基于“支付意愿”。假定环境资源产品和服务的价值是效用函数的因变量，“支付意愿”代表消费者为获得某种效用愿意支付的费用（或价格），能够真实反映消费者对环境资源产品或服务的价值评估。但是，有些具有公共物品性质的环境资源，由于市场失灵，可获取的支付意愿信息失真和不完整，大部分价值无法在市场中自动或直接体现。还有更多的环境资源不可能进入市场过程，需要利用专业评估技术和方法，揭示真实和完整的“支付意愿”。环境和自然资源价值评估技术和方法是环境与自然资源经济学长期以来的研究领域。通过评价环境资源的价值，能够发挥市场配置资源的功能，实现环境资源的可持续利用。

（一）市场对环境资源直接使用价值的评价

价格是价值的市场表现，是通过市场机制体现的价值。市场机制形成的价格，就是相关主体对产品或服务的价值评价。因此，只要环境资源产品和服务能够在市场上交易，交易过程就能产生关于产品服务的价值信息。很多环境资源产品总价值中的使用价值，就可以通过市场得到体现。

但是，通过市场评价产品和服务价值（价格）的前提是存在完备的市场机制。在不完备的市场中，价格受到各种因素的影响而扭曲，无法真实地反映产品或服务的价值，从而误导价格机制的作用，造成资源的不合理利用和低效率配置。例如，存在垄断或价格补贴，产品和服务的市场价格可能高于或低于真实价值，此时就需要纠正市场失灵，回归产品和服务的真实价值。

利用市场评估环境资源价值还面临另外一重挑战，由于具有公共物品特征，资源不稀缺，产权不明确，生产消费具有外部性，环境资源市场不能自然形成。如果通过制度安排，确定资源稀缺性，明晰产权，建立环境资源交易市场，就有可能依然通过市场机制确定环境资源的价值（价格），发挥市场配置环境资源的作用。例如，美国的二氧化硫排放许可交易市场就是一个典型的制度创建的市场，通过制度确定了二氧化硫排放总量，确定了污染者的排放许可，通过市场交易，确定了二氧化硫排放许可的市场价格，实现了二氧化硫排放许可资源的有效配置。当然，一种环境资源的市场机制只能实现该种环境资源的价值和资源配置，可以表征在一定环境质量目标下环境资源的最低价值。二氧化硫排放许可的价格可以也只能表征大气环境资源容纳这种污染物的功能价值，并不代表大气环境资源其他功能的价值。

市场价格能否和在多大程度上体现环境资源的价值，取决于市场机制和环境资源产权界定的完备程度。任何的产权界定都存在成本，只有当产权界定的收益大于成本的时候，才会进行产权界定，否则环境资源就无法进入市场交易。界定环境资源产权，建立市场机制，是实现环境资源价值，有效配置资源的根本途径。

（二）市场对环境资源间接使用价值的评价

许多环境资源的产品和服务无法在市场中直接交易，例如舒适性、景观、健康等间接使用价值。但是环境资源的一些效用及其价值，是隐含在与之相关产品或服务的价格中的，可以通过分析相关产品或服务的市场价格，将与环境资源相关的支付意愿从价格中识别或揭示出来，即“揭示支付意愿”。例如，通过研究旅行成本，可以发现环境舒适性资源的价值；从房地产价格中识别环境质量改善的价值；从人们应对环境质量变化采取的防护行为，推断对环境服务的支付意愿。此类方法以实际可观察的市场价格和交易行为为基础，其基本假设是市场中存在环境资源价值的衍生价格、参照价格或隐含价格，通过发现和辨识这样的价格，就可以度量环境资源的价值。但是对于环境资源无法纳入价格机制的效用或功能，市场就无法评价其价值。

在市场上存在着一些商品，它们可以作为环境产品和服务的替代品。例如，游泳池可以看作是湖泊或河流舒适性（如游泳）的替代物；公园可以看作是自然保护区的替代物。如果这种替代作用可以成立，则增加环境物品或服务的供应所带来的效益，就可以从替代它们的私人商品购买量的减少测算出来，反之亦然。由于两者是可以相互替代的，对于用户而言，消费两者给用户带来的福利水平也是一样的。同时，随着人们环境意识的提高，当人们购买商品的时候，其支付意愿也包括了对这些商品附属的或具有的环境属性的承认。

环境的某些服务功能能够被私人物品完全替代，有些只能是部分替代，甚至是无法替代的。例如，原始森林作为木材的使用价值部分，可以被人工林替代，但是原始森林的生态功能（包括生物多样性等）则无法被人工林替代，而原始森林的存在价值则更是无法替代的。

（三）非市场的环境资源价值评价

不能在市场上直接或间接交易的环境资源产品和服务（主要表现为非使用价值），无法通过市场评价价值，可以通过调查评估人们的支付意愿。这种方法是基于环境资源的假想变化，调查获知人们的偏好评价。

在消费者陈述“支付意愿”时，除了表达环境资源对主体的使用价值外，还包含环境资源的其他功用，例如存在价值，从而全面表达环境资源的价值。但主观“支付意愿”所表达的价值并未考虑主体的“支付能力”，或者说，通过支付意愿调查所得到的主体对环境资源的评价，并不是主体通过实际支付表达的价值评价。因此，调查支付意愿的环境资源价值评价得出的结果经常存在争议。

上述各类环境经济评价方法将在第八章中作具体介绍和分析。

第二节 决策需求与环境经济评价

学习环境经济评价的理论和方法将面对大量的关于环境价值计量的文献和研究成果（具体的方法我们将在下一章中介绍），很容易使人陷入方法的技术细节，而忽视了应用这些方法的目的何在。因此，在进入具体方法的学习之前，有必要从实践需求的角度从总体上了解环境经济评价的目的和不同应用形式。

一、环境经济评价的目的

人类的社会经济活动每天都在以不同形式体现对环境和自然资源价值的评估，这种评估可能体现在私人交易行为中，也可能反映在公共决策活动中。环境价值评估最初的动机是评估环境影响，使其能够纳入费用效益分析中。为费用效益分析提供依据的环境价值评估研究已经有30多年的历史。近年来，还有另外两个原因进一步促进了对环境价值评估的需求：第一是认识到有必要在经济效果评价中考虑环境收益或损失，即环境经济核算；第二是美国从20世纪80年代中后期起，为了确定污染损害责任方的赔偿责任，环境与资源经济学家们对环境损害所作的价值评估逐步成为可接受的确定赔偿责任的证据。

（一）服务公共决策

环境经济评价的目的之一是服务于公共决策。公共决策更能体现人类将环境价值纳入经济运行过程，引导资源有效配置和经济可持续发展的主动愿望，可以引导交易行为向有利于资源可持续利用的方向转变。需要将环境经济评价结果作为基础的公共决策通常包括：重大公共项目的费用效益分析、环境规制措施的费用效益分析、绿色国民经济核算等。

对于重大公共项目，费用效益分析是从国家整体角度考虑项目的效益和费用，考察的对象是包含项目在内的国民经济系统，除了计算项目的直接效益和直接费用外，还要计算分析项目的间接效益和间接费用，即项目的外部效果。比如，对一个城市是否修建地铁进行费用效益分析，就应当将地铁对缓解地面交通拥堵、机动车污染排放减少的效益核算进来，这个效益包含了因燃油机动车减少一氧化碳、氮氧化物、颗粒物等的排放，导致的人群健康的改善效益和污染防护支出的减少。只有将环境经济评价纳入费用效益分析之中，在重大公共项目决策时，才能够将环境质量的外部效应考虑进来，从而做出符合公共利益的最优决策。

在环境治理领域，环境规制措施实施与否，有赖于基于环境经济评价的费用效益分析。只有那些效益大于费用，即净收益大于零的治理措施或政策在经济学意义上才有实施的必要。比如，对于一个被污染的湖泊，修复与否的决策，即取决于修复之后带来的渔业发展、生态恢复、景观改善等的效益（用货币计量）是否大于因修复而开展的工程投资、人力和物料投入产生的费用；又如，在对排污行为征收庇古税时，最优税率的核算，政府部门需要掌握边际外部损害成本的信息，边际外部损害成本的获得即需要对污染的损害进行经济评价。

（二）优化私人决策

在缺少环境管制条件下，私人在进行项目投资决策时，不会考虑项目污染所带来的社会成本。此时，不考虑污染的外部损害成本，做出的项目投资决策不是社会最优的。

在现有制度体系下，为了预防建设项目对环境造成不利影响，各国普遍实行了环境影响评价制度。建设项目的环境影响评价指的是对建设项目实施后可能造成的环境影响进行分析、预测和评估，提出预防或者减轻不良环境影响的对策和措施，进行跟踪监测的方法与制度。在此基础上，对环境影响进行经济评价，将环境影响货币化，就可纳入到私人项目可行性评价之中，将起到优化私人决策的作用，减少私人项目决策对环境的污染。

随着公众环境意识的觉醒，在一些发达国家，环境诉讼得到了较快发展，包括环境行政诉讼、环境民事诉讼与环境刑事诉讼等形式。其中，环境民事诉讼指的是环境侵权行为的受害人为了要求侵权人排除危害或赔偿损失向法院提起的诉讼污染损害赔偿。在涉及污染损害赔偿数额时，通常有赖于基于环境经济核算方法对污染损害进行的货币化评价。对环境侵权行为造成损害进行货币化计量，可作为污染赔偿的依据，也将有助于遏制环境侵权行为，起到优化私人决策的作用。

二、环境经济评价的应用形式

（一）环境影响的经济评价

环境影响的经济评价的理论基础是：环境作为一种资源，其价值变动一定会反映在相关主体由于环境影响而发生的成本或收益变化上。环境影响既包括环境的改善也包括环境的退化。当发生环境改善时，形成的价值称之为环境效益；当发生环境退化或恶化时，所带来的成本，称之为环境损失费用或环境成本。因此，环境费用或效益就是环境变化的价值表现形式。

将环境影响纳入费用效益分析(cost-benefit analysis,CBA)是环境价值评估最初、也是最基本的动机。人类的任何社会经济活动,包括决策和开发建设都会对环境及自然资源配置造成影响,进而带来费用或效益。因此,需要评估这些影响的程度和范围,以确定是否应该制定或执行某项政策,是否应该开发和建设某个项目。

费用效益分析就是评估这些影响的主要的评价技术,它是经济学家用来评价项目合理性的最普遍应用的方法。

专栏 7-1 环境影响评价法

1964 年,在加拿大召开的国际环境质量评价会议提出了"环境影响评价"的概念。1969 年,美国建立了环境影响评价制度,成为世界上第一个把环境影响评价用法律固定下来的国家。此后,环境影响的经济评价已经不同程度地被纳入一些国家的法律体系,但是不同国家对于环境影响经济评价的法律要求差别很大。

我国从引入概念到建立与发展环境影响评价制度经历了数十年历程。1979 年,《中华人民共和国环境保护法(试行)》首次对环境影响评价制度作了原则性的规定。1989 年颁布的《中华人民共和国环境保护法》确立了该项制度。1998 年 11 月,国务院颁布《建设项目环境保护管理条例》,其中第二章以专章的形式对环境影响评价制度做了明确规定。2002 年 10 月 28 日,第九届全国人大常委会第三十次会议通过并于 2003 年 9 月 1 日开始实施《中华人民共和国环境影响评价法》(2016 年 7 月修正),在这部规范环境影响评价制度的专门法中,对规划和建设项目的环境影响评价的内容、程序、征求公众意见以及相应的法律责任都作了具体的规定。

《中华人民共和国环境影响评价法》的实施与环评制度的建立是我国环境保护工作从末端治理走向源头控制的一个重大转变,体现了"预防为主"的原则,为我国的环保事业发展做出了重要的贡献。

(二)环境经济核算

国民经济核算,可以对一国国民经济状况进行完整的统计描述,为监测经济运行过程、进行经济分析、制定经济政策、开展国际比较等提供系统的统计资料。然而,传统的以 GDP 指标为核心的国民经济核算账户体系受到越来越多的批评和质疑,一个重要原因就是 GDP 中没有反映经济增长造成的环境污染、资源破坏和生态恶化,即环境问题对经济增长、可持续发展以及国民福利的影响。为了纠正 GDP 指标造成的误导,世界各国以及包括联合国、世界银行在内的国际组织开始探索和尝试对国民收入核算体系进行改革,以便将环境核算纳入其中。

"环境经济核算"又称作"绿色国民经济核算"。包括资源核算和环境核算,旨在以原有国民经济核算体系为基础,将资源环境因素纳入其中,通过核算描述资源环境与经济之间的关系,提供系统的核算数据,为可持续发展的分析、决策和评价提供依据①。其原理框架既包括流量核算,也包括存量及其变化核算。其基本内容首先是以经过环境因素调整后的 GDP 为中心,进行经济流量核算。经环境因素调整的 GDP 即为绿色 GDP,是扣除了环境成本后的 GDP,包括资源耗减成本、环境损害成本(或环境退化成本)和环境防护成本(即环境资源恢复、再生和保护的费

① 国家环境保护总局,国家统计局. 中国绿色国民经济核算研究报告(2004). 2005.

用支出),是"绿色国民经济核算体系"的核心指标。其次是对包括自然资源与环境资产在内的总资产存量及其变化的核算。通过流量核算与存量核算,体现当期经济过程与环境资源之间的关系,即由于经济利用而导致的环境资源价值存量的变化,在核算中,它构成环境资源资产存量从期初到期末的变动部分。

可见,环境经济核算、绿色 GDP 统计等活动,目的是通过对环境和自然资源的价值评估,记录经济活动中利用了的环境资源价值,正确地反映国民经济的有效增长及自然因素对经济增长的潜在支撑力,反映环境资源与经济之间的相互依赖、相互制约关系。

(三)污染损害赔偿

另外一个推动环境经济评价发展的现实需求来自于确定污染损害责任方的赔偿额度。1980 年 12 月,美国《综合环境影响、赔偿和责任法》(CERCLA,也称"超级基金"计划)开始生效,推动了环境影响经济评价的实践。该法令规定政府有关部门作为政府所有或政府控制的自然资源的托管人,有权要求污染或破坏这些自然资源的责任者对污染造成的损失进行赔偿。由此引发了对环境污染损失的计量问题,它与污染者的法律责任和赔偿额直接相关。CERCLA 要求总统制定出自然资源损害评估的原则和方法程序,每两年修订一次,吸收最新的经济评价研究成果。

中国的经济发展已经进入环境污染事故多发阶段,环境污染事件及索赔案件的数量在急剧增加。2015 年 1 月实施的《中华人民共和国环境保护法》规定,对污染环境、破坏生态,损害社会公共利益的行为,符合条件的社会组织可以向人民法院提起诉讼,人民法院应当依法受理。随着环境诉讼的增加,对污染损害赔偿的评估提出了现实的要求。

专栏 7-2 环境公益诉讼案例

2017 年 3 月,中国最高人民法院发布了十起环境公益诉讼典型案例,其中包含了中华环保联合会诉山东德州晶华集团振华有限公司大气污染民事公益诉讼案。

振华公司是一家从事玻璃及玻璃深加工产品制造的企业,虽投入资金建设脱硫除尘设施,但仍有两个烟囱长期超标排放污染物,造成大气污染,严重影响了周围居民生活。中华环保联合会提起诉讼,请求判令振华公司立即停止超标向大气排放污染物,增设大气污染防治设施,经环境保护行政主管部门验收合格并投入使用后方可进行生产经营活动;赔偿因超标排放污染物造成的损失 2 040 万元(诉讼期间变更为 2 746 万元)及因拒不改正超标排放污染物行为造成的损失 780 万元,并将赔偿款项支付至地方政府财政专户,用于德州市大气污染的治理;承担本案诉讼、检验、鉴定、专家证人、律师及其他为诉讼支出的费用。

德州市中级人民法院一审认为,振华公司未安装或者未运行脱硫和脱硝治理设施,未安装除尘设施或者除尘设施处理能力不够,多次超标向大气排放二氧化硫、氮氧化物、烟粉尘等污染物。其中,二氧化硫、氮氧化物是酸雨的前导物,过量排放形成酸雨会造成居民人身及财产损害,过量排放烟粉尘将影响大气能见度及清洁度。振华公司超标排放污染物的行为导致了大气环境的生态附加值功能受到损害,应当依法承担生态环境修复责任,赔偿生态环境受到损害至恢复原状期间服务功能损失。遂判决振华公司赔偿超标排放污染物造成损失 2 198.36 万元,用于大气环境质量修复。宣判后,双方当事人均未提起上诉,一审判决已生效。

（四）环境和自然资源定价

许多制定或调整环境与自然资源价格的公共政策都体现了政府作为环境资源的管理者所做出的价值判断。例如，自然资源不像普通商品那样，所有权可以和使用权一同转移，而是出现所有权与使用权的分离，政府就以租金的形式对自然资源定价，如土地出让金、矿产资源权利金、海域使用金等；如果一些自然资源的使用权无法转移到私人手中，或者已有价格体系不合理，政府则通过税（费）和转移支付等形式来调整现有的价格体系，表达对环境资源价值的认同，例如，环境税、资源补偿费等。

尽管目前在环境资源价格、税费形成的机制和过程上，并不完全基于价值补偿的目的，例如，政府可能并未对所有消耗资源的经济活动征收税费；征收税费的目的也可能包含刺激就业、对企业实行隐性价格补贴等动机，从而使形成的价格偏低；而且这种价格并不随着资源产品市场价格的变化而变化，只代表行政性而非市场化的手段等。但是毫无疑问，这些环境资源定价（租金）、税（费）、转移支付等政策选择，本身已经在一定程度上体现了政府对环境资源价值的承认，"正确的"环境资源价格体系也要求政策能够真实反映环境资源的价值。

三、环境经济评价的类型

根据环境经济评价服务于决策的不同阶段，可将环境经济评价分为事前评价（预测）和事后评价。图 7-1 示意了在政策过程各阶段，环境经济评价所具有的不同功能。

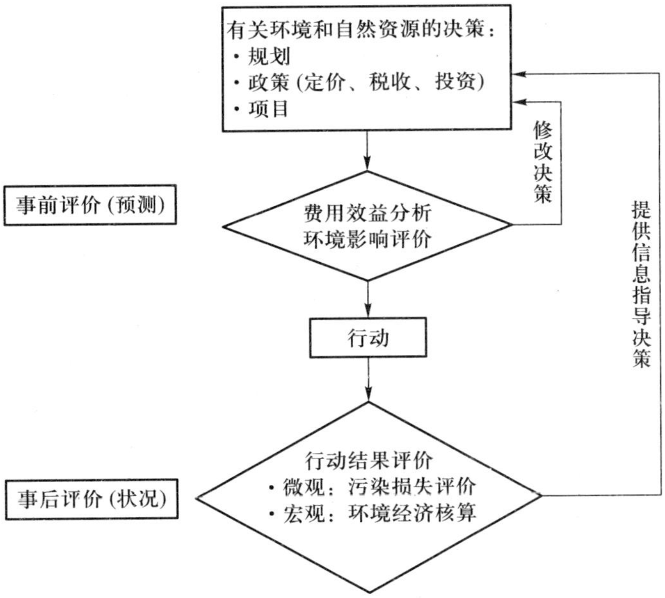

图 7-1　政策过程与环境经济评价

在决策制定的阶段，包括政府制定规划、政策和项目决策过程。如果政府的决策目标是追求与环境和自然资源利用的净经济价值最大化，政府就应该根据价值最大化、从而福利最大化的原则考虑环境和自然资源利用方式的选择。按照这样的评价原则，通过一定的评价方法和程序（例如费用效益分析），政府可以发现决策中不合理的地方，返回到决策制定过程，修改原来的决策方案；合理的决策则通过评价阶段后输出，成为正式发布的规划、政策和项目。如果决策者在配置稀缺资源时面临若干个相互冲突的目标，为了正确决策，就需要对各种可选择的政策方案进行事前分析。事前分析(预测评价)是对拟议的行动计划(包括规划、政策和开发项目等)可能对社会经济产生的影响和效果进行全面评价。事前分析体现了经济决策和管理的预防原则,开展环境影响的经济评价对于改进决策质量和效果有重要作用。

决策进入实施阶段后,基于已发生的事件,对决策实施的效率、效果进行评估。评价的结果可以为制定新决策或修改决策提供指导意见和信息。事后评价则是在行动或执行之后,对真实结果进行客观描述和评估。事后评价往往通过比较现实状态和初始状态来衡量实际效果。

环境影响的经济评价是一种事前评价。相比之下,以环境损害赔偿为目的的评价和以绿色核算为目的的评价,均是事后评价。

第三节 费用效益分析

费用效益分析又称成本效益分析、效益费用分析、国民经济分析或国民经济评价等。许多国家政府和国际组织采用费用效益分析方法评估政策、规划和投资项目的经济效益和可行性。费用效益分析与财务分析不同,财务分析评估一个项目对私人或企业收益的影响;费用效益分析评价项目(政策、规划)对整个社会福利水平的影响,进而评估项目的可行性,因此,费用效益分析也是决策分析研究。费用效益分析的一项重要内容就是将环境影响纳入经济评价过程。

一、费用效益分析的产生与发展

费用效益分析最初是为了评价公共投资项目的效益而发展起来的一种分析方法,后来这种方法被应用于评价各种公共政策和投资项目的社会经济效益。费用效益分析可以证明一项政策或投资项目的总效益是否超过成本,其中也包括环境资源的效益和成本,为政策制定和投资项目决策提供参考依据。

费用效益分析的思想之父是19世纪的法国人裘布依(Jules Dupuit),他在1844年发表了一篇后来被广为引用的论文:《论公共工程效益的衡量》。在这篇论文中,裘布依认同“消费者剩余”的概念,并指出公共工程的效益并不等同于公共工程本身所产生的直接收入。

1902年,《联邦开垦法案》颁布后,美国建立了开垦局,发展西部地区的农业灌溉,该法案要求对投资项目进行经济分析。1936年,美国《洪水控制法案》颁布,提出要检验洪水控制项目的可行性,要求效益必须大于费用。在《洪水控制法案》的法律要求下,美国开垦局和美国工程兵部队使用了费用效益分析方法评价水利开发投资的社会经济效益。

1946年,美国联邦机构流域委员会任命了一个费用效益小组委员会,协调联邦各部门费用效益分析的工作。1950年,这个小组委员会发表了一个里程碑式的研究报告:《关于流域项目经济分析工作的建议》(*Proposed Practices for Economic Analysis of River Basin Project*)。这一文件曾被一代水利工程分析人员视为“绿皮书”。虽然它从未被上级委员会或相应的联邦机构完全接受,但这份报告为水资源领域的研究和探索奠定了理论基础。

1958年三本关于费用效益分析方面的著作问世:埃克斯坦(Otto Eckstein)的《水资源开发:项目评价的经济学》;克鲁蒂拉(John V. Krutilla)和埃克斯坦(Otto Eckstein)的《河流开发的多重目标:经济分析的应用研究》;迈肯(Roland N. McKean)的《通过系统分析看政府的效率》。1962年,麦斯(WSG Maass)等人撰写了《水资源系统设计》一书,作者包括经济学家、工程师和水利学家,其杰出之处在于深入探讨了系统分析和计算机技术在费用效益分析领域内的运用。同年,多夫曼(Robert Dorfman)出版了第一本超出水资源领域,从一般意义上探讨费用效益分析的著作:《衡量政府投资的效益》。

60 年代以后,费用效益分析的运用扩展到公路运输、城市规划和环境保护等领域。最早把费用效益分析原理应用于环境保护领域的是哈曼德(Richard J. Hammond),他分析了水污染控制的费用与效益。美国未来资源研究所为发展费用效益分析的理论和方法做出了重大贡献,使费用效益分析得到了广泛应用和重视。卡特政府曾经规定所有对环境有影响的投资项目,在环境影响评价中都必须进行费用效益分析。1973 年,美国颁布了《水和土地资源规划原则和标准》,使得费用效益分析进入到国民经济发展、环境质量、区域发展和社会福利等方面。1982 年 2 月,美国政府发布命令,要求联邦重大管理决策都要执行费用效益分析,这标志着经济评价进入国家政策的决策过程。至此,费用效益分析的应用范围已经超出了对开发项目的评价,扩展到对发展规划和重大政策的评价。

二、费用效益分析的基本步骤

费用效益分析是评价政策、规划、项目的实施对社会福利水平的影响,其中包括经济、社会和环境等各方面的影响。图 7-2 是费用效益分析的基本框架。

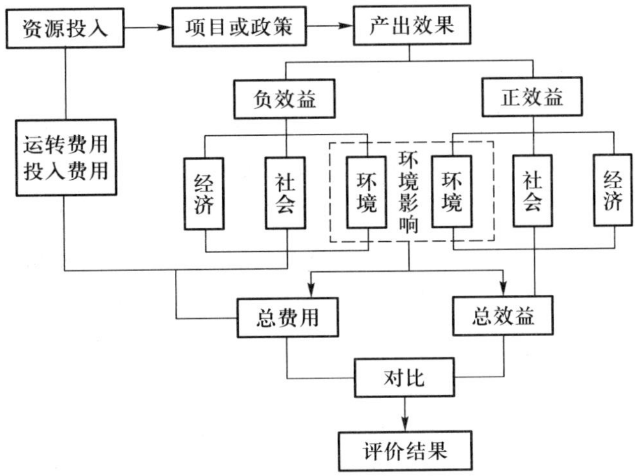

图 7-2　费用效益分析的基本框架

(1) 项目的产出包括效益和费用(负效益),费用与投资和运行成本一起构成总费用。

(2) 广义费用效益分析对项目产出的评价包括经济、社会、环境等不同方面的福利水平,不是只考虑项目某一个方面的产出。

(3) 虚框部分是项目对环境资源造成的正负两个方面的影响,表现为环境效益和环境损失。通过把环境经济评价纳入项目费用效益分析,可以使分析结果全面客观反映项目对社会经济环境产生的真实效果。

许多社会经济活动,包括政策、规划和开发建设项目,都会对环境资源造成影响,从而产生费用或效益。将环境影响的经济评价纳入费用效益分析,能够全面客观准确地评估政策、规划、项目实施的作用和效果。环境影响的费用效益分析是要评价政策、规划、项目的环境费用和效益。这里主要以项目为例说明环境影响的费用效益分析方法，同样也可以分析评价政策、规划。

环境影响的费用效益分析分为三个步骤：① 识别项目的环境费用和环境效益；② 把发生在未来的费用与效益贴现为现值；③ 比较贴现后的费用和效益。

（一）识别项目的费用和效益

以如下步骤分析和识别项目的费用和效益：

1．识别主要的环境影响因子，确定影响范围

无论是开发建设项目、污染治理项目还是政策、规划，首先要识别主要的环境影响因子，例如，燃煤电厂排放的主要污染物（环境影响因子）是烟尘、二氧化硫和氮氧化物。然后要确定影响范围。影响范围应当能够包括主要的可以识别的环境影响，包括外部影响。例如，二氧化硫排放到大气中会产生酸雨，形成酸沉降。

2．分析和确定重要环境影响的物理效果

识别主要的环境影响因子和影响范围后，就要确定影响的物理效果，即由于环境质量变化而造成的收益或损害，例如，二氧化硫排放导致的酸沉降对人体健康、生态系统、农产品产量、建筑物等造成损害。

3．利用评价技术评价物理效果的经济价值

第十章介绍环境经济评价技术，估算这些收益和损害的货币值。

（二）对计算出的费用和效益进行贴现、计算现值

资源配置涉及在不同时期和不同代之间的选择，有些项目的建设运行要长达几十年，污染也会随时间而累积，可耗竭资源一经开发就会随时间减少，因此，应当考虑时间的因素，对发生在不同时期的费用和效益进行对比。为了比较发生在不同时期的费用和效益，在项目评估中，要把发生在未来（或不同时期）的费用和效益转化为现值（present value，PV）。这种计算现值的方式就是贴现。

货币的价值与时间具有密切关系。今天的 100 元就比一年后的 100 元具有更高的价值。如果你今天把 100 元存入银行，假设利率为 10%，那么，一年后的今天就会变成 110 元。

为了说明如何计算现值，需要先了解利息及如何计算。在借贷资本的时候，有两种计算利息的方式，即单利和复利。

单利是以资本本金为基数计算利息的方法，每个计息周期的利息是不变的。其公式为：

$$F=P(1+i\cdot n)$$

式中：F——第 n 年的本利之和；

P——本金现值；

i——利率；

n——计息周期。

复利计息就是按本金和前期累计的利息总额之和计算利息的方法，即把上一年的利息作为下一年的本金再计息，也就是利上加利的计算方法。公式为

$$F=P(1+i)^n$$

可以通过一个例子来说明单利和复利的差别。假设贷款本金为 1 000 元，年利率为 8%，贷款期为 5 年，按单利和复利计算的结果列在表 7-2 中。我们可以看到，1 000 元的本金，以单利的方式计算 5 年之后其本金利息之和为 1 400 元，以复利方式计算则为 1 469.33 元。两者之间有一定差别，并且都远大于1 000 元本金。

表 7-2 单利和复利方式计息的结果比较

年份	单利 8%			复利 8%		
	年初贷款	年末利息	年末本利之和	年初贷款	年末利息	年末本利之和
1	1 000	80	1 080	1 000	80	1 080
2	1 080	80	1 160	1 080	86.4	1 166.4
3	1 160	80	1 240	1 166.4	93.31	1 259.71
4	1 240	80	1 320	1 259.71	100.78	1 360.49
5	1 320	80	1 400	1 360.49	108.84	1 469.33

我们采用复利的方式计算已经识别出的费用和效益的现值。对于未来第 n 年获得的效益或费用的现值由以下公式确定：

$$PV(B_n 或 C_n)=\frac{B_n 或 C_n}{(1+r)^n} \tag{7-1}$$

式中：$PV(B_n)$——效益现值；

$PV(C_n)$——费用现值；

B_n, C_n——发生在第 n 年的效益，费用；

r——社会贴现率。

如果从现在开始到未来的第 n 年中会发生一系列的效益和费用，则这些发生在不同年份的效益和费用的贴现公式分别为：

$$PV(B_i)=\sum_{i=0}^{n}\frac{B_i}{(1+r)^i}$$

$$PV(C_i)=\sum_{i=0}^{n}\frac{C_i}{(1+r)^i} \tag{7-2}$$

式中：B_i, C_i——发生在第 i 年的效益，费用；

n——计算期；

r——社会贴现率。

通过公式 7-1 和公式 7-2 就可以把第一步估算出的发生在不同时期的费用和效益进行了贴现，并都计算为现值，从而可以下一步比较费用和效益。

（三）比较贴现后的费用和效益：费用效益分析评价准则

把环境影响的费用和效益的现值与其他方面的费用和效益现值相加，求出总的费用现值和效益现值。然后通过下面的几个指标进行比较，并做出该项目（或政策）是否可行的结论。需要注意的是，计算总费用时，要包括所发生的所有的直接和间接成本，同时减去可能的成本节约；计算效益时，要包括所发生的所有的直接和间接效益。以下介绍三个常用于评估项目可行性的指标：

1. 经济净现值

经济净现值（economic net present value，ENPV）是反映项目对国民经济所做净贡献的绝对指标。它是用社会贴现率将项目计算期内各年的净效益（等于效益减去费用）折算到建设起点（期初）的现值之和。经济净现值大于零的项目就是可选择的项目。其计算公式为：

$$ENPV=\sum_{i=0}^{n}\frac{TB_i-TC_i}{(1+r)^i} \tag{7-3}$$

式中：TB_i，TC_i——发生在第 i 年的总效益和总费用；

n——计算期；

r——社会贴现率。

一般来说，经济净现值大于或等于零的项目应被认为是可以考虑的项目。

2. 经济内部收益率

经济内部收益率（economic internal rate of return，EIRR）是反映项目对国民经济的贡献的相对指标。它是使得项目计算期内的经济净现值累计等于零时的贴现率。其表达式为：

$$\sum_{i=0}^{n}\frac{TB_i-TC_i}{(1+EIRR)^i}=0 \tag{7-4}$$

式中：TB_i，TC_i——发生在第 i 年的总效益和总费用；

n——计算期；

r——社会贴现率。

一般来说，经济内部收益率大于或等于社会贴现率的项目应被认为是可以考虑的项目。

3. 经济净现值率

经济净现值率（economic net present value rate，ENPVR）是项目净现值与全部投资现值之比，即单位投资现值的净现值。它是反映单位投资对国民经济的净贡献程度的指标。其计算公式如下：

$$ENPVR=\frac{ENPV}{I_p} \tag{7-5}$$

式中：I_p——投资的净现值；

ENPV——经济净现值；

一般情况下，应该优先选择净现值率高的项目。

（四）应用费用效益分析的评价指标

上述三个指标在应用中各有利弊。表 7-3 是费用效益分析的几个主要指标的用途。

表 7-3 费用效益分析的几个主要指标的用途

用途 \ 指标	经济净现值	经济内部收益率	经济净现值率
项目评价（项目方案入选）	ENPV≥0 时可接受	EIRR≥r 时可接受	ENPVR≥0 时可接受
方案比较（互斥方案优选）	ENPV 较大者（投资不同时，结合 ENPVR 一起考虑）	不能直接用，可计算差额投资经济内部收益率（ΔEIRR）。当 ΔEIRR≥r 时，投资大的方案好，反之，投资小的方案好	不能直接用
项目排队（独立方案按优劣排序的最优组合）	不能直接用	不能直接用	按 ENPVR 大小排序

注：1. 表中 r 代表社会贴现率；

2. 互斥方案是指彼此互相排斥的一组方案，只能选择其中一个方案进行投资；

3. 在对互斥方案进行选择时，可以用甲方案的净现值减去乙方案的净现值，该差额净现值的经济内部收益率就是差额投资经济内部收益率。

三、贴现率

贴现率用于处理费用和效益随着时间发生的变化。对发生在未来的费用和效益贴现的原因是因为纯粹时间偏好(即个人通常喜欢选择今天消费而不是明天消费)的存在和资本的机会成本。社会贴现率是费用效益分析中用来作为基准的资金收益率,是从动态和国民经济的角度评价项目经济效益的一个重要参数。

时间偏好是个人偏向于尽快享用效益而稍后承担费用,而不是采用相反的方式。一定数额的成本或者效益出现的时间越晚,它们的主观价值就会越小。这可能是由于人们的短视心理,如急迫需要得到满足(由于贫困或贪欲),或者由于相信未来的消费会更大(因此,给定单位的边际效用会减少)。这些因素适用于私人个体。尽管政府代表它的公民,而且它的行动是富有理性和明智的,但也存在社会时间偏好问题,比如,政府期望将来获得更多的收入,或者政府认为现在的1元钱比将来同样的1元钱的价值大。

资本的机会成本则在于:由于资本可以用于生产,所以当前一定数额的货币比未来同样数额的货币的价值要大。因此,把资金用于将来某个时间才有收益的项目,不如用于能够立即见效的项目。贴现率使我们有必要考虑资金的选择使用问题。当各种使用途径具有不同的时间特征时,贴现有助于在不同的使用途径之间进行资本的合理配置。

换句话说,人们无论进行何种经济活动都需要一定的时间,而且投入和产出在时间上往往不一致。经济活动中,厂商首先必须拥有或借贷到一笔资金,用来购买各种生产要素投入生产或经营活动,在经过一定时间后,投入才陆续转化为产出,使厂商能够收回原有资金并获得利润,即实现资金增值。正因为在经济活动中资金能够随时间变化而增值,所以资金具有时间价值。

资金的时间价值表明,一定数额的资金,在不同的时间具有不同的价值。同样一笔资金,作为费用,早付出比晚付出要付出得多;作为效益,早得到比晚得到要得到得多。因此,在对厂商的经济活动进行分析时,无论是财务分析还是经济分析(费用效益分析),都不能将在不同时间内支付的费用和获得的效益简单相加,而必须消除因收支时间不同而导致的资金增值的差异,即按照一定的比率把费用和效益都折合到同一时点上存在的现值。

在费用效益分析中,上述的折合比率就是社会贴现率,又称为社会机会成本率。这是因为,首先,在确定某一项目方案时必须考虑资金的机会成本,即把一定数量的资金用于某一项目时而失去的用于其他可供选择的项目方案的最大净效益。如果某一项目方案的净效益比率(净效益和费用的比率)低于其机会成本率,那就应该放弃这一项目方案。其次,在对不同项目方案进行比较时,其出发点应该是整个社会而非单个厂商的机会成本。

应该指出的是,尽管社会贴现率有时又称为影子利率,但它涉及的是资金收益率而非利率。厂商作为资金的需求者,当然要考虑银行贷款利率的高低。在资金收益率高于贷款利率的前提下,两者之间差距越大,厂商就越有利可图,因而就越愿意投资。但从整个社会来看,资金收益率反映的是一个项目真正产生的效益,而利率反映的只是厂商和银行之间的转移支付,在进行费用效益分析时,应该考虑前者而不是后者。

社会贴现率是费用效益分析中对方案进行比较与选择的判别依据。在实际工作中,它由国家发展与改革委员会根据中国当前投资收益水平、资金机会成本、资金供求状况等因素,统一制定和发布。

专栏 7-3 贴现率的选择

较高的贴现率减少了未来某项收入的现值,会降低长期投资的吸引力。一般情况下,低收入者会选择更高的贴现率,因为他们对收入有着迫切的需求,且没有能力等待长期的回报(如一个食不果腹的穷汉会将仅有的救济金用来购买食品)。

在金额上比较,较低的贴现率意味着同样的一笔金额在相邻的时间段内实际价值相差不大;较高的贴现率意味着同样的金额在近期要比在远期更有价值。因此,在高贴现率下,人们会将资源投入短期回报较高的项目;在低贴现率下,则投入远期具有高额收益的项目。

贴现率	现值/元
0	1 000 000.00
1%	369 711.21
2%	138 032.97
3%	52 032.84
4%	19 800.04
5%	7 604.49
10%	72.57

例如,对 100 年后的 100 万元贴现,在 1% 的贴现率下,这 100 万元的现值约为 37 万,而在 10% 的贴现率下仅为 72.57 元,二者差异极大。贴现率的选择始终是一个富有争议的话题。环保人士认为,较高的贴现率会过低估计当前经济行为对未来造成的环境损害。

要点总结

环境资源的总经济价值分为使用价值和非使用价值。使用价值是指当某一物品被使用或消费的时候,满足人们某种需要或偏好的能力。使用价值又可以进一步分解为直接使用价值、间接使用价值和选择价值。非使用价值相当于生态学家所认为的某种物品的内在属性,存在价值是非使用价值的一种主要形式。

按照环境资源物品和服务的与市场的关联程度,其价值可分为三类:市场化的直接使用价值、市场化的间接使用价值、非市场价值。环境资源价值评估的理论基础是“支付意愿”。

环境影响经济评价的理论基础是:环境作为一种资源,其价值变动一定会反映在相关主体由于环境影响而发生的成本或收益变化上。将环境影响纳入费用效益分析是环境价值评估最初、也是最基本的动机。环境经济评价的两个主要目的是服务于公共决策和优化私人决策。环境经济评价的应用形式包括环境影响的经济评价、环境经济核算、污染损害赔偿以及环境和自然资源定价等。环境经济评价的类型包括前期评价和后期评价。

费用效益分析是评价政策、规划、项目经济可行性的重要方法,也是环境经济核算应用的主要载体。费用效益分析通过对比拟实施或实施后的政策、规划或项目的总费用和总收益,判断其经济可行性。费用效益分析需要遵循一定的步骤,在涉及跨期决策时,贴现率的选择至关重要。

环境经济评价的理论和方法研究的最终目的不是仅仅出于理论兴趣，而是服务于实践，解决和协调经济发展与环境保护之间的矛盾。

思考题

1. 环境资源价值的构成包括哪几方面？
2. 环境资源价值可分为哪几类？
3. 环境经济评价的应用形式有哪些？
4. 费用效益分析的基本步骤有哪些？

参考文献

1. 梅纳德，哈弗斯密特. 环境、自然系统和发展：经济评价指南[M]. 过孝民，译. 北京：烃加工出版社，1988.
2. 厉以宁，章铮. 环境经济学[M]. 北京：中国计划出版社，1995.
3. 珀曼. 自然资源与环境经济学[M]. 侯元兆，译. 北京：中国经济出版社，2002.
4. 皮尔斯，沃福德. 世界无末日[M]. 张世秋，译. 北京：中国财经出版社，1996.
5. Dorfman R. Measuring Benefits of Government Investments. Washington, D C: Brookings Institution, 1965.
6. Eckstein O. Water Resource Development: The Economics of Project Evaluation. Cambridge: Harvard University Press, 1958.
7. Hammond R J. Benefit－Cost Analysis and Water Pollution Control. Stanford: Stanford University Press, 1958.
8. Kneese A V, Blair T B. Managing Water Quality: Economics, Technology, Institutions. Baltimore: Johns Hopkins Press, 1968.
9. Kneese A V, Ayres R U, D' Arge R C. Economics and the Environment: A Materials Balance Approach. Washington DC: Resources for the Future, 1970.
10. Kneese A V. Water Pollution: Economic Aspects and Research Needs. Washington, D C: Resources for the Future, 1962.
11. Krutilla J V, Eckstein O. Multiple Purpose River Development: Studies in Applied Economic Analysis. Baltimore: Johns Hopkins Press, 1958.
12. Maass A A. Design of Water－resources Systems. Cambridge: Harvard University Press, 1962.
13. Mckean R N. Efficiency in Government through Systems Analysis. New York: John Wiley and Sons, 1958.
14. Mishan E J. Cost－Benefit Analysis. New York: Praeger Publishers, Inc, 1976.
15. Prest A R, Turvey R. Cost Benefit Analysis: A Survey. Economic Journal, 1965, 75(300): 683－735.
16. Solow R. An Almost Practical Step Toward Sustainability. Resources Policy, 1993, 19(3): 162－172.

第八章

环境经济评价方法

环境经济评价方法是评价环境物品和服务经济价值的方法。由于环境物品和服务的公共物品属性以及外部性的存在,市场不能准确反映环境物品和服务的价值,造成环境物品和服务在市场上低价甚至无价,导致资源低效配置和社会经济决策失误。环境经济评价为制定环境政策提供支持,也是将环境影响纳入到社会经济决策过程的重要步骤。本章介绍环境经济评价的方法,包括直接市场评价法,揭示偏好法,陈述偏好法,以及评价方法的选择。

第一节　环境经济评价方法概述

环境经济评价是要反映个人的环境价值偏好。人类对于环境质量和自然资源的偏好对资源配置产生重要影响。环境经济评价的基础是人们对于环境改善的支付意愿(willingness to pay,WTP),或是忍受环境损失的接受赔偿意愿(willingness to accept,WTA)。因此,环境经济评价主要是从估计人们的支付意愿或接受赔偿意愿入手。获得人们的偏好和支付意愿或接受赔偿意愿的途径主要有三个,一是直接从相关市场信息获得;二是从其他事物中包涵的有关信息获得;三是通过调查个人的支付意愿或接受赔偿意愿获得。

例如,水污染造成水产品产量和品质下降,水产品有市场价格。可以通过水产品产量下降幅度和市场价格,估算出水污染对水产品产值造成的影响,以此作为环境污染损失的价值评估结果。这种方法称作直接市场评价法。

如果市场不能提供环境经济评价所需的信息,就需要采用其他评价方法。人们对自己的生活环境质量有偏好,当人们决定购买或消费某些物品和服务时,会考虑环境质量对这些物品价值的影响。例如,当人们购买住房时,会把周围空气质量等环境因素作为考虑因素之一,再根据房产市场的价格情况决定是否要购买。因此,就可以从与环境质量相关的其他商品市场所包涵的信息,或者从人们的实际市场行为中推断出消费者的偏好和支付意愿,这就是环境经济评价的第二种途径,这种方法称为揭示偏好法。

第三种途径是通过调查等方式,让消费者直接表述出他们对环境物品或服务的支付意愿(或接受赔偿意愿),或者对其价值进行判断。这种方法称之为陈述偏好法。

因此,环境经济评价方法分为3种类型:

(1)直接市场评价法:包括剂量-反应法、损害函数法、生产率变动法、生产函数法、人力资本法、机会成本法、重置成本法等。

(2)揭示偏好法:包括内涵资产定价法、旅行费用法、防护支出法等。

（3）陈述偏好法：如意愿调查价值评估法。

第二节　直接市场评价法

一、基本概念

直接市场评价法又称物理影响的市场评价法，是根据环境变化对生产率的影响，评价环境的经济价值。

评价环境变化的经济影响，最直观的方法就是通过观察环境变化，估计这种变化对商品和服务造成的经济影响。例如，酸雨损坏了树木和建筑物，降低了它们的市场价值；土壤侵蚀减少了当地农作物的产量，使下游农民和水库为了清除泥沙花费更多的费用。此时，环境变化造成了他人的额外货币支出（外部费用）。而污染引起的疾病则会产生医疗成本，同时还会造成发病者工资收入的损失，并导致劳动生产率水平的降低。

直接市场评价法把环境质量看作是生产要素。环境质量的变化会造成生产率和生产成本的变化，从而导致产品价格和产出水平变化，价格和产出的变化可以观察到并且可测量。市场评价法利用市场价格（如果市场价格不能准确反映产品或服务的稀缺特征，则要通过影子价格进行调整），评价环境损害的成本或环境改善的效益。

本节介绍几种常用的直接市场法，包括剂量-反应方法、生产率变动法、疾病成本法、人力资本法、机会成本法和重置成本法。由于重置成本法的技术步骤和估算方法与揭示偏好法中的防护行为法类似，将在下一节介绍。

二、主要的直接市场评价法

（一）剂量-反应方法

剂量-反应法（dose-response technique）是评价环境质量变化给受体造成影响的效果。例如，酸雨造成材料腐蚀和森林损害，水和空气污染损害人体健康等。利用剂量-反应法，可以建立受体损害（反应）和造成损害的原因之间的关系，评价在一定的污染水平下，产品或服务产出的变化，通过市场价格（或影子价格）评估产出变化的经济价值。剂量-反应法为其他直接市场评价法提供信息和数据基础，特别是提供环境质量边际变化与受体产出或服务边际变化之间的关系。

剂量-反应法不适用于评估非使用价值。

可以从多个渠道获得环境变化造成受体变化的数据：

（1）实地研究。例如，观察水污染对种植业的影响，过度捕捞对鱼类种群的影响，空气污染对材料的腐蚀程度。

（2）受控试验。在实验中制造剂量-反应关系。例如，在侵蚀程度不同的土地上进行农学实验，定量估计侵蚀对谷物产量的影响；将动物暴露于空气污染中，观察对动物的影响。通过将控制组群作为基准，观察受到影响与未受到影响的受体之间的差异等。

（3）采用统计回归技术将某种影响与其他影响分离开，这在健康影响研究中较为常用。

（4）根据经验数据信息，建立关系模型。例如，根据坡度、降雨量、土壤类型以及管理方式和作物种类等建立土壤侵蚀方程，预测土壤侵蚀对作物产量的影响。通常可以采用土壤侵蚀方程中的一些变量，进一步建立土壤侵蚀与产量之间的关系。

（二）生产率变动法

生产率变动法（changes in productivity approach）也称生产效应法（effect on production approach）。环境变化可以通过生产过程影响生产者的产量、成本和利润，或是通过消费品的供给与价格变动影响消费者福利。例如，水污染将使水产品产量或价格下降，给渔民带来经济损失；建立国家公园可以发展观光旅游，给当地创造经济收入。

生产率变动法的步骤与方法如下①：

(1) 识别引起环境变化的影响因子和水平，例如，砍伐 100 公顷森林，日排放 1 000 千克二氧化硫。

(2) 估计环境变化的效果和影响范围：例如，森林砍伐造成水土流失 3%，受影响的区域有 100 hm^2。

(3) 估计环境变化对受体成本或产出造成的影响：例如，水土流失 3% 会导致玉米产量减少 10%，假设未受影响前，产量为 7 500 kg/hm^2，则产量损失为750 kg/hm^2。

(4) 估计产出或者成本变化的市场价值：例如，假设玉米的收成将因为森林砍伐减少 750 kg/hm^2，受影响的范围为 100 hm^2，玉米的市场价格为 1.0 元/kg，则因森林砍伐造成的该类损失为 750 kg/hm^2×100 hm^2×1.0 元/kg＝75 000 元。

如果环境变化影响的产品和服务价格是市场机制决定的，就可以直接利用市场价格估算。但是，必须注意产出量变动对商品价格的影响，即产品的价格弹性。假如受环境变化影响的产品和服务的市场份额很小，不会引起市场价格的显著变化，就可以直接用现有市场价格测算；如果受环境变化影响的产品和服务的市场份额很大，产出变动可能影响价格的变动，就应预测新的价格水平。一般来说，如果全国某种产品的供给主要来自受环境影响的地区，或者是相对封闭的区域市场（如地方鲜鱼市场），就需要分析产出变化对市场价格的影响。例如，荔枝主产区环境污染导致荔枝产量下降，荔枝供不应求会导致市场价格上升，这可能刺激高生产成本地区的荔枝进入市场，从而刺激增加荔枝生产，进而导致荔枝的市场价格回落。假定荔枝的市场需求曲线是一条直线，则有：

$$P=\Delta Q(P_1+P_2)/2 \tag{8-1}$$

式中：P——根据荔枝产量变动所测算的环境价值变动额；

ΔQ——环境污染地区荔枝产量的变动量；

P_1——荔枝产量变动前的市场价格；

P_2——荔枝产量变动后的市场价格。

为了保证评价结果的准确合理，应该计算产出和价格变化的净效果。例如，土壤侵蚀减少了农作物的产量，但也减少了收获成本。

假设环境变化造成的经济影响（E）体现在受影响的产品和服务净产值的变化上，可以用下面的公式表示：

$$E=\left(\sum_{i=1}^{k}p_iq_i-\sum_{j=1}^{k}c_jq_j\right)_x-\left(\sum_{i=1}^{k}p_iq_i-\sum_{j=1}^{k}c_jq_j\right)_y \tag{8-2}$$

① 关于生产效应法应用的具体实例：(1) 尼泊尔的土壤保持规划的费用效益分析，参见参考文献 2；(2) 开发项目对雨林湿地的影响，参见参考文献 3；(3) 沉积对珊瑚多样性及渔业的影响，参见参考文献 4。

式中：p——产品的价格；

c——产品的成本；

q——产品的数量。

式(8-2)中共有 $i=1,2,\cdots,k$ 种产品和 $j=1,2,\cdots,k$ 种投入，环境变化前后的情况分别用下标 x、y 表示。

表 8-1 为环境改变的生产效应。如表 8-1 所示，当产品增加而投入减少时将产生双倍收益；与之相反，则是双倍损失。而另一方面，产品及投入可能同时上升（或同时下降），这样在某种程度上就会互相抵消一些。

表 8-1　环境改变的生产效应

环境变化	产出	投入
土壤质量提高	增加	降低
水质提高	增加	不变
保护森林	增加	增加
工业用水质量提高	不变	降低
土壤侵蚀	降低	增加
水质降低	降低	不变
森林破坏	降低	降低
工业用水质量降低	不变	增加

应对环境变化的影响，生产者与消费者可能会采取行动保护自己。例如，消费者不购买被污染的粮食；生产者将减少对污染敏感的农作物的种植面积。如果在适应性变化出现之前做出评价，将会过高估计环境影响的价值；而如果在适应性变化之后评价，则会对生产者剩余与消费者福利的真实影响估计不足。

（三）疾病成本法和人力资本法

环境的基本服务功能是保证和支持人类的生存。环境变化（如空气和水污染）可能导致环境生命支持能力降低，损害人体健康。这些影响表现为因环境质量恶化导致发病率与死亡率增加造成的直接经济损失（可以用生产率变动法估算），还导致医疗费开支增加，以及因为得病或早死造成的收入损失。疾病成本法（cost of illness approach）和人力资本方法（human capital approach）是估算环境变化造成的健康损失成本的主要方法，是评价反映在人体健康上的环境价值。

这两种方法通过流行病学研究、受控试验以及观察环境质量对人体健康的可能影响获得信息和证据。

人力资本是个人通过教育、训练、实践获得的知识、技能和经验，亦称“非物力资本”。这样知识与技能可以为个人带来收益，因而成为了一种特定的资本——人力资本。

在人力资本法中，个人是经济资本单位，个人收入是人力投资的收益。人力投资是个人对健康、教育、技能的投资。人力资本只计算了人作为一个生产单位的价值，对生命的评价、提高健康水平的支付意愿、伤痛的精神和生理成本等并未计算进去。在分析社会和个人的教育收益时，也经常使用人力资本这一概念。为了避免重复计算，环境与自然资源经济学在使用人力资本法的时候，主要关注环境质量变化对人体健康的影响（主要是医疗费用的变化）以及因这一影响导致的个人收入变化。前者是因环境质量变化而增加的病人人数和每个病人的平均医疗费用(按不同病症加权计算)的乘积;后者是环境质量变化对劳动者预期寿命和工作年限的影响与劳动者预期收入(不包括来自非人力资本的收入)现值的乘积。由于劳动者的收入损失与年龄有关,所以,首先分年龄组计算劳动者某一年龄的收入损失,然后将各年龄的收入损失汇总,得出因环境影响导致的劳动者一生的收入损失。

1. 步骤与方法

(1) 识别环境中可能致病的环境因子,即环境中可导致疾病或死亡的物质。例如,PM_{10}是总悬浮颗粒物中粒径小于10 μm的颗粒物,具有肺动力学活性的组分。PM_{10}来源包括直接排放的烟尘和SO_2、NO_x生成的二次污染物。PM_{10}对人体健康的损害包括导致呼吸系统疾病,并造成过早死亡。

(2) 确定致病环境因子与发病率和过早死亡率之间的关系。这建立在病例分析、实验室实验和流行病数据资料分析的基础上。在许多情况下,致病环境因子在环境中的临界水平是不确定的。

(3) 评价处于风险之中的人群规模。对于空气与水污染,要建立污染扩散模式,确定影响区域,界定总暴露人口,特别是要界定总暴露人口中对风险敏感的人群(如孕妇、幼儿、老人、气喘病患者等)。

(4) 估算由于疾病不能工作引起的收入损失和医疗费用:对因疾病而消耗的时间与资源赋予经济价值。

$$I_c=\sum_{i=1}^{k}(L_i+M_i) \tag{8-3}$$

式中:I_c——由于环境质量变化所导致的疾病损失成本;

L_i——i类人由于生病不能工作所带来的平均工资损失;

M_i——i类人的医疗费用(包括门诊费、医药费、治疗费等)。

如果实际的医疗费用(例如,药费和医生的工资)存在价格扭曲,要通过影子价格(或影子工资)调整。

(5) 估算由于过早死亡带来的的损失,年龄为t的人由于环境变化而过早死亡的经济损失等于他在余下的正常寿命期间的收入损失的现值。

$$V=\sum_{i=1}^{T-t}\frac{\pi_{t+i}\cdot E_{t+i}}{(1+r)^i} \tag{8-4}$$

式中:π_{t+i}——年龄为t的人活到$t+i$年的概率;

E_{t+i}——在年龄为$t+i$时的预期收入;

r——贴现率;

T——从劳动力市场上退休的年龄。

2. 数据与信息

利用疾病成本法或人力资本法评价环境损害或效益所需的数据与信息有:

(1) 致病因子的水平(F)。

(2) 可致病的环境质量阈值(S)。

(3) 超过阈值的强度(X)。

(4) 与强度相对应的持续时间(Y)。

(5) 与上述因素相对应的发病率(N,每百万人口n例)。

（6）暴露人群的评估：分布规律、敏感人群统计等。

（7）剂量–反应关系为：

$$N=N(F) \tag{8-5}$$

$$F=(S,X,Y,\cdots) \tag{8-6}$$

（8）与上述发病率对应的工时损失数和医疗费用耗费。

（9）单位工时工资、医生工资、设备折旧、药品价格等。

3. 需要注意的问题

（1）一些致病环境因子难于认别，难于建立剂量–反应关系；致病环境因子在环境中作用强度的分布与人群分布及敏感人群分布的关系复杂；发病率结果由多种因素导致，难于区分。

（2）处于风险中人群的评价受到个体差异的干扰。

（3）这两种方法建立在把人看作是一个资本单元基础上，计算由于疾病和过早死亡带来的损失，这会引发如何评价没有生产能力或不参加生产活动的人的损失，例如，儿童、家庭妇女、退休和残疾人的损失。由于用劳动者收入衡量其生命的价值，其中隐含的推论是收入小于支出的人的死亡对社会有利，因而引发伦理道德争议。

（4）价格扭曲普遍存在，特别是医生工资，药品价格等。

专栏 8–1　对疾病成本法和人力资本法的批评

人力资本法不是基于消费者的支付意愿，而是基于一种生命评价方法，即一个人的生命价值等于他所创造的价值。就是说，社会为了挽救一个人的生命最少应该支付同样的价值。如果这种逻辑成立，那就意味着富人生命的价值高于穷人生命的价值，一个没有收入的人的生命就没有任何价值。进一步，如果用一个人创造的净价值（相当于它的总产出减去其消费支出的差）衡量其生命价值的话，则意味着当某人的消费大于其产出时，这个人的死亡就是对社会有益的！

另外，采取减少死亡的措施，其主要目的不是为了挽救特定个人的生命，而是为了减少各类人群死亡的风险。因此，所要评价的效益不是挽救的生命数量而应是风险的减少。可以调查人们关于这种风险的支付意愿或受偿意愿，作为人们对风险价值的度量。这为衡量污染的健康损失提供了另外一种思路。

（四）机会成本法

用于满足人们各种需求的资源是有限的，因此，一个时期人们必须做出选择，将稀缺资源如何配置，满足人们哪些需求。由资源的稀缺性以及选择的有限性提出了机会成本的概念。如果资源是稀缺的，该资源一旦用于某种商品的生产就不能同时用于另一种商品的生产，即选择了一种机会就意味着放弃了另一种机会。使用一种资源的机会成本是把该资源投入某一特定用途后所放弃的在其他用途中所能获得的最大利益。

评价没有市场价格的自然资源（例如，自然保护区，热带雨林）的经济价值，可以用机会成本法估算机会成本，即该资源用作其他用途（例如农业开发）时可能获得的收益来表征。

机会成本法特别适用于对自然保护区或具有唯一性特征的自然资源的评估。

对于具有唯一性或不可逆特征的自然资源，某些开发工程与自然资源的可持续性存在冲突，其后果是不可逆的。在这种情况下，开发工程的机会成本是在未来一段时期内保护自然资源得到的净效益的现值。由于自然资源无市场价格，这些效益很难计量。但反过来，保护自然资源的机会成本可以看作是失去的开发效益的现值。

一般情况下，都是估算资源保护的机会成本，让决策者或公众决定自然资源是否具有这样的价值或是否值得为保护该资源而放弃这些收益。例如，湿地开发有不同方案，一种方案是保护湿地资源，另一种方案是开发湿地用于农业生产。假设经评价计算农业开发所获收益的净现值为 50 亿元人民币（假设是 50 年），则保护湿地不被开发的机会成本为 50 亿元人民币。那么就需要决定，是否为了获得 50 亿元人民币的净现值而放弃保护湿地。需要注意的是，50 亿元人民币是农业开发 50 年的净效益，但是开发活动的影响是不可逆的，因此，50 亿元应该视做湿地的最低价值。同时，除了农业开发之外，湿地还会有其他的选择方案，比如生态旅游等，因此，还可以通过其他方案测算湿地保护的机会成本。

也可以使用机会成本法计算环境污染造成的经济损失。一个开发项目可以设计几个建设方案，这些方案有不同的环境影响。这些可选择但不可能同时实施的项目方案的收益可以相互看作是其他项目方案的机会成本。当难于直接评估环境污染造成的损失时，可以用不污染环境的项目费用估算环境改变的货币价值。

三、直接市场评价法的适用范围与条件

直接市场评价法是最常用的价值评估方法，适用于以下评价：

（1）土壤侵蚀对农作物产量的影响，水土流失对流域下游地区造成的影响（例如对下游的农业、水资源利用、航行等）；

（2）酸雨对农作物和森林的影响，对材料、设备、建筑物造成的侵蚀等；

（3）空气污染对人体健康的影响；

（4）水污染对人体健康的影响；

（5）耕地盐碱化对农作物的影响；

（6）砍伐森林对生态的影响。

采用直接市场评价法需要具备的条件：

（1）环境变化增加或者减少产品或服务的产出，这些产品或服务是市场可交易的，或者是间接可交易的，或者有市场的替代物；

（2）环境变化的效果明确，可以观察或者能够用实证方法获得；

（3）市场运行良好，价格是产品或服务经济价值的反映。

四、直接市场评价法存在的问题和局限性

（1）识别环境影响因子、环境影响和受体产出或损害之间的关系比较困难。确定环境质量变化与受体变化（原因和结果）之间的关系常常需要假设，或者从其他地区建立的剂量-反应关系中获取信息，因此，可能会产生误差。

（2）分析受体的影响时，很难把环境因子从其他影响因子中分离出来。影响受体改变的环境因子可能有多个，要把每一个因子造成的后果区分开也是非常困难的。例如，空气污染包含多种污染物，很难分清每一种污染物的影响。

（3）当环境变化对产品和服务产生明显影响时，还需要分析市场结构、需求弹性、供给与需求关系、生产者和消费者行为，同时还要分析生产者与消费者的适应性反应。

（4）当确定对受体的影响时，需要建立影响存在到不存在的结果序列。如果假设距离现实太远，就可能对影响估计得过大或者过小。如果此前已经发生过同样环境变化，分析就会变得更加复杂。例如，某种污染发生在已经存在严重污染的区域，其产生的影响将十分复杂。

（5）如果存在外部性、信息不对称、垄断、补贴，市场价格不能反映真实价值。

第三节　揭示偏好法

一、基本概念

揭示偏好法（revealed preference approach）是通过考察人们与市场相关的行为，特别是在与环境联系紧密的市场中支付的价格或获得的效益，间接推断出人们对环境的偏好，以此来估算环境变化的经济价值。

本节介绍内涵资产定价法、防护支出法与预防费用法、旅行费用法。由于重置成本法与防护支出法的分析类似，所以也在这里讨论。这些方法都是通过观察人们的市场行为，来估计对环境"表现出来的偏好"，它有别于通过直接调查而获得的偏好。

二、主要的揭示偏好法

揭示偏好价值评估法主要包括下面几种方法。

（一）内涵资产定价法

内涵资产定价法（hedonic property pricing）又称内涵价格法（hedonic price method）。商品和服务的价格包含了消费者对它的各种效用的综合评价，有些商品和服务（如土地、房屋、食品等）的价格包含了环境资源的效用价值。房地产的价格既反映了房产本身的效用功能（如面积、房间数量、房间布局、朝向、建筑结构、附属设施、楼层等），也反映了房产所在地区的生活条件（如交通、商业网点、学校质量、社会治安等），还反映了房产所在地的环境功能效用（如空气质量、噪音、生态环境等）。内涵资产定价法主要是通常对房地产市场分析，揭示房地产价格中包含的环境价值。在其他条件相同的条件下，环境功能效用差异将影响到消费者的支付意愿，进而影响到房产价格。可以根据环境功能效用差异导致的房产价格差异，衡量环境的货币价值。

除了房地产市场外，不同职业的工资差别也可以发现内涵价值。在其他条件相同时，劳动者工作环境条件的差异（例如，安全风险、环境污染等），会影响到劳动者对职业的选择。在其他条件相同时，劳动者会选择工作环境好的职业。为了吸引劳动者从事工作环境条件比较差的职业，雇主会在工资、工时、休假、福利等方面给劳动者补偿。这种用工资水平的差异（工时、休假、福利差异可以折合成工资）衡量环境条件和风险价值的方法，就是工资差额比较法。

1. 步骤与方法①

假设：买主了解决定房价的各种信息；所有变量都是连续的；这些变量的变化都影响住房价

① 具体实例可参见参考文献2。此外，Jimenez 利用内涵资产定价法分析了马尼拉贫民区的房地产价格变化，说明房价的提高可部分地归因于供水和卫生服务条件的改善；Markandya 分析了美洲开发银行用资产价格法在圣萨尔瓦多和巴西进行的价值评估过程及其结果（参见参考文献6）。

格；房地产市场处于或接近于均衡状态。

（1）建立房产价格与各种效用特征的函数关系。

$$P_h = f(h_1, h_2, \cdots, h_k) \tag{8-7}$$

式中：　　P_h——房产价格；

$h_1, h_2, \cdots, h_{k-1}$——房产的功能（面积大小、房间数量、新旧程度、结构类型等）和周边生活条件（交通、学校质量、商业设施、社会治安等）；

h_k——房产所在地的环境功能效用（如空气质量、噪音、生态环境等）。

假设上述函数是线性的，其函数形式为：

$$P_h = \alpha_0 + \alpha_1 h_1 + \alpha_2 h_2 + \cdots + \alpha_k h_k \tag{8-8}$$

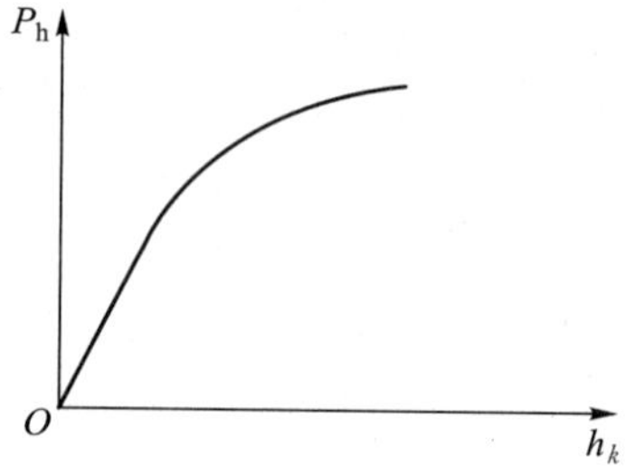

图 8-1　房地产价格和空气质量的关系

图 8-1 表示当其他功能效用不变时，房地产价格和空气质量的关系。它表明买主在接受市场价格的情况下，有一系列房产价格和环境功能效用的组合（购买方案）可供选择。沿曲线移动，直到边际支付意愿等于边际购买成本（边际购买价格）时，环境功能效用使买主的效用最大。

（2）求出边际隐含价格。把房产价格函数对特定的功能效用求导，可以求得每种功能效用的边际隐含价格。边际隐含价格表示在其他效用不变的情况下，效用 i 增加 1 单位，房产价格变动幅度。

$$P_{hi} = \frac{\partial P_h}{\partial h_i} \tag{8-9}$$

对环境功能效用，假设边际隐含价格是常数：

$$\alpha_k = \frac{\partial P_h}{\partial h_k} \tag{8-10}$$

其含义是房产每一边际增加的隐含价格是固定不变的。例如对于一套住房，第三个卫生间增加的价值等于增加第二个卫生间的价值。

图 8-2 表示环境质量的边际隐含价格曲线。该曲线也表示买主的需求曲线或支付意愿函数。

假设已知两个或两个以上买主购买 h_k 的数量，通过式（8-10）可以求出相应的隐含价格，h_k 和隐含价格的组合可以看作该买主的最大效用平衡点，即边际支付意愿等于边际机会成本时的购买量和其隐含价格的交点。

图 8-3 表示已知两个买主的最大效用平衡点的情况。曲线 D_1 和 D_2 分别是买主 1 和买主 2 的需求曲线或边际支付意愿曲线。R 是边际机会成本曲线。A 和 B 是买主 1 和 2 的最大效用平衡点，可以通过调查获得。

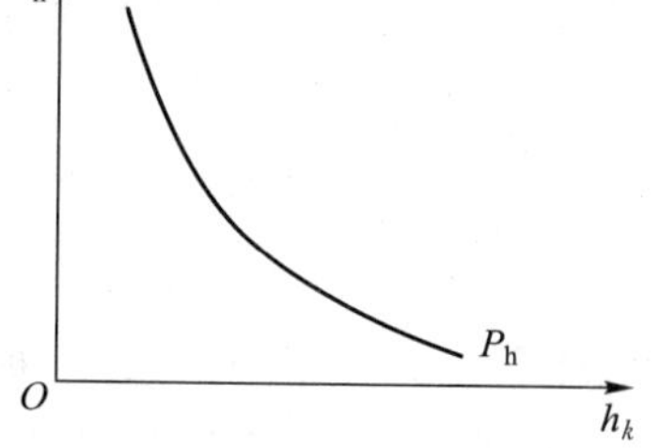

图 8-2　环境质量的边际隐含价格曲线

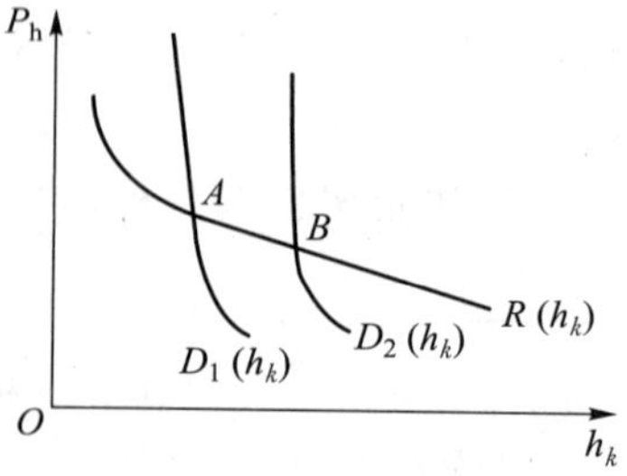

图 8-3　房产买主的最大效用平衡点

在已知若干买主的最大效用平衡点的情况下，能否评价出环境质量变化带来的福利变化呢？对于边际变化来说，回答是肯定的。对于非边际变化，回答是否定的（除非做出进一步的假设）。这是因为，我们得到的只是边际价格值，R 是平衡点的轨迹，而不是环境质量的边际效益函数，因为 D 是未知的。

在估计房产特性的需求曲线时，为了计算每种特性非边际变动（比较大的变动）所引起的福利变动，就必须计算该特性曲线以下的面积，因此，必须估计房地产特性的需求曲线。它可以通过计量经济学的方法获得。

为了评估式（8-10）的内涵价格，要解决三个问题：

① 变量的选择。应包括所有相关变量和足够变化水平的数据，如果有相关变量被忽略，评价结果就可能产生偏差。即使所有相关变量都包含在方程式中，但变量之间又有相互影响（例如交通噪声和空气污染），对影响房价的每个变量进行评价是很困难的。

② 选择的变量的质量。需要做专门调查，收集包括环境影响在内的各方面功能效用的数据。

③ 函数的形式。每种效用隐含的价格可能取决于函数形式的选择。在内涵方程式中，一个线性关系暗含着每增加一个单位的环境影响，将使房价下降一个常数。而一个凸的（或凹的）函数关系，则说明房价随着环境效用降低而降低或提高而升高。

内涵资产定价法已经被广泛应用于住宅财产价格评估。有些研究表明，每增加一个单位的交通噪声（用 L_{eq} 度量），将使房价下降 0.14% ~1.26%。另一些研究则表明，每增加 1% 的悬浮颗粒（空气污染）将使房价下降 0.05% ~0.14%。

2. 适用范围与条件

内涵资产定价法适合评价下述环境变化：

（1）当地空气质量和水质变化；

（2）噪声，特别是飞机和交通噪声；

（3）舒适性环境资源的变化；

（4）工厂选址（如污水处理厂、发电厂等）、铁路、高速公路的选线规划；

（5）城市棚户区改善项目。

采用内涵资产定价法需要的条件：

（1）房地产市场比较活跃；

（2）人们认识到而且认为环境是财产价值的相关因素；

（3）买主比较清楚地了解当地的环境质量或者环境变化情况；

（4）房地产市场不存在扭曲，交易公平透明。

3. 存在的问题与局限性

（1）如果房地产市场不公开透明，难以得到可靠的信息数据。

（2）需要运用统计和计量经济方法收集和处理大量数据。

（3）环境变量可能难以度量。

（4）价值评估的结果依赖于函数形式和估算技术，因为环境因子等于回归的余数，函数的界定十分重要。

（5）财产的价格可能会反映人们对未来房地产市场的期望，包括可能的环境变化情况。

4. 总体评价

使用内涵资产定价法必须十分谨慎，因为它需要大量数据支持，要求专业的经济分析和统计技术。运用它的前提条件是房地产市场运行良好而且是透明的,资产所有者在市场中能够清晰地理解和评价环境因素的作用。内涵资产定价法的计算结果随函数形式的选择和估算程序的不同而变化明显。

已经完成的内涵资产定价研究提供了许多环境产品和服务的隐含价格。这些隐含价格是基于实际行为的,能大致反映消费者对环境产品和服务的支付意愿。但是这些结果对应用的统计假设很敏感。当环境改变较大时,这些隐含价格也可能不再代表消费者对这些价值的支付意愿。

在实际应用中,内涵资产定价法常常应用于研究大范围内的空气污染、飞机噪声和财产的舒适性价值等。这个方法不能估算非使用价值,因此不能代表总的环境价值。

（二）防护支出法与重置成本法

1. 基本概念

防护支出法(preventive expenditure approach)也称防务支出法(defensive expenditure approach)或防护行为法(preventive behavior approach),是根据人们为防止环境退化准备支出的费用多少推断人们对环境价值的估价,属于揭示偏好法。而重置成本法(replacement cost approach)则是估算环境被破坏后将其恢复原状所要支出的费用,属于直接市场评价法。由于二者之间的特定联系(如安装双层玻璃既可视为预防噪声,又可视为恢复宁静),在这里将二者结合起来介绍。

面对环境退化或可能发生的退化,人们会通过各种方式保护自己不受影响。例如,购买防护用品或服务。这些防护用品和服务可能是环境的替代品,也可能是防止环境退化的措施。反之,当环境质量改善时,防护费用支出就会降低。例如,为了防止公共供水系统的饮用水污染,安装水净化装置等。或者购买环境替代品,例如,购买瓶装水。采取防护措施或购买替代用品发生的费用,即为防护费用。对环境变化反应较强烈的人会迁出受污染的区域,这种迁移发生的费用可视为重置成本。修复受损的环境服务也是重置成本,例如,在砍伐迹地上植树。

2. 步骤与方法①

（1）识别环境损害,例如,水源地污染导致饮用水不安全。如果环境损害不止一个,防护行为也是针对多个损害。这种情况下,防护支出可能夸大环境损害的价值。即使不可能把某个防护行为针对的环境损害同其他损害完全分开,研究时仍然需要把环境损害划分为主要和次要,把针对主要环境损害的防护行为作为估算依据。

（2）界定受影响的人群。针对确定的环境损害,确定受威胁的人群范围,并区分出受威胁严重的人群和受影响相对较小的人群。防护行为法的取样范围应该在第一类人群中。如果使用受影响较小的人群的数据,会低估环境损害的价值。

确定评价目标人群时,应考虑环境损害的发生方式。例如,飞机噪声主要影响工作和居住在飞机场周边地区的人群。确定受空气污染损害的人群比较困难。空气污染迁移与季节、气象条件以及污染物排放模式相关。对受体人群的影响又与不同个人健康水平、最大污染物浓度出现的频率、有无特殊污染物以及污染物的平均浓度水平有关。空气污染对呼吸道疾病患者危害更大,这些人群通常会采取严格的防护措施,包括迁移和在污染严重时待在户内等。

3. 信息来源

（1）直接观察。可以通过直接观察获得为防护环境损害的支出,例如,为防止水土流失修

---

① 具体实例请参见参考文献8,9。

建梯田，为减少噪声安装双层玻璃窗。

（2）调查受损害的人群。例如，受空气污染损害的人群，受水污染影响的下游地区等，可以开展抽样调查。

（3）专家意见。对防护成本、重置成本的调查可以咨询专家意见。要求专家对特定的防护或重置成本做出专业判断。但是专家意见不是通过行为观察和调查获得，而是通过专业判断。专家意见可以作为信息补充，并且能够验证调查数据。

4．适用范围与条件

（1）防护支出法可以适用于以下方面：

① 空气污染、水污染、噪声污染；

② 土壤侵蚀、滑坡以及洪水风险；

③ 土壤肥力降低、土地退化；

④ 海洋和沿海海岸的污染和侵蚀。

（2）应用防护支出法应该满足以下条件：

① 人们能够了解和理解来自于环境的威胁；

② 人们能够采取措施保护自己免受环境危害影响；

③ 能够估算并支付这些保护措施的费用。

5．存在的问题与局限性

（1）在信息充分条件下，个人和社会的防护支出是必然发生的。但是，当出现新的环境损害或是损害水平提高时，原有的预测和支出就不适用了。

（2）当防护支出与减轻损害的费用之和少于损害费用时，消费者将获得消费者剩余，防护支出法通常忽视了这一消费者剩余。因此，防护支出法仅对环境效用给出了最低估值。

（3）购买环境替代品可能不等于环境损害程度。很多人会忍受一定的损害。也有人会提高购买水平。例如，如果认为当前投资对后代有价值，将会增加投资（例如，投资修建大于目前需要的水井等）。前者会导致防护费用低于环境损害的价值，后者支付的费用会高于环境损害的价值。

（4）防护行为有可能产生相关的次生效益。环境价值应当是防护支出与重置成本的实际发生额减去次生效益。例如，为防止滑坡植树种草，除了环境效益外，亦可产出水果、薪柴和饲料等。因此，如果不减去防护行为的次生效益将会过高估计环境价值。

（5）完全替代环境效用的物品是不存在的。有些能够部分替代环境效用的物品会产生其他非环境的功能。例如，安装双层玻璃不能完全消除飞机噪声，却改善了房间的保暖条件。因此，安装双层玻璃窗并不仅仅代表了安静的需求。购买瓶装水会涉及质量、品牌和味道等方面的偏好。用化肥替代土壤流失的营养元素并不能重建土壤结构、恢复土壤中的微量元素。砍伐树木修建道路后的植树不能恢复生物多样性和马上为野生生物提供栖息地。

重置成本法假设环境在受损之后有可能得到完全恢复。然而许多环境功能效用或者未被充分认识或不能完全恢复（例如，重新植树不能恢复原有的生物多样性）。从这方面看，重置成本法将对环境功能效用的价值估计不足。

（6）防护支出与重置成本都是基于处在特定受环境损害人群的反应。通常无法考虑那些因预见环境损害已经迁走的人群，包括对环境损害敏感的人群和对环境功能要求高的人群。例如，支气管疾病患者会迁出预期大气质量变差的城市；对噪声敏感的居民可能在有关方面采取措施控制飞机着陆噪声之前就已经迁走。由于受环境变化影响的人群迁移，只评价未迁移的暴露于环境损害的人群，得出的环境费用将偏低。

（7）使用防护支出法要求人们了解环境损害的程度，并能判断防护费用的数额。然而这些假设条件并不总能得到保证，特别是对于想象中的风险，或者随时间增长的风险，人们会过高或过低地估计想要得到的补偿。

（8）即使人们知道应该采取的防护措施以及由此支付的防护费用，由于市场不完善，防护措施会受到限制，处于环境风险中人群的支付能力会限制防护支出法与重置成本法的应用。修筑梯田可以控制水土流失，经济上也可以获得收益，但是如果农民贫穷，就无力承担修建梯田的费用，如果银行不能提供贷款，或者农民不拥有土地，都可能限制农民修筑梯田的行为。

6. 总体评价

防护支出法应用简单方便，可以通过观察行为、抽样调查、专家咨询、经验数据获得信息资料。但是防护支出法假定人们了解环境风险，并能够相应做出反应，以及没有条件约束。当人们直接受到环境危害，并且能够采取有效防护措施时，防护支出法是评估环境资源使用价值的有效方法。防护支出法不能评估存在价值。防护支出法可以用于揭示人们对空气质量、水质、噪声、土地退化、水土流失、洪水、海岸侵蚀的支付意愿。

（三）旅行费用法

1. 基本概念

旅行费用法（travel cost approach）用来评价没有市场价格的舒适性资源的价值，例如自然景观、国家公园。为了识别和发现消费者对舒适性资源的支付意愿，旅行费用法隐含的原则是，尽管舒适性资源不需要支付门票，但是消费者为了消费这类环境资源的服务，需要支出交通费用和花费时间，消费者为此做出的支付可以看作是购买这些环境服务。支付意愿等于消费者的实际支付与消费者剩余之和。如果可以获得消费者的实际支付，估算出消费者的消费者剩余，就可以确定消费者的支付意愿。

消费者对这些环境服务的支付是有限的，受旅行费用的约束。旅行费用法假设所有消费者消费该环境服务获得的总效益是相等的，等于边际消费者（距离评价地点最远的消费者）的旅行费用。离评价地点最远的消费者，消费者剩余最小；离评价地点最近的消费者，消费者剩余最大。旅行费用法评价的是具体的环境资源的价值而不是娱乐的收益。

2. 步骤与方法

（1）定义和划分消费者的出发地。以评价地为圆心，把四周地区按距离远近分成若干个区域。距离增加意味着旅行费用增加。

（2）在评价地对消费者进行抽样调查。例如，在评价地入口处，询问消费者的出发地点，收集相关信息，以便确定消费者的出发地区、旅游率、旅行费用和社会经济特征。

（3）计算每一区域内到评价地旅行的人次（旅游率）。

（4）求出旅行费用对旅游率的影响。根据对消费者调查的样本资料，用分析出的数据，对不同区域的旅游率和旅行费用以及各种社会经济变量回归，求得第一阶段的需求曲线即旅行费用对旅游率的影响。

$$Q_i = f(C_{Ti}, X_1, X_2, \cdots, X_n) \tag{8-11}$$

$$Q_i = \alpha_0 + \alpha_1 C_{Ti} + \alpha_2 X_i \tag{8-12}$$

式中：Q_i——旅游率，$Q_i = V_i / P_i$；

V_i——根据抽样调查的结果推算出的 i 区域中到评价地的总旅游人数；

P_i——i 区域的人口总数；

C_{Ti}——从 i 区域到评价地点的旅行费用；

X_i——包括 i 区域旅游者的收入、受教育水平和其他有关的一系列社会经济变量，$X_i=(X_1,\cdots,X_n)$。

通过回归方程(8-11)和(8-12)确定的是一个“全经验”需求曲线，它是基于旅游率而不是实际消费者数目。利用这条需求曲线来估计不同区域中的消费者的实际数量，以及这个数量将如何随着门票费(或称入场费)的增加而变化，获得一条实际的需求曲线。

(5) 确定对评价地的实际需求曲线。根据第一步的信息，对每一个出发地第一阶段的需求函数校正，可求出每个区域旅游率与旅行费用的关系：

$$C_{Ti}=\beta_{0i}+\beta_{1i}V_i \tag{8-13}$$

$$\beta_{0i}=-\frac{\alpha+\alpha_2X_i}{\alpha_1},\quad \beta_{1i}=\frac{1}{\alpha_1P_i},\quad i=1,2,\cdots,k$$

与式(8-12)不同，式(8-13)共有 k 个等式，每个等式中的 β 值都不同。每个区域都有一个等式。

(6) 计算每个区域的消费者剩余。假设评价地的门票费为 0，则消费者的实际支付就是旅行费用。通过不断提高门票价格观察旅游人数的变化，可以求得来自不同区域的消费者的消费者剩余。首先，根据(8-13)式，计算出当门票费为 0 时，不同区域内的总旅游人数，即对评价地的最大需求量，图 8-4 中的 A 点。然后，逐步增加门票的价格(门票价格增加相当于边际旅行费用的变化)，确定边际旅行费用增加对不同区域内旅游人数(旅游率)的影响，把每个区域内的旅游人数相加，就可以确定出相对于每一个单位旅行费用的变化对每年总旅游人数的影响。例如，门票费增加 1 元，可以得到图 8-4 中的 B 点，逐步提高门票价格，逐个进行这样的计算，就可以获得图 8-4 中的整个需求曲线 AM。因而，假设原始的门票价格为 0，则图 8-4 中需求曲线下面的面积就是用户所享受的总的消费者剩余。如果用数学方法来计算，就是根据实际的 C_{Ti} 值，预测该地区总旅游人数 V_i，然后把第二阶段需求函数从 0 到 V_i 积分，就可以获得不同区域的旅游者的消费者剩余。

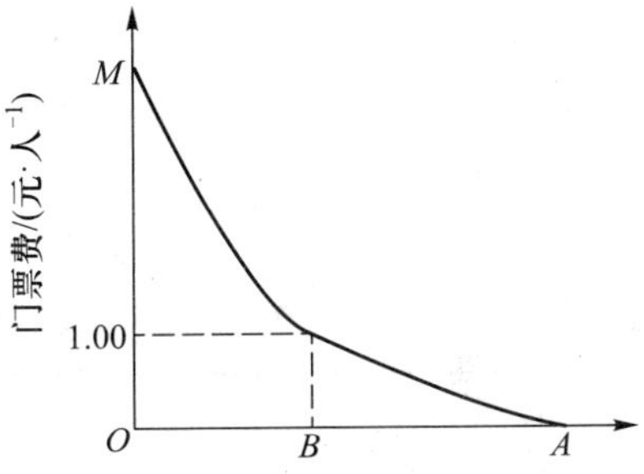

图 8-4　评价地点旅游的需求曲线

(7) 将每个区域的旅行费用及消费者剩余加总。得出总的支付意愿，即是评价地的价值。

3. 适用范围与条件

(1) 旅行费用法适用于评价舒适性资源：

① 休闲娱乐风景区；

② 自然保护区、国家公园、森林公园、湿地公园等；

③ 湖泊、森林、湿地、海滨等自然景观。

(2) 旅行费用法要求满足以下条件：

① 这些地点是可以到达的，至少在一定的时间范围内可以到达；

② 评价地没有门票及其他收费，或者收费很低；

③ 到达这样的地点需要花费比较多时间和一些费用。

4. 需要注意的问题

（1）旅行的多目的性。如果评价地是旅行行程的一部分，不应将全部旅行费用都计算到评价地。要把属于评价地的旅行费用分离出来。

（2）取样偏差。调查样本规模应足够大，调查时间应足够长。调查样本如果只包括到评价地旅行的人，不包括评价区的居民，可能产生信息偏差。

（3）非使用者和非当地效益。旅行费用法可获得某个评价地的直接使用者的效益，不包括评价地的非使用价值，以及评价地提供的商品和服务（如木材、娱乐、土特产品等）价值，也没有包括存在价值和选择价值。因此，旅行费用法会低估环境资源的总价值。如果可能，应该把旅行费用法与其他的评价技术结合起来使用。

5. 总体评价

旅行费用法主要用于估计舒适性资源的价值。旅行费用法需要收集大量数据，选择估算程序。旅行费用法忽略评价地的当地效益、非使用价值、存在价值，会导致所估价值过低。

旅行费用法可用于制定某些政策。例如，制定国家公园门票价格；制定舒适性资源和开发性资源的选择性开发决策。

6. 举例

下面说明利用旅行费用法对一个评价地（假设是一个自然保护区）的价值评估。

（1）确定旅行人次与旅行费用的关系。

① 对到保护区的旅行者调查。

② 把出发地到评价地按距离划分为 4 个旅行费用不断增加的区域，再确定每个区域的人口总数。所获得的有关信息见表 8-2。

表 8-2 某自然保护区的旅游人数与旅行费用的有关信息

区域	人口/人	平均旅行费用/元	总旅游人数/人	旅游率/人·(1 000 人)$^{-1}$
第 1 区域	1 000	1	400	400
第 2 区域	2 000	3	400	200
第 3 区域	4 000	4	400	100
远于第 3 区域			0	
总计			1 200	

如果该保护区不收门票费，在一个时间范围内（例如，1 年），每个地区的旅行人次是旅行费用和社会经济变量的函数。旅行费用包括交通费用、住宿费用和比不旅行时多消耗的食品费用。

设每单位人群的旅行人次为 V（在本例中为每千人的旅行人数，即 $V/1\,000$）。对每次旅行的平均费用 C 作图，或者用统计方法确定每千人的旅游人次与旅行费用之间的关系。本例假设这个关系为一条直线，并由下式给出：

$$V/1\,000=500-100C$$

这条曲线就称为“全经验曲线”。它表明旅游者到达保护区的实际支付部分。

（2）确定消费者剩余。通过逐步增加门票费，确定消费者剩余。

① 当保护区门票价格为 0 元时，1 年中来此游览的总人数为 1 200 人，得到图 8-5 中需求曲线的 A 点。

② 设门票价格为 1 元，把门票费加到旅行费用上，于是，来自第 1 区域的旅游者，每次旅游

的费用就变成2元(旅行费用1元加上门票费1元)。根据上面的函数关系式,可以对每一个区域计算新的旅游率。如表8-3所示,现在的旅游人数下降到500人。

表8-3　门票价格为1元时,旅游人数与旅行费用的有关信息

区域	人口/人	旅行费用/元	总旅游人数/人	旅游率/人·(1 000人)$^{-1}$
第1区域	1 000	2	300	300
第2区域	2 000	4	200	100
第3区域	4 000	5	0	0
远于第3区域			0	
总计			500	

③ 分别设门票价格为2、3、4元,利用旅游率与旅行费用之间的关系计算出总旅游人数,见表8-4。

表8-4　门票价格改变时,总旅游人数的变化

因门票价格增加的费用/元	0	1	2	3	4
总旅游人数/人	1 200	500	200	100	0

④ 根据表8-4绘制图8-5所示的需求曲线,并计算出总消费者剩余(需求曲线以下的面积),则:

(1 200-500)/2×1元=350元

(500-200)/2×1元=150元

(500-200)×1元=300元

(200-100)/2×1元=50元

(200-100)×2元=200元

(100-0)/2×1元=50元

(100-0)×3元=300元

总计:1 400元

或:1 400/1 200=1.167元/每次浏览

把消费者剩余与旅行费用相加,就可以得到旅游者的支付意愿总和,此即通过旅行费用法计算的该保护区的价值。

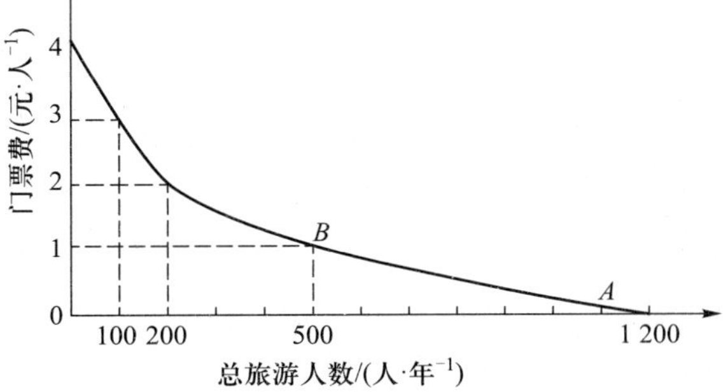

图8-5　保护区的经验需求曲线

第四节　陈述偏好法

一、基本概念

意愿调查价值评估法(contingent valuation method,简称 CVM)是典型的陈述偏好法。意愿调查评估法通过调查,推导出人们对环境资源假想变化的评价。当缺乏真实的市场数据,也无法通过间接观察市场行为赋予环境资源价值时,需要建立一个假想的市场。意愿调查评估法通过直接向有关人群样本提问来发现人们是如何给一定的环境变化定价的。由于这些环境变化及其反映它们价值的市场都是假设的,故其又被称为假想评价法(hypothetical valuation method)。

在意愿调查价值评估法中有两个广泛应用的概念,对环境改善的支付意愿和对环境损害的接受赔偿意愿。意愿调查价值评估通常将一些家庭或个人做为样本,询问他们对于一项环境改善措施或一项防止环境恶化措施的支付意愿,或者要求住户或个人给出一个接受赔偿忍受环境损害的意愿。与直接市场评价法和揭示偏好法不同,意愿调查法不是基于可观察到的或间接的市场行为,而是基于调查对象的回答。在假设的情况下他们将采取什么行为。调查过程一般通过问卷或面对面询问的方式进行。直接询问调查对象的支付意愿或接受赔偿意愿是意愿调查法的特点。为了得到准确的答案,意愿调查应建立在两个条件之上:即环境效益具有“可支付性”特征和“投标竞争”特征。

意愿调查评估法已经成为评价环境资源的选择价值和存在价值的主要方法。

二、价值评估技术

意愿调查价值评估法采用的评估方法可以分为三类:① 直接询问调查对象的对环境资源的支付或接受赔偿意愿;② 询问调查对象对环境资源物品或服务的需求量,从询问结果推断出支付意愿或接受赔偿意愿;③ 通过对有关专家调查来评定环境资源的价值。表 8-5 是几种常用的意愿调查价值评估法。

表 8-5　意愿调查价值评估法的分类

评估法种类	具体方法
直接询问支付意愿	投标博弈法 比较博弈法
询问需求数量	无费用选择法 优先评价法
征询专家意见	专家调查法(Delphi 法)

下面主要介绍投标博弈法、比较博弈法和无费用选择法。

(一) 投标博弈法

投标博弈法(bidding game approach)要求调查对象根据假设的情况,说出对不同水平的环境物品或服务的支付意愿或接受赔偿意愿。投标博弈法被广泛应用于对公共物品的价值评估。

投标博弈方法又可分为单次投标博弈和收敛投标博弈。

在单次投标博弈中，调查者首先要向被调查者解释要估价的环境物品或服务的特征及其变动的影响（例如，湖水污染可能产生的影响），以及保护这些环境物品或服务（或者说解决环境问题）的具体办法，然后询问被调查者，为了保护水体不受污染他最多愿意支付多少钱（即最大的支付意愿），或者反过来询问被调查者，他最少需要多少钱才愿意接受水体被污染的事实（即最小接受赔偿意愿）。

在收敛投标中，被调查者不必自行说出确定的支付意愿或接受赔偿意愿的数额，而是被问及是否愿意对某一物品或服务支付给定的金额，根据被调查者的回答，不断改变这一数额，直至得到最大支付意愿或最小接受赔偿意愿。例如，要询问被调查者，如果森林将被砍伐，他是否愿意支付一定数额的货币用于保护该森林（如 10 元），如果被调查者的回答是肯定的，就再提高金额（如 11 元），直到被调查者作出否定的回答为止（如 20 元）。然后调查者再降低金额，以便找出被调查者愿意付出的精确数额。同样，可以询问被调查者是否愿意在接受一定数额的赔偿情况下，接受森林被砍伐或水体被污染的事实，如果回答是肯定的，就继续降低该金额直到被调查者作出否定的回答为止。然后，再提高该金额，找出被调查者愿意接受的精确的赔偿数额。

通过上述调查得来的信息被用于建立总的支付意愿函数或接受赔偿意愿函数。

（二）比较博弈法

比较博弈法（trade-off game approach）又称权衡博弈法，它要求被调查者在不同的物品与相应数量的货币之间进行选择。在环境资源的价值评估中，通常给出一定数额的货币和一定水平的环境商品或服务的不同组合。该组合中的货币值，实际上代表了一定量的环境物品或服务的价格。给定被调查者一组环境物品或服务以及相应价格的初始值，然后询问被调查者愿意选择哪一项。被调查者要对二者做出取舍。根据被调查者的反应，不断提高（或降低）价格水平，直至被调查者认为选择二者中的任意一个为止。此时，被调查者所选择的价格就表示他对给定量的环境物品或服务的支付意愿。此后，再给出另一组组合，比如环境质量提高了，价格也提高了，然后重复上述的步骤。经过几轮询问，根据被调查者对不同环境质量水平的选择情况，就可以估算出他对边际环境质量变化的支付意愿。

下面举例说明该方法的应用。假设某一小区要扩建公园，调查小区居民对公园扩建计划的支付意愿。从对小区居民的调查中需要获得的信息是居民对公园面积边际增量的支付意愿。假设公园的现有面积为 1 km^2，小区居民总数为 20 000 人。

第一步，选定被调查者。被调查者必须具有代表性。为了简化起见，假设选择了 6 个具有代表性的人。

第二步，详细介绍要评价的环境物品或服务的属性，这里要介绍公园的属性。

第三步，向被调查者提供两套选择方案：① 公园仍然保持 1 km^2 的面积，因而居民也不需要付钱；② 扩大公园面积，同时支付若干数额的货币。

表 8-6　利用比较博弈法估算小区居民对公园扩建的支付意愿

	支出方案 Ⅰ	支出方案 Ⅱ
支付金额/元	0	10
公园面积/km^2	1	2

在表 8-6 的支出方案Ⅱ中任意给出一个支付金额(比如说 10 元),询问被调查者愿意选择哪一种支出方案(方案Ⅰ还是方案Ⅱ);如果被调查者选择了支出方案Ⅱ,那么就逐步提高捐赠水平(比如说 11 元),如果选择了支出方案Ⅰ,那么就逐渐降低捐赠水平(比如 9 元)。反复询问被调查者直到他认为两种支出方案没有差异为止。假设在捐赠水平为 15 元时,被调查者对支出方案Ⅰ和Ⅱ的选择无差异(即认为选择Ⅰ也行,Ⅱ也可以),就可以把它解释为被调查者对公园面积扩大 1 km^2 的支付意愿为 15 元。

表 8-7 为被调查者对扩大公园面积的不同方案的支付意愿。在表 8-7 中保持表 8-6 中的支出方案Ⅰ不变,只改变支出方案Ⅱ中公园面积和相应的支付金额。

假设对 6 个被调查者都重复进行上述过程,并获得了相应的信息,其结果见表 8-7。

表 8-7　被调查者对扩大公园面积不同方案的支付意愿

公园面积/km^2	被调查者的支付意愿/元							支付意愿/万元	扩建成本/万元	净效益/万元
	被调查者 1	被调查者 2	被调查者 3	被调查者 4	被调查者 5	被调查者 6	平均			
1	0	0	0	0	0	0	0	0	0	0
2	15	18	11	8	22	13	14.5	29.0	2.0	27.0
3	22	27	15	12	33	20	21.5	43.0	4.0	39.0
4	26	32	18	15	40	26	26.2	52.4	6.0	46.4
5	29	36	20	17	45	31	29.7	59.4	8.0	51.4
6	31	39	21	18	48	34	31.8	63.6	10.0	53.6
7	32	40	21	18	50	35	32.7	65.4	12.0	53.4

第四步,选择净效益最大的扩建方案。假设被调查者的支付意愿的平均值可以代表该小区每个居民的支付意愿。则该小区居民对公园扩建的不同方案的总支付意愿为某一方案的平均支付意愿乘以 20 000 人。同时假设公园扩建的成本随着公园面积的增加而线性增加(每平方公里的扩建费用为 20 000 元),则把每一个方案的支付意愿总值减去相应的扩建成本,就可以获得每一个扩建方案的净效益。将计算结果列于表 8-7 中。由表 8-7 可见当公园面积为 6 km^2 时,或者说再扩建 5 km^2 时,其净效益最大,为 536 000 元。

(三)无费用选择法

无费用选择法(costless choice approach)通过询问个人在不同的物品或服务之间的选择来估算环境物品或服务的价值。该法模拟市场上购买商品或服务的选择方式,给被调查者两个或多个方案,每一个方案都不用被调查者付钱,从这个意义上说,对被调查者而言,是无费用的。

在含有两个方案的调查中,需要被调查者在接受一笔赠款(或被调查者熟悉的商品)和一定数量的环境物品或服务之间做出选择。如果某个人选择了环境物品,那么该环境物品的价值至少等于被放弃的那笔赠款(或商品)的价值,可以把放弃的赠款(或商品)作为该环境物品的最低估价。如果改变赠款(或商品),而环境物品不变,这个方法就变成一种投标博弈法。但是,其主要区别在于在无费用选择法中被调查者不必做出支付。如果被调查者选择了接受赠款(或商品),则表明被评价的环境物品或服务的价值低于设定的接受赠款额。

下面举例说明这一方法的应用。

假设一个湖被严重污染,已经影响了湖边居民的生活。要对湖边的居民随机抽样调查,并通过无费用选择法进行试验。这里介绍的是两方案的无费用选择法。

被调查者共 100 人,分成 5 组,每组 20 人。首先向第一组被调查者详细介绍湖水污染的影响,然后提出两个方案供被调查者选择。方案Ⅰ:每年赠给被调查者一笔资金。方案Ⅱ:入湖水污染物减排 70%。每人只有一次选择赠款的机会。如果选择减排 70% 的污染物,就意味着减排 70% 污染的价值至少等于被放弃的赠款金额。如此依次同样询问每一组被调查者,但陆续提高赠款金额。调查结果列于表 8-8 中。

表 8-8　减少湖水污染的无费用选择法调查结果

组别/调查人数	选择不同方案的人数	
	减排 70% 入湖水污染物	接受赠款(赠款金额)
1 组/20	20	0(10 元)
2 组/20	14	6(20 元)
3 组/20	10	10(30 元)
4 组/20	4	16(40 元)
5 组/20	0	20(50 元)

表 8-8 表明,当赠款金额为 10 元时,第一组的 20 个人都选择了减排 70% 水污染物的方案,说明被调查者认为减排 70% 污染物的最低价值为 10 元(或者说最低的支付意愿)。当赠款金额提高到 50 元时,第五组的所有 20 个人全部选择了接受赠款,表明被调查者认为减排 70% 的水污染物的最高价值(或者说最高的支付意愿)小于 50 元。该实验可以测定出被调查者对减少污染的最低和最高支付意愿。

三、需要注意的问题

在设计意愿调查方案时,需要注意三个统计方面的问题。

第一,样本数目。一般要求样本数要足够多,能反映出被调查区域的人群的情况。实际数目是由所预期的反应多样性程度、希望的准确性等级及估计不回答的比率来决定的。通常情况下,要在正式调查之前开展预调查,以便确定样本数量和调查问题的设计。

第二,对偏差较大调查结果的处理。通常情况下要把那些特别极端的结果从有效问卷中剔除,因为这些结果可能是不真实的或是对问题的错误回答。可以用 5% ~10% 的中心剔除点等方法去除那些极端的回答,或者用回归技术评估出一个出价曲线。

第三,与汇总有关的问题。把估计出的平均支付意愿(或接受赔偿意愿)乘以相关的人数,即可得出总支付意愿(或接受赔偿意愿)。然而,如果作为样本的人群不能代表总人群的情况,就要建立对支付意愿(或接受赔偿意愿)的出价与一系列独立变量(诸如收入、教育程度等)之间的关系式,用以估算总人口的支付意愿值。

四、意愿调查价值评估法的局限性

意愿调查法的局限体现在以下几个方面。

(一) 各种偏差的存在

1. 信息偏差

如果调查者向被调查者提供的信息过少或错误时,就会产生信息偏差(information bias)。

例如,在调查人们对提高空气质量的支付意愿时,没有告知被调查者空气中的有害物质,当补充这些信息时,被调查者增加了他们的支付意愿数额。

2. 支付方式偏差

支付方式偏差(instrument bias)是指支付方式不同影响被调查者的支付意愿,从而产生偏差。例如,为保护环境,很多人愿意捐款给非营利的环境保护基金,而不是支付更高的门票费。因此,调查中采用不同的支付手段(例如,税收、门票、使用费等),可能会得到不同的支付意愿。

3. 起点偏差

起点偏差(starting point bias)是由于调查者在设计问卷和问题时,所建议的支付意愿和接受赔偿意愿的出价起点高低引起的回答范围的偏离。例如,在收敛投标中,调查者给出的初始价值的高低,会直接影响被调查者的回答。

4. 假想偏差

假想偏差(hypothetical bias)是在意愿调查中,被调查者对假想市场问题的反应(回答)与对真实问题的反应并不一样。有人已经发现,当要求被调查者评价一个不熟悉的和不在市场上交换的产品的价值时,不准确程度明显上升。

在意愿调查法中,无论被调查者是否愿意,都必须接受这样一个基本前提:被调查者可能被要求支付一定数额的金钱来改善环境质量或防止环境恶化。即便在发达的市场经济中,人们有时也不情愿接受这样一个基本前提。例如,如果人们享受免费公共医疗服务,就不愿意为健康服务付钱。

5. 部分-整体偏差

部分-整体偏差是在被调查者没有区别一个特定环境的价值(如一个鸟类保护区)和它作为整体环境(所有鸟类保护区)一部分的价值时产生的偏差。例如,卡尼曼(Daniel Kahnemant)和尼奇(Jack L. Knetsch)(1992)的研究发现,人们对安大略州小湖(约占总数的1%)的平均支付意愿与对这个州所有湖泊的平均支付意愿几乎没有明显的差别。

6. 策略性偏差

当被调查者对支付意愿或接受赔偿意愿说谎时便产生了策略性偏差(strategic bias)。被调查者也许认为通过他们的答案(或在答案中适当包含一定的误差),就可以影响实际的决策进程,所以可能会故意提供错误的答案。

有研究认为可以通过仔细设计控制策略性偏差。米歇尔(Robert Cameron Mitchell)和卡森(Richard T. Carson)建议,可以通过去除那些撒谎的人、不暴露其他人的出价、强调其他人的支付是可以保证的以及环境变化取决于每个人的出价等方法来减小策略性偏差。

(二)支付意愿与接受赔偿意愿的不一致性

在支付意愿和接受赔偿意愿之间存在着极大的不对称性。意愿调查价值评估法研究表明:支付意愿比接受赔偿意愿的数量低几倍(通常为1/3)。从原理上讲,支付意愿适于估价效益,而接受赔偿意愿同费用分摊有关。这可能是由于同对获得尚未拥有的某物的评价相比,人们对已有之物的损失会有更高的估价。也就是说,即便在意愿调查价值评估法的假设条件下,也不存在为人们所接受的唯一的环境质量定价方法,价值评估是否准确取决于是把环境变化作为收益还是作为损失。

(三)抽样结果的汇总

在评价选择价值或存在价值这类非使用价值时,利用抽样结果评价环境价值的技术非常复杂。例如,在评价美国的大峡谷(Grand Canyon)的价值时,采集的样本是现在的使用者(旅游者),人群范围界定为全美国的居民。实际上,可能还会有加拿大和其他国家的国际旅游者存在。正确定义人群范围,包括非使用者、未出生者或未来使用者,对于总价值水平及其可信程度至关重要,但这是一个很难解决的问题。

如果是针对互不相关的问题调查样本人群的支付意愿,需要解决不同类型的支付意愿加总的问题。由于不要求实际现金支出,所以人们对特定环境的出价也可能不会受其收入的约束。现实状况是:当某种资源可以有不同用途而且稀缺时,人们的实际预算和支出将受到收入的约束。可以通过合理的设计并结合预算约束的调查来解决这一问题。否则,意愿调查评估研究将失去可信性,对国际性环境资产存在价值的支付意愿评估尤其如此。

五、意愿调查价值评估法的准确性

研究者如何知道他是否获得了准确的答案或信息呢?人们通常通过比较意愿调查法的结果以及根据其他价值评估技术得到的结果(特别是内涵财产价格法和旅行费用法)来验证意愿调查法的准确性。当然,这种检验的前提是对比研究的结果具有可信性。皮尔斯(D. W. Pearce)和马坎迪亚(A. Markandya)对8项研究的结果进行了评价,结论是所有意愿调查的结果都在对比研究估计值增加或减少60%的范围内。他们认为这是价值评估的正常变化范围。世界银行的报告也认为这些研究结果具有"合理的可信度"。

如上所述,在调查接受赔偿意愿时,接受赔偿意愿的价值经常比支付意愿调查的结果高出几倍。威利奇(Robert D. Willig)认为,接受赔偿意愿价值与支付意愿价值的偏差应为±5%,除非所需求商品的支付意愿数额占收入的百分比较高。他认为是策略性偏差导致较高的接受赔偿意愿。

哈内曼(W. Michael Hanemann)的研究认为,当被评价的物品或服务具有唯一性特征或可替代程度很低,或者当支付意愿与收入的比值较高时,接受赔偿意愿与支付意愿的比值可以超过5。但他也强调,当支付意愿与收入的比值较低,并且物品或服务的替代弹性不是很低时,支付意愿或接受赔偿意愿的比值应接近1。

六、意愿调查价值评估法的适用范围与条件

(一)意愿调查价值评估法的适用范围

意愿调查价值评估法适于评价下述物品或服务:

(1)空气和水质量;

(2)休闲娱乐(包括钓鱼、狩猎、公园、野生生物);

(3)无价格的自然资产的保护,如森林和原始区域;

(4)生物多样性的选择价值和存在价值;

(5)生命和健康影响或风险;

(6)交通条件改善;

(7)供水、卫生设施和污水处理。

(二)采用意愿调查价值评估法需具备的条件

当具备以下条件时,可以采用意愿调查价值评估法:

(1)环境变化对市场产出没有直接的影响;

(2) 难以直接通过市场获取人们对环境物品或服务的偏好信息；

(3) 样本人群具有代表性，对所调查的问题感兴趣并且有相当程度的了解；

(4) 有充足的资金、人力和时间支持研究。

第五节 评价方法的选择

环境变化的影响可以分为四类：对生产力的影响、对人群健康的影响、对舒适性资源的影响和对存在价值的影响。评估不同环境影响的价值，需要采用不同的方法。

评估环境变化对生产力的影响，首选直接市场评价法。如果环境影响会引致防护性措施，也可以采用防护支出法、机会成本法以及重置成本法。

评价环境变化对健康影响(包括安全)，可以使用人力资本法和疾病费用法，由于是基于收入减少和直接医疗费用估算，所得的数值是环境质量变化价值的最低值。防护行为(如患者迁移以避免空气污染)和防护支出(如采取水处理装置防止污染对健康的影响)也可以用来评估健康影响。对健康影响的研究也可以采用意愿调查价值评估法，度量人们对避免或减少伤害(或者风险)以及经济损失的支付意愿，识别人们对生命价值的评价。

评价舒适性资源采用旅行费用法和财产内涵价格法，分别基于旅行费用以及因环境变化造成的财产价值差异评估。意愿调查价值评估法也可以用于评估人们对舒适性资源的偏好。

意愿调查价值评估法是唯一的能够揭示环境资源存在价值的方法。

环境价值评价方法的选用可参见表 8-9。

表 8-9 环境影响及其价值评估技术选择

环境影响	评价技术选择
生产力	直接市场价值评估法 防护支出法 重置成本法 机会成本法
健康影响	人力资本法 疾病费用法 防护支出法 意愿调查价值评估法
舒适性资源	旅行费用法 内涵资产价值法 意愿调查价值评估法
存在价值	意愿调查价值评估法

要点总结

本章介绍了环境经济评价的主要方法：① 直接市场评价法，包括剂量-反应法、损害函数法、生产率变动法、生产函数法、人力资本法、机会成本法、重置成本法。② 揭示偏好法，包括内涵资产定价法、旅行费用法、防护支出法。③ 陈述偏好法，就是意愿调查价值评估法。介绍了各种方法的基本原理和操作步骤。环境变化可能对生产力、健康、舒适性和存在价值产生影响，不同的环境影响适用不同的评价方法。

当环境变化对生产力产生影响时，可以使用直接市场评价法，如果这些影响会引致采用防护性措施，也可以采用防护支出法、机会成本法以及重置成本法。

对健康影响(包括安全)，由于人力资本法和疾病费用法是基于收入减少以及直接医疗费用估算，所得的数值是环境变化价值的最低限值。防护行为和防护支出也可以用来评估健康影响。健康影响的研究也可以采用意愿调查价值评估法，它度量人们对避免或者减小伤害(或者风险)以及经济损失的支付意愿。

对于舒适性的影响，旅行费用法和财产内涵价格法分别基于到达某地的旅行费用以及因环境原因造成的财产价值的差别来评估。意愿调查价值评估法也可以用于评估人们对舒适性的偏好。意愿调查价值评估法是唯一的能够揭示环境资源存在价值的方法，因为其他方法考虑的都是使用者的各种直接和间接成本与效益。

在选择评估方法时，还应考虑环境影响的相对重要性，信息的可得性及研究经费和时间。如果时间宽裕、资金充足，可以采用一些复杂的评估方法。

思考题

1. 应该赋予环境经济价值吗？为什么要评估环境的经济价值？
2. 简要评价直接市场评价法并分析在中国的适用性。
3. 揭示偏好价值评估法的主要方法有哪些？简述它们的适用范围和条件。
4. 意愿调查价值评估法的研究发现，受访者的接受赔偿意愿通常高于其支付意愿。经济学理论认为支付意愿与接受赔偿意愿应该是一致的，但是为什么受访者的反应会如此不同？
5. 请结合事例简述环境经济评价方法选择的依据。

参考文献

1. 哈弗斯密特. 环境、自然系统和发展：经济评价指南[M]. 过孝民，译. 北京：烃加工出版社，1988.
2. 皮尔斯，沃福德. 世界无末日[M]. 张世秋，译. 北京：中国财经出版社，1996.
3. 张帆. 环境与自然资源经济学[M]. 上海：上海人民出版社，1998.
4. Barbier E B, Adams W M, Kimmage K. Economic Valuation of Wetland Benefits: The Hadejia-Jama'sare Floodplain, Nigeria[M]. LEEC Discussion Paper, 1991, 42.
5. Braden J B, Kolstad C D. Measuring the Demand for Environmental Quality[M]. New York: Elsevier, 1991.
6. Cropper M L, Wallace E O. Environmental Economics: A Survey[J]. Journal of Economic Literature. 1992, 30(2): 675-740.
7. Desvousges W H, Kerry S V. Option Price Estimates for Water Quality Improvements: A Contingent Valuation Study for the Monongahela River[J]. Journal of Environmental Economics and Manage-

ment,1987,14:248-267.

8. Hufschmidt D. Economic Valuation Techniques for the Environment:A Case Study Workbook[M]. Baltimore. Johns Hopkins University Press,1988.
9. Freeman A M. The Measurement of Environmental and Resources Value:Theory and Methods. [M] Washington,DC:Resources for the Future,1993.
10. Hanemann W M. Willingness to Pay and Willingness to Accept: How Much Can They Differ? [J]. American Economic Review,1991,81(3):635-647.
11. Harrington W,Krupnick A J,WOS Jr. The Economic Losses of Waterborne Disease Outbreak[J]. Journal of Urban Economics,1989,25:116-137.
12. Kahnemant D,Knetsch J L. Contingent Valuation and the Value of Public Goods:Reply[J]. Journal of Environmental Economics and Management,1992,22(1):90-94.
13. Markandya A. The Economic Appraisal of Projects:The Environmental Dimension. [M] Washington,DC:Inter-American Development Bank,1991.
14. Mendelsohn R. Modeling the Demand for Outdoor Recreation. Water Resources Research,1987,23(5):961-967.
15. Mitchell C R. Using Surveys to Value Public Goods:The Contingent Valuation Method[M]. Washington,DC:Resources for the Future,1989.
16. Munasinghe,Mohan P C. Managing Water Resources to Avoid Environmental Degradation. Washington DC:World Bank,1990.
17. Munasinghe, Mohan P C. Electric Power Economics[M]. London:Butterworths Press,1990.
18. Pearce D W, Markandya A. The Benefits of Environmental Policy: Monetary Valuation. Paris: OECD,1989.
19. Rowe D R,Ralph C D,Brookshire D S. An Experiment on the Economic Value of Visibility. Journal of Environmental Economics and Management,1980,7(1):1-19.
20. Seip K,Strand J. Willingness to Pay for Environmental Goods in Norway:A Contingent Valuation Study with Real Payment[J]. Environmental & Resource Economics,1992,2(1):91-106.
21. Willig R D. Consumer's Surplus without Apology:Reply[J]. American Economic Review,1976,69(3):471-474.
22. World Bank. World Development Report 1991. New York:Oxford University,1991.

第九章

环境影响经济评价

对环境影响进行经济评价，是建设项目经济分析和可行性决策的重要依据。本章介绍环境影响经济评价的方法和程序，为环境影响的经济评价提供方法论和实施指南，包括建立影响因子名录，筛选和分析影响，将影响量化，将影响货币化，估算因素分析，把评估结果纳入项目经济分析。环境影响经济评价的步骤如图 9-1 所示。

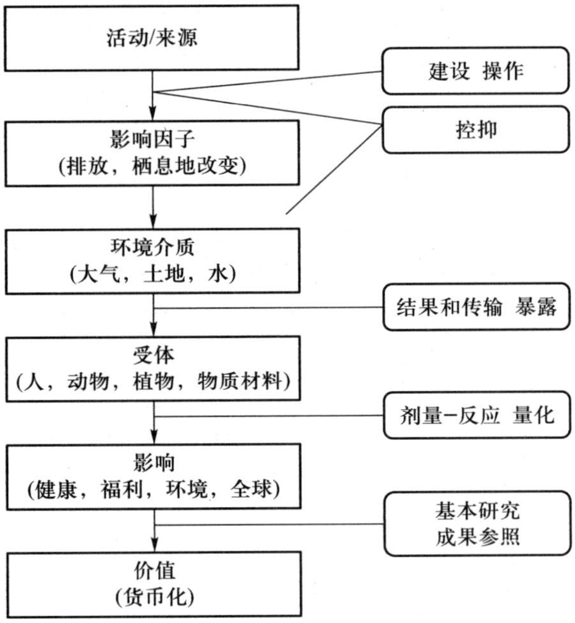

图 9-1　环境影响经济评价的步骤

在进行项目环境影响经济评价时，除了这些主要的步骤外，还要做一些准备工作，要收集与项目有关的资料，包括项目区资料，项目资料，项目环境影响预评估或项目环境影响评价资料等，然后按照所介绍的步骤进行环境影响经济评价，并把结果纳入项目经济分析，为项目可行性决策提供依据。

第一节　建立影响因子名录

本节是环境影响经济评价的第一步。目标是系统地确定和建设项目所有实际的和潜在的环境影响因子,建立影响因子名录。

影响因子是指由于人类活动改变环境介质(即空气、水体或土壤),而使人体健康、人类福利、环境资源或全球系统发生变化的物理、化学或生物的因素。

某个项目能够增加或降低影响因子的水平,其结果可能是好的,也可能是坏的。项目可能出现在任何部门,影响因子所产生的影响可能发生在项目的建设、运行或终止等全过程。

相同的项目,其影响因子相同;不同的项目,也可能有相同的影响因子。表 9-1 至表 9-4 是电力与能源、工业、农业、水处理与环境卫生部门的影响因子确定表。在此基础上增删影响因子,确定待评项目的影响因子。

专栏 9-1　水环境影响评价因子的筛选方法

影响水质量的环境影响因子是从所调查的水质参数中选取的,水质参数主要包括两类:一类是常规水质参数,反映水域水质一般状况;另一类是特征水质参数,一定项目条件下的排水水质。在有些情况下,还需调查一些补充项目。

(1) 常规水质的环境影响因子。以 GB 3838—2002 中所列的 pH、溶解氧、高锰酸盐指数、化学耗氧量、五日生化需氧量、总氮或氨氮、酚、氰化物、砷、汞、铬(六价)、总磷及水温为基础,根据情况适当增减。

(2) 特殊水质的环境影响因子。根据特定建设项目特点、水域类别及评价等级以及项目所属行业的特征水质参数表进行选择,具体情况可以适当删减。

(3) 其他方面的环境影响因子。有些水域受到多方面的影响,因此为了更全面地反映该水域的环境影响情况,应考虑调查水生生物方面的影响因子。水生生物方面的影响因子可以包括浮游动植物、藻类、底栖无脊椎动物的种类和数量,水生生物群落结构等。

表 9-1　电力与能源部门环境影响因子确定表

环境影响因子		项目类别									
		热电,混合发电,集中供热				水电	其他可再生能源				输电
		煤	燃料油	天然气	MSW		风能	太阳能	生物能	地热能	
影响空气质量的因子	1. 非金属无机物										
	2. 金属										
	3. 有机物										
	4. 农药										
	5. CO										
	6. SO_2										
	7. NO_x										
	8. 氧化物										
	9. 温室气体										
	10. 气溶胶/微粒										
	11. 异味										
	12. 颗粒物										
	13. 电磁辐射										
	14. 噪声										

续表

环境影响因子		项目类别									
		热电，混合发电，集中供热				水电	其他可再生能源				输电
		煤	燃料油	天然气	MSW		风能	太阳能	生物能	地热能	
影响水体质量的因子	15. 非金属无机物										
	16. 金属										
	17. 有机物										
	18. 农药										
	19. 疾病/病原体										
	20. BOD/COD										
	21. 外来物										
	22. 酸/碱										
	23. 肥料										
	24. 废弃物										
	25. 酸沉降										
	26. 盐渍化										
	27. 颗粒物/沉积										
	28. 水源改变/采水										
	29. 水渠/蓄水										
	30. 温度变化										
	31. 过度利用										
	32. 异味										
影响土壤质量的因子	33. 非金属无机物										
	34. 金属										
	35. 有机物										
	36. 农药										
	37. 酸/碱										
	38. 盐渍化										
	39. 肥料										
	40. 废弃物										
	41. 酸沉降										
	42. 颗粒物/沉积										
	43. 土壤侵蚀										
	44. 外来物										
	45. 过度利用										
	46. 土地利用										
	47. 其他影响因子										
	⋮										

表 9-2 工业部门环境影响因子确定表

环境影响因子		项目类别				
		金属（加工/制造）	纸浆造纸	化工/化肥	水泥	食品加工
影响空气质量的因子	1. 非金属无机物					
	2. 金属					
	3. 有机物					
	4. 农药					
	5. CO					
	6. SO_2					
	7. NO_x					
	8. 氧化物					
	9. 温室气体					
	10. 气溶胶/微粒					
	11. 异味					
	12. 颗粒物					
	13. 电磁辐射					
	14. 噪声					
影响水体质量的因子	15. 非金属无机物					
	16. 金属					
	17. 有机物					
	18. 农药					
	19. 疾病/病原体					
	20. BOD/COD					
	21. 外来物					
	22. 酸/碱					
	23. 肥料					
	24. 废弃物					
	25. 酸沉降					
	26. 盐渍化					
	27. 颗粒物/沉积					
	28. 水源改变/采水					
	29. 水渠/蓄水					
	30. 温度变化					
	31. 过度利用					
	32. 异味					

续表

环境影响因子		项目类别				
		金属（加工/制造）	纸浆造纸	化工/化肥	水泥	食品加工
影响土壤质量的因子	33. 非金属无机物					
	34. 金属					
	35. 有机物					
	36. 农药					
	37. 酸/碱					
	38. 盐渍化					
	39. 肥料					
	40. 废弃物					
	41. 酸沉降					
	42. 颗粒物/沉积					
	43. 土壤侵蚀					
	44. 外来物					
	45. 过度利用					
	46. 土地利用					
	47. 其他影响因子					
	……					

表 9-3　农业部门环境影响因子确定表

环境影响因子		项目类别							
		种植业		林业			渔业及水产	养殖业	海岸与流域开发
		灌溉	整地	商业采伐	造林	社区林业			
影响空气质量的因子	1. 非金属无机物								
	2. 金属								
	3. 有机物								
	4. 农药								
	5. CO								
	6. SO_2								
	7. NO_x								
	8. 氧化物								

续表

环境影响因子		项目类别							
		种植业		林业			渔业及水产	养殖业	海岸与流域开发
		灌溉	整地	商业采伐	造林	社区林业			
影响空气质量的因子	9. 温室气体								
	10. 气溶胶/微粒								
	11. 异味								
	12. 颗粒物								
	13. 电磁辐射								
	14. 噪声								
影响水体质量的因子	15. 非金属无机物								
	16. 金属								
	17. 有机物								
	18. 农药								
	19. 疾病/病原体								
	20. BOD/COD								
	21. 外来物								
	22. 酸/碱								
	23. 肥料								
	24. 废弃物								
	25. 酸沉降								
	26. 盐渍化								
	27. 颗粒物/沉积								
	28. 水源改变/采水								
	29. 水渠/蓄水								
	30. 温度变化								
	31. 过度利用								
	32. 异味								
	33. 非金属无机物								
	34. 金属								
	35. 有机物								
	36. 农药								
	37. 酸/碱								

续表

环境影响因子		项目类别							
		种植业		林业			渔业及水产	养殖业	海岸与流域开发
		灌溉	整地	商业采伐	造林	社区林业			
影响水体质量的因子	38．盐渍化								
	39．肥料								
	40．废弃物								
	41．酸沉降								
	42．颗粒物/沉积								
	43．土壤侵蚀								
	44．外来物								
	45．过度利用								
	46．土地利用								
	47．其他影响因子								
	⋮								

表 9-4　水处理与环境卫生部门环境影响因子确定表

环境影响因子		项目类别					
		工业废水		市政废水		工业/城市	
		集中废水	各厂废水	城市	农村	混合废水	给水
影响空气质量的因子	1．非金属无机物						
	2．金属						
	3．有机物						
	4．农药						
	5．CO						
	6．SO_2						
	7．NO_x						
	8．氧化物						
	9．温室气体						
	10．气溶胶/微粒						
	11．异味						
	12．颗粒物						
	13．电磁辐射						
	14．噪声						

续表

<table>
<tr><th colspan="2" rowspan="3">环境影响因子</th><th colspan="6">项目类别</th></tr>
<tr><th colspan="2">工业废水</th><th colspan="2">市政废水</th><th colspan="2">工业/城市</th></tr>
<tr><th>集中废水</th><th>各厂废水</th><th>城市</th><th>农村</th><th>混合废水</th><th>给水</th></tr>
<tr><td rowspan="18">影响水体质量的因子</td><td>15. 非金属无机物</td><td></td><td></td><td></td><td></td><td></td><td></td></tr>
<tr><td>16. 金属</td><td></td><td></td><td></td><td></td><td></td><td></td></tr>
<tr><td>17. 有机物</td><td></td><td></td><td></td><td></td><td></td><td></td></tr>
<tr><td>18. 农药</td><td></td><td></td><td></td><td></td><td></td><td></td></tr>
<tr><td>19. 疾病/病原体</td><td></td><td></td><td></td><td></td><td></td><td></td></tr>
<tr><td>20. BOD/COD</td><td></td><td></td><td></td><td></td><td></td><td></td></tr>
<tr><td>21. 外来物</td><td></td><td></td><td></td><td></td><td></td><td></td></tr>
<tr><td>22. 酸/碱</td><td></td><td></td><td></td><td></td><td></td><td></td></tr>
<tr><td>23. 肥料</td><td></td><td></td><td></td><td></td><td></td><td></td></tr>
<tr><td>24. 废弃物</td><td></td><td></td><td></td><td></td><td></td><td></td></tr>
<tr><td>25. 酸沉降</td><td></td><td></td><td></td><td></td><td></td><td></td></tr>
<tr><td>26. 盐渍化</td><td></td><td></td><td></td><td></td><td></td><td></td></tr>
<tr><td>27. 颗粒物/沉积</td><td></td><td></td><td></td><td></td><td></td><td></td></tr>
<tr><td>28. 水源改变/采水</td><td></td><td></td><td></td><td></td><td></td><td></td></tr>
<tr><td>29. 水渠/蓄水</td><td></td><td></td><td></td><td></td><td></td><td></td></tr>
<tr><td>30. 温度变化</td><td></td><td></td><td></td><td></td><td></td><td></td></tr>
<tr><td>31. 过度利用</td><td></td><td></td><td></td><td></td><td></td><td></td></tr>
<tr><td>32. 异味</td><td></td><td></td><td></td><td></td><td></td><td></td></tr>
<tr><td rowspan="16">影响土壤质量的因子</td><td>33. 非金属无机物</td><td></td><td></td><td></td><td></td><td></td><td></td></tr>
<tr><td>34. 金属</td><td></td><td></td><td></td><td></td><td></td><td></td></tr>
<tr><td>35. 有机物</td><td></td><td></td><td></td><td></td><td></td><td></td></tr>
<tr><td>36. 农药</td><td></td><td></td><td></td><td></td><td></td><td></td></tr>
<tr><td>37. 酸/碱</td><td></td><td></td><td></td><td></td><td></td><td></td></tr>
<tr><td>38. 盐渍化</td><td></td><td></td><td></td><td></td><td></td><td></td></tr>
<tr><td>39. 肥料</td><td></td><td></td><td></td><td></td><td></td><td></td></tr>
<tr><td>40. 废弃物</td><td></td><td></td><td></td><td></td><td></td><td></td></tr>
<tr><td>41. 酸沉降</td><td></td><td></td><td></td><td></td><td></td><td></td></tr>
<tr><td>42. 颗粒物/沉积</td><td></td><td></td><td></td><td></td><td></td><td></td></tr>
<tr><td>43. 土壤侵蚀</td><td></td><td></td><td></td><td></td><td></td><td></td></tr>
<tr><td>44. 外来物</td><td></td><td></td><td></td><td></td><td></td><td></td></tr>
<tr><td>45. 过度利用</td><td></td><td></td><td></td><td></td><td></td><td></td></tr>
<tr><td>46. 土地利用</td><td></td><td></td><td></td><td></td><td></td><td></td></tr>
<tr><td>47. 其他影响因子</td><td></td><td></td><td></td><td></td><td></td><td></td></tr>
<tr><td>⋮</td><td></td><td></td><td></td><td></td><td></td><td></td></tr>
</table>

表 9-1～表 9-4 中部分专有名词说明如下

非金属无机物：指无机化学品，例如，氟、氯、氨等。

金属：指有毒金属。例如，铅、汞。

有机物：指有机化学品，例如，碳氢化合物、挥发性有机化合物（VOCs）、氯氟烃（CFCs）等。

农药：包括植物农药、昆虫农药、真菌农药等。

氧化物：指光化学烟雾和臭氧。

温室气体：指二氧化碳、甲烷和其他可能影响全球气候的化学物质。

气溶胶/微粒：指直径小于或等于 10 μm 的颗粒。

颗粒物：指直径大于 10 μm 的颗粒物。

疾病/病原体：指细菌、病毒或其他致病因素。

异味：指腐败的气味等。

电磁辐射：指传输电力产生的电磁场。

噪声：讨厌或过高的声音。

外来物：指偶然或故意引入的非本地生物物种。

肥料：指化肥、生物（包括人）排泄物、生物废物等营养物质。

废弃物：指人类垃圾，包括人类排泄物。

酸沉降：指干或湿的酸沉降。

盐渍化：指水或土壤中盐分增加。

水源改变/采水：指改变水的自然来源。

水渠/蓄水：指引水或贮水。

温度变化：通常指温度增加。

过度利用：指收获超过可持续产量。

土壤侵蚀：指土壤损失。

土地利用：指植被、工业或人类活动占用土地，包括火烧、取土/造地，以及有机碳储存变化。

参考上述表格对项目的影响因子进行选择后，我们应该以科学和事实为基础，根据影响因子与被评价的项目、项目所在地以及所在地周围区域的相关性，深入考察这些影响因子在项目中的具体情况，并注意发现和补充其他影响因子，建立项目的影响因子名录。

第二节　建立影响名录

这个步骤的目标是把单个影响因子与其影响联系起来，建立各影响因子的影响名录。

影响是指一个受体暴露给影响因子的变化后，所发生的化学、生物或物理后果。影响可能是积极的或消极的，当地的或外地的，物质的、社会经济的或心理的，短期的或长期的，财务内部化的或外部化的，预期的或难以预期的。

影响分为对人体健康、人类福利、环境资源和全球系统的影响 4 类。在很多情况下，影响因子的影响类别与项目类型或影响产生的阶段无关，因此，这种分类是跨项目领域的。例如，在电力部门以煤为燃料的集中供热项目和工业部门的纸浆和造纸项目中，SO_2 影响因子都会对人类健康和人类福利产生影响，但影响的程度常常是不同的。影响的程度通常可以通过剂量-反应关系量化。当需要评价的活动不止一个时，就存在潜在的、累积的影响。影响一般是随着影响因子的增加而增加，随着影响因子的减少而减少。表 9-5 为环境影响因子的影响确定表。

表 9–5 环境影响因子的影响确定表

环境影响因子		影响类别											
		人类健康		人类福利				环境资源					全球系统
		死亡率	发病率	材料	美学	资源利用	社会/文化	海岸/海洋生态系统	地下水	淡水生态系统	生物多样性/濒危物种	陆地生态系统	
影响空气质量的因子	1. 非金属无机物												
	2. 金属												
	3. 有机物												
	4. 农药												
	5. CO												
	6. SO_2												
	7. NO_x												
	8. 氧化物												
	9. 温室气体												
	10. 气溶胶/微粒												
	11. 异味												
	12. 颗粒物												
	13. 电磁辐射												
	14. 噪声												
影响水体质量的因子	15. 非金属无机物												
	16. 金属												
	17. 有机物												
	18. 农药												
	19. 疾病/病原体												
	20. BOD/COD												
	21. 外来物												
	22. 酸/碱												
	23. 肥料												
	24. 废弃物												
	25. 酸沉降												
	26. 盐渍化												
	27. 颗粒物/沉积												
	28. 水源改变/采水												
	29. 水渠/蓄水												
	30. 温度变化												
	31. 过度利用												
	32. 异味												

续表

环境影响因子		影响类别											
		人类健康		人类福利				环境资源					全球系统
		死亡率	发病率	材料	美学	资源利用	社会/文化	海岸/海洋生态系统	地下水	淡水生态系统	生物多样性/濒危物种	陆地生态系统	
影响土壤质量的因子	33. 非金属无机物												
	34. 金属												
	35. 有机物												
	36. 农药												
	37. 酸/碱												
	38. 盐渍化												
	39. 肥料												
	40. 废弃物												
	41. 酸沉降												
	42. 颗粒物/沉积												
	43. 土壤侵蚀												
	44. 外来物												
	45. 过度利用												
	46. 土地利用												
	47. 其他影响因子												
	⋮												

与建立影响因子名录一样，表 9-5 只是一个参考，不是一个绝对的标准。

第三节　影响的筛选分析

该步骤的目的是确定出将被评价的影响，即说明哪些需要定性描述，哪些可以量化和确定价值，不被评价的影响也要列出。

对于表 9-5 中确定的影响，应按图 9-2 的步骤，逐一进行筛选。并将结果填入表 9-6 中。其中，对筛选结果栏应填入对筛选指标回答“是”的内容和解释。

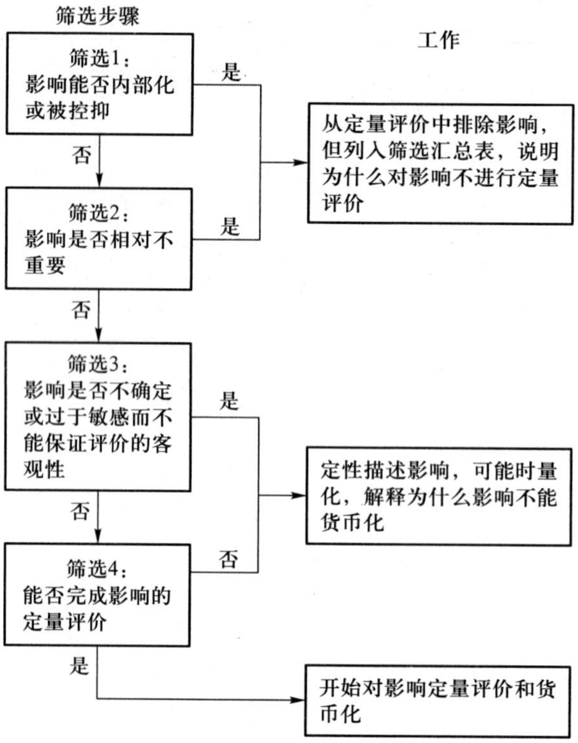

图 9-2　影响的筛选过程

一、筛选 1:影响能否内部化或被控抑?

这一筛选要考虑两个问题,首先,要决定该影响是否代表一个内部成本或效益,即是否预计受影响的只是造成影响的一方。如果一个影响是内部的,那么它就应该已经包括在项目的经济分析中,在这儿就会导致重复计算。其次,要决定该影响是否能够全部或大部分被控抑,即造成影响的一方是否要采取一些措施消除对他人的影响或使其影响最小化。如果影响被控抑,那么所发生的控抑成本(如污染控制),就应该已经包括在项目的估算成本中,不应该遗留任何重要的环境影响需要评价。

如果对上述问题中回答“是”,那么就不需要明确考虑该影响的货币化问题,但是应该在表中列出和描述这一影响,并明确提出支持删除的理由。

如果回答“否”,那么就继续筛选。

二、筛选 2:影响是否相对不重要?

这一筛选要考虑该影响是否绝对小,如,预期几乎没有发病率、从来没有超过污染影响的临界值等,或与别的影响相比不重要。因为在一定程度上这是一个判断问题,所以对于后面的逻辑程序非常重要。

如果对这个问题回答“是”,那么就不需要考虑该影响的货币化问题,但是应该在表中列出和描述这一影响,并明确提出支持删除的理由。

如果回答“否”或“不确定”,那么就继续筛选。

三、筛选 3:影响是否不确定或过于敏感而不能保证评价的客观性?

该筛选要考虑的问题是,是否会由于不确定性(例如,由于科学不确定性,或由于文化价值、政治考虑、法律要求),而致使无论取得什么结果,任何评价都是不可能的或是没有用的。在这种情况下,对争论的评价,可能是决定一个项目取舍至关重要的因素,但是超出了经济学方法的领域。此时应该明确认识到,对于这个问题仅有经济评价可能是不够的或者是没有意义的。

如果对这个问题回答"是",那么就做一个定性评价,定性描述评价影响,在可行范围内量化影响,并用证据说明为什么不能量化或货币化影响。

如果回答"否"或"不确定",就继续筛选。

四、筛选 4:能否完成影响的定量评价?

这个筛选要考虑有没有足够的数据或其他信息支持对潜在影响进行定量评价。

如果对这个问题回答"是"或"不确定",那么就要进行定量评价。

如果回答"否",那么就要进行定性评价,即描述和定性评价影响,在可行范围内量化影响,并用证据说明为什么不能量化或货币化影响。

例如,对"影响因子 SO_2 将引起人群发病率和死亡率上升"这一影响,按图 9-2 中各步骤逐一通过四个筛选指标:

(1) 影响能否内部化或被控抑? 答:否。

(2) 影响是否不重要? 答:否。

(3) 影响是否不确定或过于敏感而不能保证评价的客观性? 答:否。

(4) 影响能否定量评价? 答:否。

那么,在表 9-6 中的影响因子一栏填入"SO_2";在影响一栏填入"人体健康:发病率、死亡率上升";在筛选结果一栏填入"影响可以被定量和赋值:在大多数情况下,尽管常规污染物的排放符合中国短期地表空气质量标准,但新建工厂和将关闭工厂的 SO_2 的排放量的增减可能对人体健康产生影响"。

表 9-6　所确认的环境影响因子的影响及筛选分析结果

影响因子		影响	筛选结果①
影响空气质量的因子			
影响水体质量的因子			
影响土壤质量的因子			

注:① 筛选结果是指所用的筛选标准和对使用此筛选标准的解释。

五、汇总分析

为了便于后面的评价,我们按三类进行汇总,即需要定量和赋值的影响,需要定性评价的影响,不必再分析的影响。从表 9-6 得出表 9-7 是水到渠成的事。依据表 9-7,就可以进行后面的评价工作了。

表 9-7 筛选分析汇总表

进行全面或部分经济评估的影响(对筛选 4 回答“是”)

○ ____________________

○ ____________________

○ ____________________

○ ____________________

○ ____________________

○ ____________________

○ ____________________

要求定性评估的影响(对筛选 3 回答“是”)

( )____________________

( )____________________

( )____________________

( )____________________

( )____________________

( )____________________

( )____________________

不必进一步分析的影响(对筛选 1 或筛选 2 回答“是”)

可完全控抑的影响:

○ ____________________

○ ____________________

○ ____________________

○ ____________________

○ ____________________

○ ____________________

○ ____________________

可能相对较小的影响:

○ ____________________

○ ____________________

○ ____________________

○ ____________________

○ ____________________

○ ____________________

○ ____________________

注:要求定性评估的影响前面的( )中填“+”或“-”号,表明正面或负面影响;也可以是“+/-”号,表明可能为正面影响,也可能为负面影响。

第四节　影响的量化

量化影响，即用一个合理的物理量化单位来表述每一种影响的大小。这是数据整理与数据校准关键的一步。量化应确保量化结果的一致性，从而使这些结果之间可互比，并能用来确定各种经济价值。

在环境预评估或环境影响评价中，应将环境影响采用剂量-反应函数予以量化，将环境污染物的预期剂量与受体的量化影响联系起来。如果在环境影响评价的结论中能找到量化的物理影响，这些量化应该经过检验以确保其精确性和一致性，影响特征与评价方法相一致。如果影响没有经过统一的量化，那么，在经济评价之前应先做这一步。

根据影响的定义，影响分为四类：人体健康、人类福利、环境资源和全球系统。这四类影响量化的方法有共同的部分，但又各有其特殊性，涉及多学科的知识，这里只介绍它们之间共同的原则性的步骤。

第一步：在影响筛选分析汇总表（表 9-7）中，查找出需要进行全面或部分经济评估的影响，然后在表 9-5 中查找出这些影响相对应的环境影响因子。

第二步：确定这些环境影响因子的量纲和数量。完成量纲的确定可能需要参考相关领域的文献或听取相关领域专家的意见，以此量纲来衡量影响因子的数量。不同的建设项目其环境影响因子的量纲应该是相同的，但其数量可以是不同的。

第三步：确定受体以及影响因子对受体的传播途径。受体既包括直接受影响因子影响的受体，也包括通过受体传播，而受到影响的对象。影响因子对受体的传播途径是计算受体所受影响的一个基础。

第四步：确定描述受体所受影响的指标及其量纲。这一步也可能需要参考相关领域的文献或听取相关领域专家的意见。描述受体所受影响的指标也许会随着对影响因子产生影响的机制的认识而发生变化，量纲也就随之变化。

第五步：量化影响。一个影响因子所产生的影响可能是四类影响中的一种，也可能是多种。那么，一个影响因子的影响当然是各影响的合计。而就影响因子所产生的一类影响来说，影响又是影响因子的数量、影响的地理范围、时间和受影响地区人口密度的函数。各种影响因子与受体之间的数量关系，可以采用剂量-反应函数来描述。

在许多情况下，不可能将受体的所有影响予以量化。为尽可能地扩大量化范围，可以将定性信息与定量信息相结合。这种定性分析的重要性不可低估。如果分析确定它涉及敏感的政治与文化范畴，则有必要考虑推迟对该项目的定论，直到获得更多的信息。

第五节　影响的货币化

本节是对量化了的影响赋予货币价值。

影响的货币化主要有两种方法，即基本经济评估法和辅助评估法。基本经济评估法是辅助评估法的基础。辅助评估法中主要是成果参照法，而成果参照法是采用对基本经济评估法研究的价值进行估算。与基本经济评估法相比，成果参照法有时会使结果不太可靠，但该方法不花很多时间，也不需要附加模型，当时间和某些条件受到限制时，成果参照法是可行的。在研究中，所需的时间及费用与评价所需精确度之间有一种权衡取舍关系。

基本经济评估法前面几章已有介绍，本章采用成果参照法对筛选出的影响赋予货币价值。

成果参照法采用环境预评估或环境影响评价，以及在上一节中所量化的影响作为分析的始点。典型的成果参照法包含四个步骤：文献筛选→价值调整→计算单位时间的单位价值→计算总贴现值。

一、文献筛选

文献筛选旨在从大量文献中，得到价值和环境影响损失与收益的估算值。

（一）文献的筛选原则

（1）所预期的环境变化应该在程度与类别上与所评估和研究的项目相似。

（2）如有可能，应该采用人口、区位与所评估项目相似的分析研究。经济价值（使用和非使用价值）体现着随社会经济和其他特征而异的偏好。

（3）对各研究的文化差异，应加以仔细考虑。研究人员在原研究中所研究的价值基础和信仰，并不一定在所评价的项目区成立。

（4）对研究的技术水平应加以评估。如果原研究包括有支撑信息和经济价值，评估就会容易些。原研究必须是基于丰富的资料，合理的经济与科学方法，以及正确的经验方法。通常这意味着要采用现有的最新研究，还可能倾向于选用经过专家评审的公开出版的刊物上的文章。

（二）成果参照法选择标准的优缺点与注意事项

成果参照法选择标准的优缺点列于表 9-8 中。

表 9-8 成果参照法选择标准的优缺点

选择标准	优点	缺点
相近的环境影响程度与类别	由于与较大变化联系在一起的价值不可以用于较小的变化，环境影响的移置较为可信	对于缺乏科学基础的人来说，可能难于找到真正相似的环境影响
包括人口社会经济特征的基本评价方法研究	容易将基本评价方法研究地区的情况调整使之适应于受所评估项目地区影响的人口	仅因为基本评价方法研究作者没有报告社会经济特征，可能排除非常好的基本评价方法研究结果
在人口数量与构成、地理及环境特征上相似的地区	环境影响及受影响的人口可能接近，使得调整容易进行	假定价值的主要决定因子是相近的，而实际情况可能与假定不符
高水平的近期研究	经济价值的移置性强，近期研究很可能包括当前经济条件；可以采用现有技术	所涉及的问题可能太具体、范围太窄而难以利用，难于理解；由于近期研究可能尚未发表，因而有关资料难于得到

除此之外，在应用中，还有一些需要注意的地方：

（1）文献中所报道的使用和非使用价值有时相去甚远。一般人们认为有些类别的收益（如使用价值的支付意愿）估算比其他类别的收益（如非使用价值的补偿接受额）估算准确度要高一些。

（2）对于非市场商品和服务的特性，不能将它们简单加以归类并将其价值不经修正而用于下一个项目的经济分析。必须做出合理的判断，以保证研究区域的价值适合于新项目区的价值。此外，仍有一些价值（例如碳储备），采用当前的分析方法，难以估算。对于这些影响，只能在最终评估中作定性描述。

（3）对环境影响大的大项目，或规模虽小但环境影响大的项目，可能要求提供比成果参照方法更为严谨的分析，也就是说，需要进行基本评价研究。

（4）到目前为止，大多数环境资源评价的工作是在发达国家进行的，如，美国、英国和北欧国家。如果将发达国家所进行的研究应用于发展中国家，则应该考虑个人收入、产权、体制、文化、气候、自然资源及一系列其他因子的差异。然而，要确定这些差异如何影响价值，通常并不简单。

估算值的差异还体现在研究方法的差异上。例如，研究人员选择样本大小的判断差异，支付意愿的决定因子、数据代用，经济计量特征以及其他因子的不同。此外，由于研究水平不同，也可能导致估算值出现差异。

在有些情况下，成果参照中的不确定性可能太大，以至于难以进行成果参照研究。例如，对某些类型的影响，缺乏足够的文献资料；所分析项目区的总体情况与文献中所涉及的总体情况差异太大；项目区域所影响的资源、影响程度、潜在的可替代资源状况与基本评价方法研究中的情况相去太远等。这时分析人员应该放弃成果参照法。

二、价值调整

成果参照法与基本经济评估法研究之间的货币差异，要在评价阶段进行调整，使之能够用于所分析的项目区域。这一调整可以下列方式进行：

（1）原研究报道的价值是一个范围时，选取“最合适的”或可用的价值。

（2）从几份研究中选用所报告价值的一定区间或平均值。

（3）采用收益函数移置。该方法应用原研究中所进行的统计估算的需求或支付意愿方程，来调整所分析项目区域的收益。如果原研究中有估算的参数，并有项目区域的资料，便可以应用这一方法，对所估算的需求或支付意愿函数进行调整，使之更好地适应于所分析的项目区域。

原研究对评估地区所用的信息量越大，也就越容易对原研究区域的价值做出调整，使之反映所评估的项目区状况。

三、计算单位时间价值

将价值乘以受影响人数便得到单位时间影响的总价格。如果影响随时间变化，则要对预期影响存在的每一时间的价值进行估算。

四、计算经过贴现的总值

计算经过贴现的总值需要分析的内容有：

（1）确定预期有影响出现的时间区段，并注意项目收益出现的时间。从典型情况看，项目一开始便有项目成本，而收益和破坏值可以出现在项目完成很长时间以后。

（2）采用所建议的贴现率以及其他适当的贴现率进行敏感性分析，计算贴现后的总年度损失值和收益。贴现率和影响价值均应以相同方法处置通货膨胀率，即两者应该均为实际值，或两者均为名义值。

由于未来的不确定性，对损失或收益所出现时间区间的估算可能较为主观。对于那些有着长期影响的项目，该现象尤为突出。

专栏9-2 快速分析方法

为了获得环境影响的货币化价值，我们通常需要用一种或多种“基本”的环境影响经济评价方法来对其进行估算。但是，这往往需要付出巨大的努力，耗费大量资金和时间。当应用基本的环境影响经济评价方法进行研究不现实时，我们就只有采用一些快速分析方法了。

快速分析方法包括一系列技术和做法，它们在时间、数据和经费约束使基本评价方法研究不可行时，有助于提供有关环境经济评价的客观和相关信息。这些方法包括确定容易得到那些影响量化和评价的数据，然后以逻辑和文字流畅的方式提供总体经济评价分析的认识。

在快速经济分析中所采用的数据有多种来源。例如：在短期实地考察（例如作为IEE/EIAs的一部分）期间可以得到数据，然后在快速分析中加以说明。根据可观察到的诸如预期生产力变化的范围，快速分析进行实用而快捷的对潜在重要性的评价和可能影响范围的评价。快速分析中所赋予的货币价值，可以根据可观测到的市场价格来确定。

快速分析方法的一个例子是对农业影响的实用而快捷的确定分析（例如，一个项目对防止水土流失、改进农田管理、提供灌溉用水或者控制害虫的影响）。通过应用农田产量的一系列可能变化，可以对这些影响进行量化。然后对这些随生产力产量变化的价值，采用当地价格进行评估（只要市场是公平竞争的，当地作物供给量的增加不会使价格明显降低）。

第六节 估算因素分析

有关环境影响经济评价的各种方法，无论是基本研究方法还是成果参照法，均包含有一定程度的估算成分。环境影响的货币价值估算，只是真实价值的近似值，受到省略、偏差和不确定性等因素的影响。所采用的贴现率及其他因子也影响货币价值的估算。在考察并估算环境影响经济评价的价值时，必须对其进行充分的认识。

一、省略、偏差和不确定性

（一）省略

在大多数情况下，对于所设计项目的环境影响，都会存在信息差异。因而开展下列工作十分重要：

（1）确定有关环境影响的哪些信息在环境预评估或环境影响预评价中被忽略了，哪些信息在经济评价中被省略了。

（2）在项目经济分析报告中明确阐述这些省略信息，并且指出这些省略将如何使定量分析结果产生偏差。

（3）在项目的初始特征揭示和项目准备阶段，明确需要收集的数据，以改进今后的项目评价。

（二）偏差

此处的偏差指能够引起收益或成本的定量估算值高于或低于其实际值的情况。例如，如果所有的项目成本均包括在评价中,但因缺乏数据忽略了某些项目收益,那么,净收益的量化数值就会偏低。

1. 造成偏差的原因

造成偏差的原因有许多,往往在评估过程中不可避免。其主要原因有:

(1) 经验数据。例如,缺乏现有数据会排除对一些重要收益的估算。

(2) 样本。间接分析方法所基于的原始研究,采用的样本数据可能有偏差或受到各种影响,在与拟建项目受影响人口进行比较时也可能出现偏差。

(3) 方法。评估或货币化方法会使评估值偏高或偏低。

(4) 专业影响。经济学家所注重的问题不同于生物学家,因而会导致对环境重要性评价的学科背景偏差。

(5) 部门影响。基础设施部门所认识或强调的项目影响,会不同于环境部门。

2. 注意事项

对偏差有明确认识后,应注意下列问题:

(1) 选择那些足够重要或足够明显的影响进行货币化,以防因疏漏某个重要的影响而产生误差。例如,由于对某一特别问题认识不足,分析人员会认为其影响并不重要,而忽略此问题。

(2) 环境影响的估算范围。例如,在对项目建设的健康影响进行量化分析时,一种反应函数可能不合适,使得对影响的评估偏高或偏低。

(3) 关于受影响人口的选择。数据或知识的缺乏会导致对受影响人口数量的估算偏低或偏高。

(4) 在选择贴现率时,适当考虑规范和制度,从而避免由于对低于或高于备选贴现率的偏好,而形成现值计算的偏差。

(5) 估算价值的相对重要性。有许多偏差能够引起单个价值评估偏高或偏低。例如,有些基本研究方法得出一个样本平均值,而这一均值与样本中位数相差甚远。究竟选择均值还是中位数,将对评估的总体结果产生影响。

对某些偏差进行调整有利于估算值的准确性。如果偏差的效果不能精确量化,那么至少应就偏差对分析的影响方式和偏差的大致方向,即净收益值的偏高或偏低,在报告中加以阐述。项目经济分析的评估总表应该包括因一特定偏差所引起的环境收益评估值发生变化的大致方向。

(三) 不确定性

在一定程度上,所有评估内容均是不确定的。因为评估涉及对自然和社会经济关系变化的估算或预测。例如,反应模型可能很不准确,对一给定的危害水平,所得的关于健康风险的估算值,可能会与实际值相差几个数量级。不确定性的类别与来源,决定着其对项目收益率或净收益的影响,需要加以考察。

(四) 偏差和不确定性的来源

定量估算中偏差与不确定性的来源包括:

1. 抽样误差或样本偏差

如果样本对其所反映的总体不具有代表性,而用其估算总体的特征,便产生样本偏差。采用适当的抽样技术,增加抽样,以及对结果作适当的加权调整,可以减少样本偏差。

2. 差异性

例如,重金属对不同鱼种或同一鱼种的不同变种会有着十分不同的影响。在多数情况下,对不同的“受体”量化其影响，要么不可行，要么没有效率。

3. 量度与系统误差，即真实值与估算值之差

量度误差反映了测量仪器和实验程序的精度不够或偏差。系统误差来源于所模拟变量之间关系的精度低或准确度不够。这些误差不因重复抽样而减少，是误差中的最重要成分。

4. 主观判断

在研究的诸多方面，从对研究总体和贴现率的选择到确定系统误差，均有主观判断。为了让所有相关利益群体认可评估结论的可信度，认真阐述研究方法十分重要。

5. 语言不准确

技术术语的模糊与不准确使用，尤其是由不同语言专家进行的跨国项目评价，会在分析中出现不确定性。此外，在问卷调查研究中，有资料表明不同的调查对象对调查问题会有不同的理解。

6. 固有的随机性

对有些分析，这种随机性是不可避免的。例如，受气候或天气影响的任何自然现象均会有偶然性，因为气候和天气自身具有固有的偶然性。这种固有的随机性或偶然性可以用概率模型来处理。

7. 简化

现实世界是如此复杂，以至于没有简化，我们便难于分析，这些简化也引起了不确定性。

目前，我们还不能消除上述不确定性。在大多数情况下，描述评估的不确定性，将是十分有益的。可以将不确定性进行分级，划为“高度”“适中”“轻度”，并用敏感性分析加以评估。例如，对具有不确定值的参数用边界设定。

敏感性分析有多种形式，但基本上都涉及改变某些假设或关键输入变量，然后考察这些变化如何影响结果。例如，开始的假设条件可能为只有10%的人口将要受到环境变化的影响，项目已通过付诸实施。然而，如果10%的概算值具有不确定性，并且如果受影响人口可能高至30%，那么，就要重新进行分析，采用30%的假定值，来观察结果变化。

更为严谨的不确定性分析，需要应用数据统计手段。尽管目前有许多计算机软件支持上述分析，但这些模拟分析需要对计算机生成的一组或多组数据随机抽样，确定概率分布，但在没有数据时，又增加了许多困难。

（五）建议

所有关键性的省略、偏差和不确定性，如果它们影响评价结论，就应在项目经济分析报告中列出，其可能影响应以“+”或“-”号来表现，以使读者能够理解这些影响将如何改变所估算的现值收益或收益率，或者更简单地说，这些省略、偏差或不确定性是否影响项目的经济可行性。最后，应该试着用一些简单的、但却是专一的敏感性分析，专门考察高度不确定的主要假设条件，并改变这些假定，看它们对项目的经济分析结果有什么影响。

二、贴现与现值

（一）含义

项目成本与收益或损失会出现在不同的时间区段，成本出现于建设期间的某些年份，但收益实现则在数年以后。贴现是指将不同年份的总社会成本和收益转换为一共同测度，使得相互之间的比较可以适当进行。最常用于贴现计算的测度是现值（PV）。

人们一般也把社会贴现率理解为社会将未来转化为当前的意愿。它与利息率的表现形式类似。相对于未来收益和成本而言,对于当前的收益和成本的偏好越大,则贴现率越高。对任何大于零的贴现率,随着时间的延伸,它所贴现出的现值越来越小,甚至可以忽略不计。更确切地说贴现率越高,则现值越低,并且随着时间的延伸,现值的下降越来越快。例如,30 年以后所获取的 1 美元收益,如果采用 10% 的贴现率,其现值将小于 0.06 美元。

（二）贴现率的选择

经济学家并没有达成共识,认可一个“正确”的贴现率。因而在项目的收益与成本计算中,使用多大的贴现率合适,常有激烈的争论。有的经济学家推荐采用当前通用的低风险债券(如政府债券)的实际利率作为贴现率。其理由是无风险税后利率能最好地体现时间偏好的社会贴现率水平。由于项目的资金可能投资于私营部门的盈利企业,而获得大量的预期收益,因而也有人建议采用资本的机会成本来确定贴现率。另外还有人推荐使用零贴现率,尤其是在项目的影响波及子孙后代或产生不可逆结果时。这种观点主要有以下依据:

(1) 对于延续几代人的长期影响,并没有制度和财政的机制使当代人对子孙后代的环境影响损失做出补偿。

(2) 对于任何正的非零贴现率,任何现值在 15 ~ 20 年以后都将变得非常小。因而,即使极其严重的未来影响(例如,生态环境和物种消失,或长期人类健康受损),如果用大于零的贴现率进行计算,对现实决策几乎没有什么影响。

(3) 穷人采用的贴现率较高,偏重于即时需要而忽略可持续要求。这种情况常导致环境退化;环境退化反过来又使贫困难除。因此,有人认为在评估中应考虑采用零或非常低的贴现率,以促使投资项目有助于消除贫困的恶性循环。

(4) 由于人口与收入的增长,对环境与资源的预期使用量会不断增加,使得环境服务和自然资源的质量与可用量将不断减少。因此,在环境资源稀缺性增加的同时,人们对环境资源价值的预期需求量,将会随时间而增大。与此相反,以大于零的比率作贴现率计算,则意味着环境服务价值的降低;零贴现率至少可以在分析中使环境服务的价值持衡。

(5) 虽然后代人可能比当代人有着更高的实际收入,但较高的收入可能不足以补偿环境损失。

贴现率为零意味着社会并不介意成本与收益在何时出现,即该社会对未来成本与收益的评价与当前的实际值完全相同。对此也有许多相悖的观点认为:

(1) 即使有代际均等的问题,在当代人内部,也需要考虑时间偏好和投资的权衡取舍问题。

(2) 应该考虑资本资源从其他生产性应用转向当前所分析项目的问题。例如,资本的机会成本。

(3) 如果自然资源和环境服务的价值随时间变化,那么这种变化应在评价步骤中加以考虑,而不应通过选择贴现率来解决。例如,如果渔业的价值随时间增加,那么,这些增加的价值应该在受到影响的未来各年的报告值中加以反映。

(4) 如果所有项目均采用零贴现率,与应用正值贴现率的情况相比,可能导致要上马更多的项目。除非这些新增项目的外部性得到了抵消,否则零贴现率的净效果将是增大而不是减少环境负担。

（三）建议

给出一个确切的、适用于各个项目经济分析的贴现率是很困难的,但下列建议将有助于确保分析的一致性和严谨性：

(1) 作为一种基准情况，将一具体的贴现率用于项目经济分析。

(2) 作为基准情况的备选方案，要通过改变贴现率进行敏感性分析，来看贴现率变化是否对净收益现值产生明显影响。作为敏感性分析的一部分，对于长期的、潜在不可逆的或有关人类健康的环境影响，宜采用零贴现率。

除上述建议外，在确定贴现率时，还要注意以下问题：

(1) 对于项目的收益与成本，采用同一贴现率。

(2) 如果采用非零贴现率评价环境影响，应采用实际贴现率而不是名义贴现率，即贴现率不应包括通货膨胀，而且还要考虑社会时间偏好率，即税后收益和风险考虑。

(3) 未来影响的价值和贴现率，均要用实际值来描述，即要扣除通货膨胀因素。作为另一种选择，未来影响和贴现率亦可用名义值来描述，关键在于影响价值和贴现率所采用的处置方式必须一致。

(4) 如果应用“等同对待子孙后代与当代”的原则，则零贴现的一种备选方案是弱化较大的长期项目影响的成本，从而使得这些成本最小化或防止这些成本的产生。

(5) 如果采用零或非常低的贴现率用于未来收益与成本，则应该对资本采用增加一独立的影子价格的方式，来反映资本的实际机会成本。其计算方法是将资本可能用于其他生产领域投资的预期收益加到项目成本上，即预期的实际收益率乘以资本支出。该影子价格只适用于贴现率反映了社会时间偏好率的情况，这一偏好率低于资本的预期收益率。如果所采用的贴现率体现了资本的机会成本，就不应额外加上影子价格。

(6) 对于所采用的贴现率，必须具备充分的理由。例如，一个项目因其经济内部收益高于某特定比率而获通过，那么，就可能说明该项目是在经济上，而不仅仅是在财务上可以接受。

(7) 对于大的、重要的、不可逆以及代际的负面影响，不论他们能否被量化和评价，均应在项目经济分析中加以明确描述。此外，还应对可能弱化这些影响的各种选择加以考虑和描述。

三、其他问题

在环境影响的经济评价中，还会出现一些其他问题。下面讨论的四个问题尤其值得关注，而它们并不总是适合量化或货币化分析的。

(一) 均等

均等实质上是公平。在传统的经济评价中，几乎没有考虑公平。均等的一个重要内容是，考虑谁得到收益，谁支付成本。如果由一群人承受成本而另一群人获取收益，这一方案从社会的角度来看，并不公平。此类公平问题在是否通过建议项目的考察中，是一个重要因素。

对于均等问题，一种方法是基于社会有关公平的偏好，对影响赋予权重。例如，可以将对特别群体的影响设为另一群体的1.5倍。经济学家对这一方法尚有争议。有关特殊利益群体包括面临消失危险的、规模小的土著部落或其他少数民族社区、老龄人口、婴儿和儿童，以及经济上处于不利地位的群体。

均等问题也可以定性地加以处置。

(二) 定性评价程序

对于许多问题和影响，只能进行定性而不是定量的评价，包括对没有资料的地区的影响，由于未曾预见的情况而导致的人口迁移和定居，以及对我们尚知道不多的物种的影响。

定性评价至少应对不能量化或货币化的重要影响给予描述。在包括有货币化的收益和成本的评估概要中,也要列入这些影响。预期影响对经济内部收益率或现值净收益的影响方向也应加以明确。也可以对这些影响按重要性大小加以排列。

(三)基准确定

经济评价的一个重要特征是需要界定合适的基准。基准应该反映在没有项目的情况下的状况。在界定基准时,应考虑下列问题:

1. 设备更新

在许多情况下,新的项目将要更新现有设施,或以更清洁、更有效率的工厂取代老工厂。因而,经济评价应该体现因降低环境压力水平,提高能源效率或其他改进而引起的环境影响的变化。

2. 机会成本

有些项目取代了也会产生经济收益或损失的经济活动。这些所放弃的收益,不论为正或为负,均需在经济评价中作为项目所引起的不同于基准线的一部分内容而加以体现。

3. 资源利用与条件

在许多情况下,一个投资项目改变周边环境状况和相关货币价值的程度,受到许多项目之外的因素或原因的制约。例如,废水处理项目可以大量削减某河流地段污染负荷,但如果该河流已为其他污染物排放所严重退化,那么,很可能废水处理项目几乎或完全不能带来水质的总体改进或相关联的收益。但这并不必然意味着废水处理不产生收益。在这种情况下,可以考虑当所有的污染源将其污染负荷减少到不足以使水质产生明显变化,而使资源利用和价值的有益变化得以实现,并获得收益,然后,将这些总收益分摊到具体的项目中去。

(四)制度因素

对于发展中国家的体制能够保证环境污染控制和其他弥补方法得以全部实施和生效的程度,通常有一些假定。许多项目分析将取决于这些假定。如果项目设计中的环境预防措施没有被采用,或即使采用而不加以维护,那么,实际环境影响会比基于设计所进行的评估要大得多。

将与这些体制能力相联系的不确定性作敏感性分析,以考察不同的实施方案和其他制度方案的影响程度。这一方法可以通过制定一套加权方案,来反映维护项目目标的体制能力。在此类评价中,还要考虑一些因素,包括对发展中国家中央政府的评估,对中央和地方执行官员的评估以及当地社会接受能力的评估。

四、结论

环境影响的经济评价可能并不精确,因而争议难免。故项目分析人员不仅要承认并展示经济评价的局限,而且还要以实用和明确的方式,同时将这些局限融入分析之中。

我们可以预见会有省略、偏差和不确定性,而且可以用简便但却是富于建设性和信息含量的技术加以处理。完成这种处理,可以通过指明偏差或省略的方式,以及通过应用简单的敏感性分析,考察备选方案和假设条件变化的影响。

贴现计算引发了一些较为复杂的问题。选用单一的、正确的贴现率,既没有公认的结论,又没有经验依据。的确,有一些合理的论据,支持在较大范围内选用贴现率。然而,有些简便而实用的原则,可以用来处理这些基本问题,从而给出一个清晰的项目经济分析。

第七节 把评估结果纳入项目经济分析

本节是将上面货币化的效益和成本纳入常规的项目成本和效益,并结合到项目的费用效益分析之中,从而更为精确地描述一个项目的真实价值。其包括以下5个步骤:① 必须审查所有项目的成本和效益(环境的和非环境的),以保证它们基于相似的假设。② 必须在整个项目寿命期内追加以年度为基础评价的成本和效益(环境的和非环境的),以便确定年成本流和效益流。③ 使用规范的投资标准,即净现值(NPV)和经济内部收益率(EIRR),比较成本流和效益流。④ 对关键的环境和财务项目变量,必须进行敏感性分析。对于那些根据敏感性分析确定的、对投资标准产生重大影响的变量,应当进行概率分析。⑤ 风险和敏感性分析应当扩展到包括那些不能评估的环境成本和效益。

在环境和非环境影响的效益和成本计算当中,最基本的假设是货币类别和基准年。假如用成果参照法来评价环境影响,应特别注意务必用标准汇率来将价值转换成项目经济分析中所用的货币。同样,所有货币化的价值必须以一致的基准年(如2010年的价格水平)来计算。所以,如果所有货币化的价值是从一个单一的基准年以同一种货币来报告,并且在整个计算过程中用标准化汇率进行分析,那么可以认为这是规范化的基本假设。

另一个重要的假设是建设项目的预期的环境保护水平。对于一个待建项目,其项目财务成本分析中将包括这些控抑成本。例如,一个电厂的粉尘排放控抑措施,将包括在电厂设计中,以达到国家污染控制标准。因此,增加的项目环境成本,应反映因污染排放水平下降所预期的影响水平,即必须运用采用污染控制设施之后预期达到的粉尘排放率,来计算粉尘排放对人类健康影响的价值。仔细审查这个假设,将确保不会误将控抑的影响包括在其他的环境影响价值计算之内,因而过高地估计预期的消极影响。

一、计算各时间段的成本流和效益流

一旦将假设规范化,必须计算项目寿命期中每一年的成本和效益。但是,在确定一个足以包揽所有预期的环境成本和效益的时间框架时,可能出现复杂性。

例如,一个电厂可能有30年的寿命期,而邻近严重受到工厂热污染的鱼类可能需要30年以上才能回复到它们正常的生态状态。因此,在超过电厂运行寿命之后,当地渔民仍将支付实际成本。这样的复杂性在许多案例中是显而易见的。在此类案例中,应当用一个项目的标准寿命期(例如,热电厂30年),来作经济分析。同时,也应注意记录超过项目寿命期的所有成本和效益。这些扩展的成本应结合到风险分析和敏感性分析之中。

二、运用规范的投资标准来比较成本和效益

把经济内部收益率(EIRR)作为项目经济分析的一个基本指标已成惯例。根据亚洲开发银行(ADB)的《项目经济分析准则》(1987年8月),如果经济内部收益率超过项目所在国的资本机会成本,就可认为项目在经济上是可行的。因为在大多数发展中国家,资本市场不健全,国内资本的成本是很难准确估计的,10%~12%可视作可接受的内部收益率的下限。对那些内部收益率低于10%的项目,只有用强有力的社会经济评价来证明它们,并且论据充分才有可能获得

支持。

经济分析的另一个投资标准是净效益现值,通常称为净现值。当效益总净现值超过成本总净现值,则净现值大于0。这意味着就总体而言,项目将获得净的社会福利,因而值得投资。也可以将预选项目排序,根据项目产生净现值大小的顺序,确定优先投资的项目。

当把环境影响纳入经济分析时,无论是运用内部收益率标准还是净现值标准,考虑和报告所有潜在的重大环境(和其他)成本和效益是非常重要的。因为,这些成本和效益可能在定量和货币分析中被遗漏,如果被遗漏的价值较大甚至会得出错误的投资结果。这些遗漏可能是由于缺乏数据或无法确定某些项目影响的货币价值。此外,运用敏感性分析能帮助决定这样的遗漏、偏差或者不确定性是否足够大,以至于会改变经济分析的结果。

三、对关键项目变量进行敏感性分析

在可行性研究阶段,应考虑对主要环境和社会风险采取令人满意的控抑措施,对主要的环境及社会经济变量进行敏感性分析。

敏感性分析的一个主要目标是决定内部收益率或净现值对哪一个变量最敏感,特别是决定这样一些变量,即如果这些变量的价值发生变化,会引起内部收益率下降到可接受的水平以下或其净现值下降到零以下。

敏感性分析可应用于下面的情况,以找到不同假设条件下获得可能结果的范围。它包括:

(1)运用几个对环境影响及其货币价值上下限的假定方案,来计算项目的净现值或经济内部收益率。

(2)比较计算的净收益和经济内部收益率范围,从而确定不同方案和假设是否较大幅度地改变了净现值和经济内部收益率的结果。

如果净现值或经济内部收益率对假定的环境影响价值是敏感的,那么在项目经济评价中应强调这一点,并且应考虑附加分析以缩小可能的价值范围。

对那些净现值(NPV)或经济内部收益率(EIRR)表现最为敏感的环境影响价值,在分析中应充分讨论一些特定风险和可应用的控抑措施。

在环境影响价值敏感性分析过程中,可以改变的关键假设包括:

(1)货币价值的上限与下限;

(2)预期的可望物质化影响的时间区段;

(3)受影响的人口比例;

(4)自然资源、环境服务或评价计算中所用变量的市场价值;

(5)用于现值净收益分析中的贴现率。

四、将非货币化的环境成本和效益纳入经济分析

对已经货币化的环境变量的敏感性分析,按常规的敏感性分析程序进行。面对于一些非货币化的环境影响也要在项目经济分析报告中加以说明。可以采用多种方法来分析非货币化的成本和效益,以决定它们是否而且怎样影响项目的经济分析。

在对非货币化影响的敏感性分析中,可以采用近似的上下限价值。例如,看看包括一个非货币化的成本是否会将一个正净现值降低至零,或相反的,看看遗漏的效益影响是否会使一个负的净现值上升为一个正的净现值。

另一种办法是“反向分析”或“转折点”分析。这种方法用来计算被遗漏的效益或成本超过什么样的货币化价值，才能改变净现值结果的符号，使经济内部收益率从投资临界值的一边转向另一边。然后，可以用常识、文献中的价值或其他快速分析法，针对这个非货币化影响是否真有可能达到这样一个转折点价值做出判断。

还有一种方法是运用“模糊评价”或相关的“费用有效性”技术，对不同的方案进行比较，鉴定每一种选择方案产生单位非货币化环境效益的成本是多少。例如，每单位健康风险减少的成本；每公顷野生栖息地保护的成本。以最低单位成本产生最大效益的方案就是成本有效方案。在决策者考虑增加的价值是否肯定小于或大于单位成本时，允许运用“模糊评价”来判断。

以上均是比较直接的方法，用来帮助在项目经济分析中评价和描述非货币化影响。应用某种快速分析法，有些货币化的环境成本和效益可能显得不严密，似乎不能直接纳入货币化经济分析，在这种案例中，上述各种方法是很有价值的。

要点总结

环境影响经济评价是项目可行性决策的重要依据，其基本步骤包括：建立影响因子名录；建立影响名录；筛选和分析影响；将影响量化；将影响货币化；估算因素分析；把评估结果纳入项目经济分析。

建立影响因子名录是环境影响经济评价的第一步，目标是系统地确定和建设项目所有实际和潜在的环境影响因子。本章第一节总结了备选的影响因子名录，应根据实际情况，增删影响因子，来确定待评项目的影响因子。建立影响名录的目标是把单个影响因子与其影响联系起来，影响分为对人体健康、人类福利、环境资源和全球系统的影响四类，影响的程度通常可以通过剂量-反应关系量化。影响的筛选分析目的是确定出将被评价的影响，说明哪些需要定性描述，哪些可以量化和确定价值，不被评价的影响也要列出。影响的量化是指用一个合理的物理量化单位来表述每一种影响的大小。量化时应确保量化结果的一致性，从而使这些结果之间可互比，并能用来确定各种经济价值。影响的货币化是对量化了的影响赋予货币价值，其主要方法有两种：基本经济评估法和辅助评估法。其中，辅助评估法中主要是成果参照法，包含四个步骤：文献筛选，价值调整，计算单位时间价值，计算总贴现值。环境影响经济评价带有一定程度的估算成分，因此需进行估算因素分析，包括省略、偏差和不确定性因素分析，贴现率分析等。最后，需要将货币化的效益和成本纳入到常规的项目成本和效益，其步骤主要有：计算各时间段的成本流和效益流；运用规范的投资标准来比较成本和效益；对关键项目变量进行敏感度分析；将非货币化的环境成本和效益纳入经济分析。

思考题

1. 环境影响经济评价分哪几步？什么是影响因子？不同类别的项目中，有哪些常见的影响因子？
2. 在本章，影响指什么？影响因子的影响名录是指什么？
3. 如何对影响进行筛选分析？分哪几步？
4. 简述环境影响量化的步骤。
5. 简述成果参照法的四个步骤。

6. 根据具体项目经济分析选择贴现率需注意哪些问题?
7. 敏感性分析的作用、目标、分类及步骤是什么?

参考文献

1. Asian Development Bank. Economic Evaluation of Environmental Impact: A Work Book [M]. Manila: ADB, 1996.
2. 王勉,黄颖. 净现值与内部收益率的比较分析[J]. 化工技术经济,2004,22(6):34-36.
3. 曾贤刚. 环境影响经济评价[M]. 北京:化学工业出版社,2003.

第十章 环境经济政策

环境经济政策利用经济手段,通过市场机制达到保护环境的目的。污染者付费是制定环境经济政策的基本原则。环境经济政策的灵活性、多样性和费用有效性为环境经济政策广泛应用创造了条件。中国的环境经济政策在环境保护工作中发挥了重要作用。本章介绍环境经济政策的基本功能,污染者付费原则,有效率的污染水平,环境经济政策的一般形式,环境经济政策的类型和实施条件,中国的环境经济政策。

第一节 环境经济政策的基本功能

环境经济政策是利用定价、税收、收费、产权、信贷等经济手段,通过市场机制,调节经济主体的经济利益,达到污染防治和环境保护目标的政策手段。

一、基本功能

环境经济政策主要有三个基本功能:筹集资金、调节行为和提供服务。

(一) 筹集资金

政府制定和实施具有收入功能的环境经济政策,可以筹集资金,用于环境保护和污染治理,提供环境产品和服务。具有收入功能的环境经济政策有环境税、环境收费、环境定价等。环境经济政策的收入功能包括三个方面的内容:

(1) 依据法律规定,筹集用于公共服务和环境保护资金;

(2) 将筹集的资金在不同环境治理和环境服务领域之间配置;

(3) 作为环境财政资金,用于环境保护、污染治理、提供环境产品和服务。

(二) 调节行为

环境经济政策通过市场机制的作用,调节经济主体的利益关系,刺激改变环境行为,纠正市场失灵,使外部环境费用内部化。环境经济政策的调节功能主要体现在三个方面:

(1) 通过经济激励,促使经济主体改变环境行为。例如,环境定价(收费、征税)可以刺激企业治理污染和再利用废弃物,减少污染物排放量,达到保护环境和节约资源的目的。

(2) 通过保证稳定回报或收益,承担风险,承担责任,影响和促进经济主体对环境保护的投资决策。例如,政府承诺固定资产收益率,建立公私合作,提供贴息贷款,鼓励社会资本参与环境保护项目投资与运营,提高管理效率并降低环境服务供给的成本。

(3) 优化资源的配置,使环境资源从低效率用途转到高效率的用途,实现环境效率最大化。

比如总量控制下的排污许可交易，优化环境容量资源配置，可实现费用有效的污染物减排。

（三）提供服务

政府通过环境经济政策可以提供环境产品和环境服务。例如，环境收费、定价、财政支出可以提供环境公共物品或准公共服务。居民生活水价只是收取居民部分用水成本，相当于提供了居民生活用水的大部分公共服务。

专栏 10-1 中国的环境保护税

2016 年 12 月 25 日，第十二届全国人民代表大会常务委员会第二十五次会议通过了《中华人民共和国环境保护税法》，自 2018 年 1 月 1 日正式施行。环境保护税的目标是保护和改善环境，减少污染物排放，推进生态文明建设，征税对象是直接向环境排放应税污染物的企业事业单位和其他生产经营者。《中华人民共和国环境保护税法》规定："应税大气污染物和水污染物的具体适用税额的确定和调整，由省、自治区、直辖市人民政府统筹考虑本地区环境承载能力、污染物排放现状和经济社会生态发展目标要求，在本法所附《环境保护税税目税额表》规定的税额幅度内提出，报同级人民代表大会常务委员会决定，并报全国人民代表大会常务委员会和国务院备案。"《中华人民共和国环境保护税法》规定，每污染当量大气污染物的税额为 1.2～12 元，每污染当量水污染物的税额为 1.4～14 元。在此范围内的具体税额由省级政府确定。北京市采用了最高税额，江西、安徽等多个省份采用了最低税额。中国的环境保护税收入进入地方财政。

二、主要特点

环境经济政策的主要特点如下：

（一）政策功能的多样性

一项环境经济政策可能同时具备多种功能。例如，排污收费政策具有筹集资金的功能，征收的排污费为污染防治提供资金；也具有调节行为的功能，可以激励企业治理污染。环境税政策除了具备"双重红利"，即筹集资金和激励行为改变功能，还具有服务功能，将税收收入用于环境公共服务的供给。

（二）收入功能的累退性

环境经济政策筹集资金的收入功能在一定条件下具有累退性。收入和调节功能有时并存，有时相互抵消。在污染排放没有得到有效控制时，环境经济政策筹集资金和调节行为的功能会同时存在；当调节功能不足时，收入仍有上升空间，不断加大刺激力度，可以产生更多的资金收入，同时又促进了行为的改变。但资金收入与调节行为的功能过程也会存在抵消关系。行为改变必然导致资金收入下降；反之，如果通过实施环境经济政策仍然可以收入大量资金，至少在一定程度上说明破坏环境的行为尚未改变。

（三）调节功能非强制性

与命令控制型政策手段的作用机制不同，环境经济政策的调节功能是通过经济刺激改变行为主体的成本收益关系，达到政策目的，而非强制服从，这使得行为主体在政策应对上具有更多的自主性。比如，征收环境保护税后，企业可以选择进一步污染治理而少交税，也可以维持原来的污染治理水平多交税，这种选择取决于企业基于成本收益的自主决策。又如，排污许可交易制度下，对于治理成本低的企业，可以选择多治理污染，出售多余的排污许可；对于治理成本高的企业,则可以选择少治理污染,从市场上购买额外的排污许可。

(四)政策的动态调整性

环境经济政策应该动态调整,确保其功能的实现。例如,随着环境保护要求的提高和环境容量的变化,要调整控制污染物的种类、排放标准和收费标准。例如,提高污染物排放标准以后,就要提高污水处理费的收费标准。

第二节 污染者付费原则

1972年5月26日,经济合作与发展组织(OECD)在《环境政策的国际经济方面的指导性原则建议》中提出污染者付费原则(polluter pays principle,PPP),"PPP的目的是分配污染防治措施的成本,推进稀缺环境资源的合理利用并避免国际贸易和投资的扭曲。污染者应当承担由政府当局决定的污染防治的费用,确保环境处在一个可接受的状态。换句话说,这些措施的费用应当反映在生产或消费环节会产生污染的产品和服务的成本中。这样的措施不应当有相应补贴而导致国际贸易和投资的严重扭曲"①。

在提出PPP的定义后,OECD发布了一个关于PPP的解释,为PPP的操作提供指导,指出"PPP并不包含将污染降到某一最佳水平,尽管并不排斥这种可能性"②。这意味着,PPP的目的并非将污染水平降为零,而只是使污染水平置于可接受的状态,这体现了PPP的效率③。1974年,OECD发布了PPP的执行建议书,这一建议书要求OECD成员国"不通过补贴,税收优惠或其他措施帮助污染者承担污染控制成本"④,即污染者应当承担污染控制和环境损害的全部费用。进一步确立了PPP的非补贴性。

1975年,欧共体通过采纳一个要求国家执行PPP的有关成本分配和公共行动的建议,要求由公法或私法约束的对污染负责的自然人或法人,需要支付消除或减少污染的费用,以达到政府当局规定的标准⑤。1992年,联合国环境与发展大会通过了《里约环境与发展宣言》,第十六原则强调,"国家当局应当尽力促进环境成本的内部化,并使用经济手段,考虑到公共利益以及不造成国际贸易和投资的扭曲,污染者原则上应当承担污染成本"⑥。

经过几十年的发展,PPP由贸易规则转变成为环境政策制定的一项基本原则。

污染者付费原则的应用涉及三个基本概念。

一、污染

环境污染是指由于人为活动向环境排放物质或能量,超过环境的降解、自净、承载能力,环

① 参见OECD Council,"Recommendation of the Council on Guiding Principles Concerning International Economic Aspects of Environmental Policies",Annex I.

② 参见OECD Council,"Note on the Implementation of the Polluter Pays Principle".

③ Coly R. Development and Implementation of the Polluter Pays Principle in International Hazardous Materials Regulation[J]. Environmental Claims Journal,2012,24(1):33-50.

④ 参见OECD,"Recommendation on the Implementation of the Polluter-Pays Principle," section III-1.

⑤ Sands P. Principles of International Environmental Law[M]. Cambridge University Press,2003.

⑥ 参见United Nations Conference on Environment and Development,"Rio Declaration on Environment and Development",Principle 16.

境的化学、生物或物理状态发生变化，环境质量下降，造成健康损害、财产损失、生态退化的现象。造成环境污染的物质就是污染物。从环境科学意义上，污染是客观存在，由环境中污染物的浓度决定；从环境管理角度看，污染又有主观性，只有当该种物质属于污染物，污染浓度超过环境标准时，才构成“污染”。例如，$PM_{2.5}$是大气中粒径等于和小于2.5微米的颗粒物，环境浓度过高会对人体健康产生危害。尽管大气中$PM_{2.5}$已经高浓度存在，但不是代表大气环境质量的指标，因此不是管理意义上的“污染物”。直到2012年2月，新的《环境空气质量标准》颁布之后，$PM_{2.5}$才成为大气“污染物”。

按照1972年OECD对PPP的定义，污染者应当承担污染防治的费用，来确保环境处在“可接受的状态”。这一“可接受的状态”可以成为管理意义上判断污染的标尺。“可接受的状态”能够通过环境质量标准来反映。环境质量标准是国家为保护生态环境和人体健康，对环境中污染物容许浓度的规定。例如，根据中国《地表水环境质量标准》，地表水水域环境功能和保护目标，按功能高低划分为Ⅰ—Ⅴ类，不同功能类别分别执行相应类别的标准限值。例如，Ⅱ类水适用于集中式生活饮用水，其相应的指标限值较低，而Ⅳ类水主要用于一般工业用水和人体非直接接触的娱乐用水，其相应的指标限值较高。地方政府会根据本辖区的具体情况制定水功能区划，各功能区均制定目标水质，也就是水环境“可接受的状态”。若污染物排放量超过了环境容量，就会导致环境质量退化，即超出“可接受的状态”①，造成污染。因此，污染物排放标准的制定至关重要。排放标准是国家对人为活动排入环境的污染物的浓度或数量所作的限量规定。环境质量标准和污染物排放标准是衡量污染的尺度，环境质量标准是制定污染物排放标准的依据，污染物排放标准是实现环境质量标准的途径。若想使环境达到“可接受的状态”，就要求污染物排放标准依据于环境质量标准制定，而且不会造成环境退化。随着认识能力、科技水平、社会需求的变化，环境质量标准和污染物排放标准会相应变化，管理意义上的“污染”也会随之变化。

二、污染者

污染者是直接或间接向环境排放污染物的单位和个人，是造成环境污染的行为主体。关于污染者的界定，1975年欧共体委员会建议将其定义为“直接或间接造成环境损害，或者创造条件导致这种环境损害的单位和个人”。由此看出，对污染者的界定主要依据其行为是否造成环境污染或损害。如果行为主体的排放行为没有造成环境污染，即排放水平达到了环境无退化的污染物排放标准，就不是管理意义上的“污染者”，反之亦然。例如，某企业向目标水质为Ⅲ类水的水环境功能区排放废水，若该企业通过治理，排放的废水没有造成环境质量退化，那么该企业就不是“污染者”；反之，若该企业排放的废水造成受纳水体环境质量退化，那么它就是“污染者”。

三、付费

污染者付费的核心是应当由污染者承担污染行为造成的全部费用，即污染者应承担治理污染的费用和污染造成的环境成本。全部污染治理成本是达到环境无退化的排放标准时发生的治理成本。具体来讲，根据环境质量标准确定排放标准，在此排放标准下，环境质量不会退化，再根据环境无退化的排放标准确定治理成本。

---

①　环境退化是人类对环境的不合理开发利用，引起环境系统的结构发生变化，从而导致自我调节能力下降、功能减退的现象。

污染的外部成本体现为环境损害成本，即污染物对人类社会和自然生态系统产生的健康损害、生物多样性减少、生态功能丧失等。污染者承担的治理成本和外部成本之间一般存在着此消彼长的关系，如图 10-1 所示。污染者有三种行为选择：承担全部治理成本，承担部分治理成本，不承担任何治理成本，其对应的外部成本有很大差异。当污染者的排放水平达到环境无退化排放标准时，排放没有外部成本，此时污染者为达标排放支付的治理成本就是全部成本。当污染者排放没有达到环境无退化排放标准污染环境时，就会产生外部成本，如果没有严格的制度管制，企业不会主动承担这些外部成本，即使缴纳一定的排污费也不能覆盖污染的外部损害成本，这意味着污染者只承担了部分治理成本，其余成本则由社会负担。当污染者无处理排放时，没有承担任何治理成本，此时会造成严重环境污染，外部成本极大。

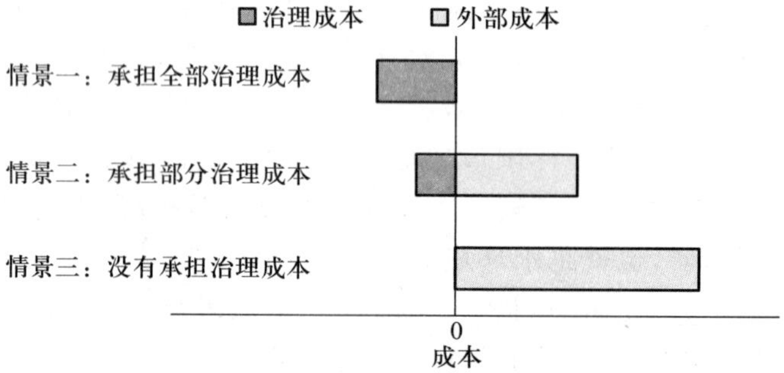

图 10-1　治理成本与外部成本的关系

无论污染者不付费还是少付费，都会造成“谁污染谁受益”“全社会承担外部成本”。治理污染以及消除环境损害的费用只能由政府、社会和环境承担。

一般来说，环境损害具有长期性和不可逆性。因此，环境污染发生后的外部成本往往远高于使排放水平达到环境无退化排放标准时的治理成本。让污染者承担全部费用（治理成本和外部成本），有效率的做法应当是承担全部治理成本，使排放水平达到环境无退化的排放标准，此时社会总成本最小，环境效益最大。另外，由于外部成本往往难以货币化，而治理成本容易计算，因此承担全部治理成本更具有可行性。

污染物排放标准直接影响污染者的治理成本。达到环境无退化的排放标准时发生的治理成本是制定环境收费（税）标准的基础。污染物排放标准应当根据环境质量标准制定，而不能与环境质量标准脱钩（图 10-2）。

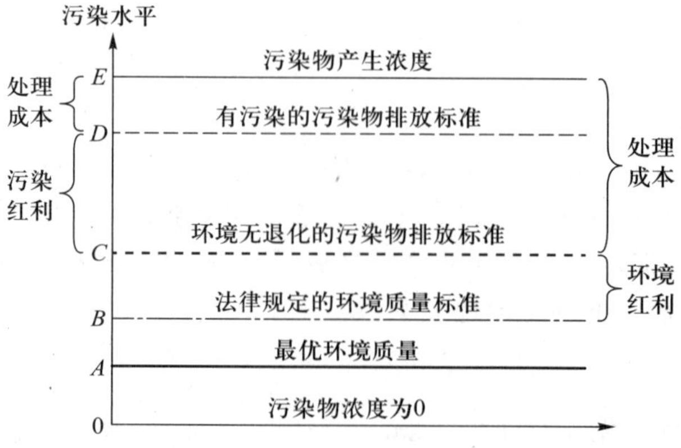

图 10-2　环境质量标准、排放标准与污染者付费

如图 10-2 所示，纵轴代表不同的污染水平。0 点污染物浓度为 0。A 为最优环境质量；B 为法律规定的环境质量标准；C 为环境无退化（不会造成环境污染）的污染物排放标准；D 为会造成环境污染的污染物排放标准；E 为污染物产生浓度。

当污染者的污染物产生浓度为 E 时：

（1）如果环境没有降解能力，污染者应当按照环境质量标准 B 处理污染物达标排放，即环境质量标准就是污染物排放标准，处理后的污染物浓度是 B，处理成本是从 E 到 B，环境红利为零。

（2）如果环境还有降解能力，污染者应当按照污染物排放标准 C 处理污染物达标排放，此时排放的污染物浓度为 C，能够被环境降解，不会造成环境污染（环境无退化），处理成本是从 E 到 C，环境红利是从 C 到 B。

（3）如果环境还有降解能力，但是制定的污染物排放标准 D 高于环境无退化的污染物排放标准 C，污染者按照污染物排放标准 D 处理污染物达标排放，此时排放的污染物浓度为 D，不能被环境降解，造成环境污染，处理成本是从 E 到 D。从 D 到 C 是污染者节省的处理成本，也是污染者造成的最小外部成本，也是污染者通过外部不经济性获得的内部收益，称为污染红利。这个污染红利是制度失效造成的。

（4）如果环境还有降解能力，但是没有污染物排放标准，企业可以不违法无处理排放；或者有污染物排放标准，但是企业违法无处理排放，此时排放的污染物浓度为 E，不能被环境降解，造成环境污染，处理成本是零。从 E 到 C 是污染者节省的处理成本，也是污染者造成的外部成本，也是污染者通过外部不经济性获得的内部收益，称为污染红利。这个污染红利是制度失效和/或企业违法造成的。

根据污染者付费原则，如果环境还有降解能力，环境保护税的税率（或排污收费的收费标准）应该等于达到环境无退化的污染物排放标准 C 时的边际处理成本，此时，对于所有排放污染物浓度高于环境无退化的排放标准 C 的污染者（包括无处理排放的污染者），都需要交纳从实际排放浓度 E 到 C 的环境保护税，或者进一步把污染处理到相当于排放标准 C 排放。无论采取哪一种行为，都实现了外部成本内部化，消除了污染红利。

如果环境没有降解能力，环境保护税的税率（或排污收费的收费标准）应该等于达到环境质量标准 B 时的边际处理成本，此时，对于所有排放污染物浓度高于环境质量标准 B 的污染者（包括无处理排放的污染者），都需要交纳从实际排放浓度到 B 的环境保护税，或者进一步把污染处理到相当于环境质量标准 B 排放。无论采取哪一种行为，都实现了外部成本内部化，消除了污染红利。

基于完全成本的污染者付费，或者说外部成本必须全部内部化的污染者付费，包涵以下五方面的内容，这也是完整、准确、全面的理解污染者付费。

第一，污染者必须付费。

第二，污染者必须付全费，既包括内部的治理成本，也包括污染造成的外部成本。

第三，污染者付费实质是污染者治理，不是花钱买污染，而是一定要治理。如果付费太高，那就自己治理，或者付费委托第三方治理。

第四，污染者不付费或少付费，就是污染者受益。污染者少付费不是省钱，而是挣钱，交的越少，收益越大。如果一分钱不交，那天下就有免费午餐了。

第五，不污染不付费。既然是污染者付费，那么没有污染就不应付费。

第三节 有效率的污染水平

环境容量也是资源,对环境容量利用不足或者不利用,是资源配置的低效率或者无效率。但是,因为环境容量是有限的,对环境容量利用过度甚至损坏环境容量,同样是资源配置的低效率或者无效率。因此,存在最优配置环境资源或有效率的污染水平的问题。

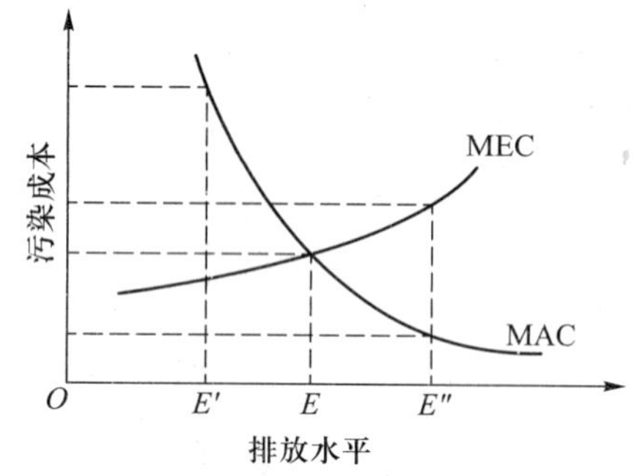

图 10-3 有效率的污染水平

图 10-3 是有效率的污染水平。图 10-3 中,由右向左移动意味着更高的治理程度和更少的污染排放。在一定的环境条件、技术水平和经济规模下,污染的边际治理成本随着排放水平的提高而减少,污染的边际损害成本随着排放水平的提高而增加。因此,边际治理成本曲线(MAC)向右下方倾斜,边际损害成本曲线(MEC)向右上方倾斜。治理成本与损害成本之和是社会总成本。

理想的排放管制是在 E 点,此点又称为有效率的污染水平。此时边际治理成本等于边际损害成本,社会总成本最小,资源实现有效率的配置。更严格的排放管制(如 E'点)是低效率的,因为污染治理成本的上升幅度超过了污染损害成本的下降幅度,总成本增加。类似地,更宽松的排放管制(如 E''点)也低效率的,因为污染损害成本的上升幅度超过了污染治理成本的下降幅度,总成本也是增加的。因此,有效率的污染水平可能不是零排放,而是边际治理成本与边际损害成本相等条件下的排放水平。

在一定的技术水平和经济规模下,有效率的污染水平由于环境状况的不同而改变,对于环境容量较小或者对污染更加敏感的环境,有效率的污染水平更靠近纵轴,意味着较低水平的污染排放。对于环境容量较大或对污染不敏感的环境,有效率的污染水平更远离纵轴,意味着较高水平的污染排放。对于没有环境容量或者污染极度敏感的环境,边际损害成本曲线接近纵轴,有效率的污染水平接近原点,排放水平近零。

有效率的污染水平下的边际损害成本可以作为对污染排放征收环境税的税率依据。由于很难获得有关边际损害成本的准确信息,可以先制定环境无退化的污染物排放标准,再根据环境无退化的污染物排放标准下的边际治理成本确定环境税税率。

第四节 环境经济政策的一般形式

根据利用市场解决环境问题的形式,环境经济政策分为“调节市场”和“建立市场”两类。“调节市场”是利用现有的市场来实施环境管理,例如,征收环境税费、制定环境价格、取消对环境有害的补贴、建立抵押金制度。“建立市场”是通过建立新的市场机制来解决环境问题,例如,明晰产权、可交易的排污许可、购买环境等服务(表 10-1)。

表 10-1 环境经济政策的类型

类型	实施途径	实例
调节市场型	利用市场机制	排污费、环境税、污水处理费、环境价格
建立市场型	建立市场机制	明晰产权、排污权交易、购买环境服务

调节市场型环境经济政策是通过“看得见的手”即政府干预来解决环境问题，是由政府给外部不经济性确定一个合理的负价格，由外部不经济性的制造者承担全部外部费用。最先提出这一思想的人是英国经济学家庇古。因此这类环境经济政策又称为庇古手段。建立市场型的环境经济政策主要通过“看不见的手”即市场机制来解决环境问题。其基本思想是 1960 年科斯在《社会成本问题》一文中提出的“科斯定理”，因此这类环境经济政策又称之为科斯手段。

专栏 10-2 中国的碳交易市场

自 2010 年以来，中国已取代美国成为世界最大的温室气体排放国。碳交易是中国控制温室气体排放的一项重要市场工具。中国于 2013 年启动了 7 个区域碳市场试点，包括四个直辖市（北京、上海、天津和重庆），两个省（广东和湖北）和一个经济特区（深圳）。7 个交易试点每年总共发放 12 亿吨 CO_2 排放许可，占 2014 年国家排放的 11.4% 左右。这些试点省区将为其他省份参与碳交易以及全国性碳排放市场的建设提供经验。2014 年，国家发改委制定了 2016 至 2020 年建立全国性碳交易市场计划。2017 年 12 月，中国启动全国碳交易市场，市场启动初期仅针对电力行业。

这两类环境经济政策的共同之处在于都是为了使外部费用内部化；都允许污染者通过费用效益的比较，选择一种最优治理方案。但两类政策手段的实施途径和效果是不同的，主要表现在：

（1）庇古手段多依赖于政府。例如，依赖于政府对环境问题及其重要性的认识以及掌握的信息。而科斯手段更多地依赖市场机制。如果不存在“政策失效”，两种手段都可行。但如果出现政府“寻租”的情况，科斯手段可能比庇古手段更有效。

（2）庇古手段需要政府实施收费或定价，管理成本较大；而科斯手段需要界定产权。在产权制度不健全的情况下，环境资源的产权界定比较困难，交易成本比较大。这又使得科斯手段效率降低。

（3）实施庇古手段，除了使社会获得环境效益外，还具有收入功能，可使政府获得经济收益。科斯手段则一般只获得环境效益。

（4）庇古手段通常需要设定费率或税率，税率调整需要相应的程序，在为厂商提供污染治理、设备更新刺激上，不够灵活。而良好运转的科斯手段具有环境价值发现的功能，价格信号的灵活性更能刺激厂商采取措施改进生产设备，减少排污。

庇古手段和科斯手段各有利弊。在其他条件不变，特别是环境收益相同的情况下，选择什么环境经济政策手段主要取决于边际管理成本和边际交易费用的大小。边际管理成本（MMC）是指增加一个污染者所带来的政府管理总成本的增量。边际交易成本（MTC）是指增加一个污染者所带来的企业与企业之间交易费用的增量。MMC 和 MTC 都包括环境保护机构运行成本和环境监测成本，但这些成本在两类手段中占的比例不同。当污染者数量较少时，MMC 较高，而 MTC 较低，当污染者数量较多时，情况则相反。图 10-4 展示了这两种成本随污染者数量的增加而变化的情形。

由图 10-4 可见,当 MTC 与 MMC 交于 F 点,对应的边际成本和污染企业数分别 MC_0 和 Q_2。此时,两种手段都可以采用。当 $Q<Q_2$ 时,MMC>MTC,应选择科斯手段。当 $Q>Q_2$ 时,MTC>MMC,应选择庇古手段。进一步分析可知,MMC 到达最低点 L,然后又回升。L 点以后采取什么手段不仅取决于 MTC 与 MMC 的比较,还涉及庇古手段与命令控制型手段的比较。但在 G 点以左,即在 $Q_2<Q<Q_4$ 时,政府还可以继续选择庇古手段。而在 G 点以右,即 $Q>Q_4$ 时,由于 MMC 急剧上升,应考虑采用命令控制型手段。

值得指出的是,随着市场化程度的提高,MTC 会向右移,交点 F 也移至 F',决定管理手段的临界污染企业数也由 Q_2 移到 Q_2',这时科斯手段的活动区间增加(图 10-5)。

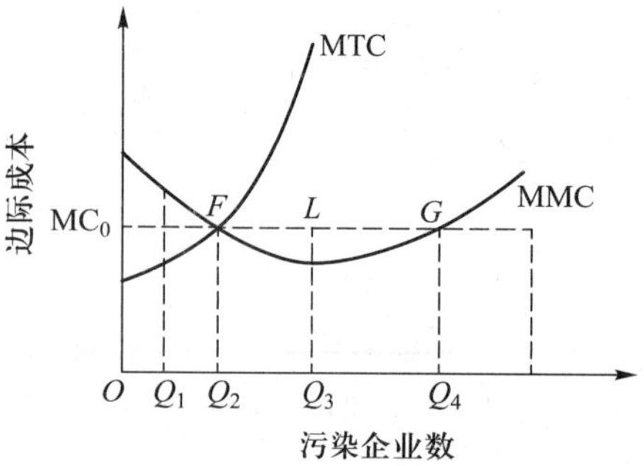

图 10-4 边际管理成本与边际交易成本

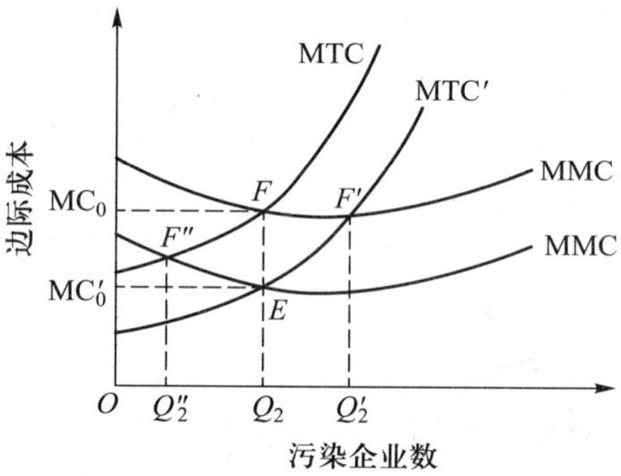

图 10-5 市场化程度与政府效率

同理,如果提高政府工作效率,则 MMC 会下降到 MMC′,交点 F 降为 F'',相应的 Q_2 降为 Q_2'',这时庇古手段的活动区间增加。

但在有些情况下,市场化程度和政府工作效率会同时提高到,此时有可能找到图 10-5 中的新的临界点 E。E 点与 F 点所决定的环境经济政策手段的选择区间基本一致,但边际成本由 MC_0 下降到 MC_0'。因此努力完善市场机制,提高政府工作效率是值得期望的。

上述分析表明,可以把科斯手段与庇古手段混合使用,而不是把两类手段对立起来。例如,可以把环境保护税和排污许可交易配套使用,以最小成本实现污染控制目标。

第五节 环境经济政策的类型和实施条件

一、环境经济政策的类型

环境经济政策主要有以下类型:

① 明晰产权,包括所有权、使用权、排放权和开发权等;

② 建立市场,包括可交易的排污许可,可交易的资源使用权等;

③ 税收手段,包括环境保护税、资源税、产品税、消费税、税率差、税收优惠等;

④ 收费制度,包括排污费、资源使用费等;

⑤ 罚款制度,包括违法罚款、违约罚款等;

⑥ 金融手段,包括软贷款、贴息贷款、优惠贷款、环境基金、绿色债券等;

⑦ 财政手段,包括财政拨款、补贴、专项基金等;
⑧ 责任赔偿,包括法律责任赔偿、环境资源损害责任赔偿、保险赔偿等;
⑨ 证券与押金制度,包括环境行为证券、废物处理证券、押金、股票等;
⑩ 环境定价,包括水资源价格、环保电价等;
⑪ 环境保险,包括环境强制责任险、环境损害责任险等;
⑫ 生态环境补偿,包括生态补偿、环境服务购买。

环境经济政策适用的领域主要包括:
① 污染防治;
② 自然生态保护;
③ 自然资源利用;
④ 流域、区域环境管理;
⑤ 国际和全球环境问题;
⑥ 生产和消费。

专栏 10-3 嘉兴排污权拍卖

我国首次采用拍卖的方式进行排污权交易是 2008 年 10 月 19 日浙江嘉兴南湖区举行的排污权指标拍卖会。排污权指标拍卖会上,共有 10 家企业参与竞拍,总标的为 6.5 t/a 化学需氧量(COD)和 1.5 t/a 二氧化硫(SO_2)的排污权指标。COD 排污权底价 8 万元/t,二氧化硫排污权底价 2 万元/t。最终 COD 竞拍成交,总金额为 59.9 万元,其中最后一个 1 t/a 的标的,经过 43 轮激烈竞拍,以全场最高价 10.35 万元/t 成交,超过起拍价 2.35 万元/t。SO_2 成交总额 1.67 万元,最高成交价为 2.16 万元/t。

二、环境经济政策的实施条件

实施以市场为基础的环境经济政策,发挥防止污染、保护环境的作用和功能,需要具备以下条件。

(一) 比较完备的市场体系

环境经济政策是通过市场机制,间接调节管理对象的行为。环境经济政策目标能否实现,取决于市场的完备程度。如果市场机制缺失,存在障碍,或者遭遇行政干预,就会失去传递信息的中介,导致市场信号失真;管理对象可能对市场信号反应迟钝,甚至不发生反应和不在乎市场是否存在,最终导致环境经济政策的低效率甚至失败。

(二) 相应的法律保障

制定和实施环境经济政策必须建立在相应的法律基础之上,具备法律依据,才具有合法性和权威性。有的环境经济政策本身就需要立法,例如中国的《中华人民共和国环境保护税法》。还有些环境经济政策需要法律确定,例如,总量控制下的排污许可交易。环境经济政策还要与现行法律保持一致,否则政策执行就缺少依据。法律除了确认环境经济政策的合法性之外,还要授权主管部门制定政策的实施细节和管理规定。

(三) 制定实施规章和监管机构

在法律框架之下,环境经济政策的有效执行还需要制定实施的规章制度,需要相应的监督管理机构,负责环境经济政策的执行和监管。例如,征收环境保护税,需要制定具体的实施细则和税率,确定负责征收、监管的机构。对于环境保护税的征收情况,还要定期检查,对数据真实性和纳税情况进行核查,对于违反法律规定的情形,要给予相应处罚。

(四)信息和数据

信息和数据是环境经济政策制定与实施的重要条件,包括污染源排放信息、环境质量信息、环境损害信息、污染源申报信息等。

第六节 中国的环境经济政策

中国的环境经济政策包括四个层次,中共中央的方针政策为国家法律、法规、行政规章和地方行政法规有关环境经济政策的制定提供指导;国家法律规定了环境经济政策的基本要求,是制定政策的法律依据,有些环境经济政策本身就具有法律的形式,例如《中华人民共和国环境保护税法》;国务院法规规定环境经济政策的实施细则,或者成为具体的环境经济政策,比如《中华人民共和国环境保护税法实施条例》;国务院所属部委和省级人民政府在国家法律、法规的原则基础上,以行政规章的形式制定环境经济政策,为执行政策提供明确具体的规定、要求、标准,成为可实施的政策。

一、中国共产党制定的方针政策

2012 年 11 月 8 日,中国共产党第十八次全国代表大会报告提出,“深化资源性产品价格和税费改革,建立反映市场供求和资源稀缺程度、体现生态价值和代际补偿的资源有偿使用制度和生态补偿制度。积极开展节能量、碳排放权、排污权、水权交易试点。加强环境监管,健全生态环境保护责任追究制度和环境损害赔偿制度”。

2013 年 11 月 12 日,中国共产党第十八届中央委员会第三次全体会议通过《中共中央关于全面深化改革若干重大问题的决定》,提出完善税收制度。深化税收制度改革,完善地方税体系,把高耗能、高污染产品及部分高档消费品纳入征收范围。加快资源税改革,推动环境保护费改税。实行资源有偿使用制度和生态补偿制度。加快自然资源及其产品价格改革,全面反映市场供求、资源稀缺程度、生态环境损害成本和修复效益。坚持使用资源付费和谁污染环境、谁破坏生态谁付费原则,逐步将资源税扩展到占用各种自然生态空间。坚持谁受益、谁补偿原则,完善对重点生态功能区的生态补偿机制,推动地区间建立横向生态补偿制度。发展环保市场,推行节能量、碳排放权、排污权、水权交易制度,建立吸引社会资本投入生态环境保护的市场化机制,推行环境污染第三方治理。

2017 年 10 月 27 日,中国共产党第十九次全国代表大会报告提出,“推进绿色发展。加快建立绿色生产和消费的法律制度和政策导向,建立健全绿色低碳循环发展的经济体系。构建市场导向的绿色技术创新体系,发展绿色金融,壮大节能环保产业、清洁生产产业、清洁能源产业。推进能源生产和消费革命。加大生态系统保护力度。建立市场化、多元化生态补偿机制”。①

---

① 习近平:决胜全面建成小康社会 夺取新时代中国特色社会主义伟大胜利——在中国共产党第十九次全国代表大会上的报告。

2015 年 3 月 24 日，《中共中央　国务院关于加快推进生态文明建设的意见》提出，“完善经济政策。健全价格、财税、金融等政策，激励、引导各类主体积极投身生态文明建设。深化自然资源及其产品价格改革，凡是能由市场形成价格的都交给市场，政府定价要体现基本需求与非基本需求以及资源利用效率高低的差异，体现生态环境损害成本和修复效益。进一步深化矿产资源有偿使用制度改革，调整矿业权使用费征收标准。加大财政资金投入，统筹有关资金，对资源节约和循环利用、新能源和可再生能源开发利用、环境基础设施建设、生态修复与建设、先进适用技术研发示范等给予支持。将高耗能、高污染产品纳入消费税征收范围。推动环境保护费改税。加快资源税从价计征改革，清理取消相关收费基金，逐步将资源税征收范围扩展到占用各种自然生态空间。完善节能环保、新能源、生态建设的税收优惠政策。推广绿色信贷，支持符合条件的项目通过资本市场融资。探索排污权抵押等融资模式。深化环境污染责任保险试点，研究建立巨灾保险制度。

推行市场化机制。加快推行合同能源管理、节能低碳产品和有机产品认证、能效标识管理等机制。推进节能发电调度，优先调度可再生能源发电资源，按机组能耗和污染物排放水平依次调用化石类能源发电资源。建立节能量、碳排放权交易制度，深化交易试点，推动建立全国碳排放权交易市场。加快水权交易试点，培育和规范水权市场。全面推进矿业权市场建设。扩大排污权有偿使用和交易试点范围，发展排污权交易市场。积极推进环境污染第三方治理，引入社会力量投入环境污染治理。

健全生态保护补偿机制。科学界定生态保护者与受益者权利义务，加快形成生态损害者赔偿、受益者付费、保护者得到合理补偿的运行机制。结合深化财税体制改革，完善转移支付制度，归并和规范现有生态保护补偿渠道，加大对重点生态功能区的转移支付力度，逐步提高其基本公共服务水平。建立地区间横向生态保护补偿机制，引导生态受益地区与保护地区之间、流域上游与下游之间，通过资金补助、产业转移、人才培训、共建园区等方式实施补偿。建立独立公正的生态环境损害评估制度”。

2018 年 6 月 16 日，《中共中央　国务院关于全面加强生态环境保护　坚决打好污染防治攻坚战的意见》提出，健全生态环境保护经济政策体系。资金投入向污染防治攻坚战倾斜，坚持投入同攻坚任务相匹配，加大财政投入力度。逐步建立常态化、稳定的财政资金投入机制。扩大中央财政支持北方地区清洁取暖的试点城市范围，国有资本要加大对污染防治的投入。完善居民取暖用气用电定价机制和补贴政策。增加中央财政对国家重点生态功能区、生态保护红线区域等生态功能重要地区的转移支付，继续安排中央预算内投资对重点生态功能区给予支持。各省（自治区、直辖市）合理确定补偿标准，并逐步提高补偿水平。完善助力绿色产业发展的价格、财税、投资等政策。大力发展绿色信贷、绿色债券等金融产品。设立国家绿色发展基金。落实有利于资源节约和生态环境保护的价格政策，落实相关税收优惠政策。研究对从事污染防治的第三方企业比照高新技术企业实行所得税优惠政策，研究出台“散乱污”企业综合治理激励政策。推动环境污染责任保险发展，在环境高风险领域建立环境污染强制责任保险制度。推进社会化生态环境治理和保护。采用直接投资、投资补助、运营补贴等方式，规范支持政府和社会资本合作项目；对政府实施的环境绩效合同服务项目，公共财政支付水平同治理绩效挂钩。鼓励通过政府购买服务方式实施生态环境治理和保护。

二、全国人民代表大会制定和颁布的法律

中华人民共和国全国人民代表大会或全国人大常委会制定的《中华人民共和国环境保护

法》《中华人民共和国水污染防治法》《中华人民共和国大气污染防治法》《中华人民共和国水法》《中华人民共和国海洋环境保护法》《中华人民共和国矿产资源法》等都提出了关于环境经济政策的法律规定和依据。

1.《中华人民共和国环境保护法》①

第二十一条　国家采取财政、税收、价格、政府采购等方面的政策和措施，鼓励和支持环境保护技术装备、资源综合利用和环境服务等环境保护产业的发展。

第二十二条　企业事业单位和其他生产经营者，在污染物排放符合法定要求的基础上，进一步减少污染物排放的，人民政府应当依法采取财政、税收、价格、政府采购等方面的政策和措施予以鼓励和支持。

第三十一条　国家建立、健全生态保护补偿制度。国家加大对生态保护地区的财政转移支付力度。有关地方人民政府应当落实生态保护补偿资金，确保其用于生态保护补偿。国家指导受益地区和生态保护地区人民政府通过协商或者按照市场规则进行生态保护补偿。

第四十三条　排放污染物的企业事业单位和其他生产经营者，应当按照国家有关规定缴纳排污费。排污费应当全部专项用于环境污染防治，任何单位和个人不得截留、挤占或者挪作他用。依照法律规定征收环境保护税的，不再征收排污费。

第五十二条　国家鼓励投保环境污染责任保险

2.《中华人民共和国水污染防治法》②

第四十九条　城镇污水应当集中处理。县级以上地方人民政府应当通过财政预算和其他渠道筹集资金，统筹安排建设城镇污水集中处理设施及配套管网，提高本行政区域城镇污水的收集率和处理率。城镇污水集中处理设施的运营单位按照国家规定向排污者提供污水处理的有偿服务，收取污水处理费用，保证污水集中处理设施的正常运行。收取的污水处理费用应当用于城镇污水集中处理设施的建设运行和污泥处理处置，不得挪作他用。城镇污水集中处理设施的污水处理收费、管理以及使用的具体办法，由国务院规定。

3.《中华人民共和国大气污染防治法》③

第二十一条　国家逐步推行重点大气污染物排污权交易

第五十条　国家采取财政、税收、政府采购等措施推广应用节能环保型和新能源机动车船、非道路移动机械，限制高油耗、高排放机动车船、非道路移动机械的发展，减少化石能源的消耗。

4.《中华人民共和国水法》④

第七条　国家对水资源依法实行取水许可制度和有偿使用制度。但是，农村集体经济组织及其成员使用本集体经济组织的水塘、水库中的水的情况除外。国务院水行政主管部门负责全国取水许可制度和水资源有偿使用制度的组织实施。

第四十八条　直接从江河、湖泊或者地下取用水资源的单位和个人，应当按照国家取水许

---

① 中华人民共和国第十二届全国人民代表大会常务委员会第八次会议于2014年4月24日修订通过。

② 2017年6月27日第十二届全国人民代表大会常务委员会第二十八次会议《关于修改〈中华人民共和国水污染防治法〉的决定》(第二次修正)、《中华人民共和国水污染防治法》公布。

③ 《中华人民共和国大气污染防治法》已由中华人民共和国第十二届全国人民代表大会常务委员会第十六次会议于2015年8月29日修订通过。

④ 根据2016年7月2日第十二届全国人民代表大会常务委员会第二十一次会议通过的《全国人民代表大会常务委员会关于修改〈中华人民共和国节约能源法〉等六部法律的决定》修改。

可制度和水资源有偿使用制度的规定，向水行政主管部门或者流域管理机构申请领取取水许可证，并缴纳水资源费，取得取水权。但是，家庭生活和零星散养、圈养畜禽饮用等少量取水的除外。实施取水许可制度和征收管理水资源费的具体办法，由国务院规定。

第四十九条　用水应当计量，并按照批准的用水计划用水。用水实行计量收费和超定额累进加价制度。

第五十五条　使用水工程供应的水，应当按照国家规定向供水单位缴纳水费。供水价格应当按照补偿成本、合理收益、优质优价、公平负担的原则确定。具体办法由省级以上人民政府价格主管部门会同同级水行政主管部门或者其他供水行政主管部门依据职权制定。

5.《中华人民共和国海洋环境保护法》①

第十二条　直接向海洋排放污染物的单位和个人，必须按照国家规定缴纳排污费。依照法律规定缴纳环境保护税的，不再缴纳排污费。向海洋倾倒废弃物，必须按照国家规定缴纳倾倒费。根据本法规定征收的排污费、倾倒费，必须用于海洋环境污染的整治，不得挪作他用。具体办法由国务院规定。

第二十四条　国家建立健全海洋生态保护补偿制度。

第六十六条　国家完善并实施船舶油污损害民事赔偿责任制度；按照船舶油污损害赔偿责任由船东和货主共同承担风险的原则，建立船舶油污保险、油污损害赔偿基金制度。实施船舶油污保险、油污损害赔偿基金制度的具体办法由国务院规定。

6.《中华人民共和国矿产资源法》②

第五条　国家实行探矿权、采矿权有偿取得的制度；但是，国家对探矿权、采矿权有偿取得的费用，可以根据不同情况规定予以减缴、免缴。具体办法和实施步骤由国务院规定。开采矿产资源，必须按照国家有关规定缴纳资源税和资源补偿费。

2016 年 12 月 25 日，十二届全国人大常委会第二十五次会议通过《中华人民共和国环境保护税法》，2018 年 1 月 1 日起施行。《中华人民共和国环境保护税法》的立法目标是保护和改善环境，减少污染物排放，推进生态文明建设。在中华人民共和国领域和中华人民共和国管辖的其他海域，直接向环境排放应税污染物的企业事业单位和其他生产经营者为环境保护税的纳税人，应当依照本法规定缴纳环境保护税。《中华人民共和国环境保护税法》规定了计税依据和应纳税额、税收减免和征收管理。

三、国务院制定的行政法规和规划纲要

行政法规是国务院为领导和管理国家行政工作，根据宪法和法律授权，按照法定程序制定的有关行使行政权力，履行行政职责的制度政策的总称。行政法规的制定主体是国务院，行政法规具有法的效力。行政法规一般以条例、办法、实施细则、规定等形式颁布。颁布行政法规由国务院总理签署国务院令。行政法规的效力次于法律，高于部门规章和地方法规。以国务院行政法规形式发布施行的环境经济政策有《中华人民共和国资源税暂行条例》（1993 年 12 月 25 日发布，2011 年 9 月 30 日修订执行），《中华人民共和国环境保护税法实施条例》（2017 年 12 月 30 日发布，

① 根据 2017 年 11 月 4 日第十二届全国人民代表大会常务委员会第三十次会议《关于修改〈中华人民共和国会计法〉等十一部法律的决定》第三次修正。

② 根据 2009 年 8 月 27 日第十一届全国人民代表大会常务委员会第十次会议《关于修改部分法律的决定》第二次修正。

2018 年 1 月 1 日施行)。包含了环境经济政策内容国务院行政法规还有《中华人民共和国城市供水条例》(1994 年 7 月 19 日发布,1994 年 10 月 1 日施行),《中华人民共和国城镇排水与污水处理条例》(2013 年 10 月 2 日发布,2014 年 1 月 1 日实施)。《中华人民共和国取水许可和水资源费征收管理条例》(2006 年 2 月 21 日颁布,2006 年 4 月 15 日 2017 年 3 月 1 日修订执行)。

中华人民共和国国民经济和社会发展五年规划纲要是根据《中共中央关于制定国民经济和社会发展五年规划的建议》编制,主要阐明国家战略意图,明确经济社会发展宏伟目标、主要任务和重大举措,是市场主体的行为导向,是政府履行职责的重要依据,是全国各族人民的共同愿景。在“十二五”和“十三五”规划纲要中,都提出了建立环境经济政策的要求。

《中华人民共和国国民经济和社会发展第十二个五年规划纲要》提出,“建立健全能够灵活反映市场供求关系、资源稀缺程度和环境损害成本的资源性产品价格形成机制,促进结构调整、资源节约和环境保护”“建立健全污染者付费制度,提高排污费征收率。改革垃圾处理费征收方式,适度提高垃圾处理费标准和财政补贴水平。完善污水处理收费制度。积极推进税费改革,选择防治任务繁重、技术标准成熟的税目开征环境保护税,逐步扩大征收范围”。

《中华人民共和国国民经济和社会发展第十三个五年规划纲要》提出,“加快农业、工业、城镇节水改造,扎实推进农业综合水价改革。完善市场调节、标准控制和考核监管。建立健全用能权、用水权、碳排放权初始分配制度,创新有偿使用、预算管理、投融资机制,培育和发展交易市场。建立健全排污权有偿使用和交易制度。推动建设全国统一的碳排放交易市场,实行重点单位碳排放报告、核查、核证和配额管理制度。加快建立多元化生态补偿机制,完善财政支持与生态保护成效挂钩机制。建立健全生态环境损害评估和赔偿制度,落实损害责任终身追究制度。严格环境损害赔偿,在高风险行业推行环境污染强制责任保险。建立绿色金融体系,发展绿色信贷、绿色债券,设立绿色发展基金”。

四、国务院部委和省级人民政府制定的行政规章

行政规章是国务院各部委以及各省、自治区、直辖市的人民政府根据宪法、法律和行政法规等制定和发布的规范性文件。国务院各部委制定的称为部门行政规章,其余的称为地方行政规章。《规章制定程序条例》第六条规定,规章的名称一般称“规定”“办法”,但不得称“条例”。

国务院部委以行政规章形式发布环境经济政策,例如《水资源费征收使用管理办法》《水利工程供水价格管理办法》《城市供水价格管理办法》等。省级地方人民政府以行政规章形式制定发布环境经济政策,例如《北京市大气污染防治条例》《浙江省水资源费征收管理办法》。

专栏 10-4 水资源费政策

《中华人民共和国水法》为水资源费政策提供了法律依据,2002 年 8 月修订后颁布的《中华人民共和国水法》第四十八条规定,“直接从江河、湖泊或者地下取用水资源的单位和个人,应当按照国家取水许可制度和水资源有偿使用制度的规定,向水行政主管部门或者流域管理机构申请领取取水许可证,并缴纳水资源费,取得取水权。但是,家庭生活和零星散养、圈养畜禽饮用等少量取水的除外。实施取水许可制度和征收管理水资源费的具体办法,由国务院规定”。

2006 年国务院制定的《取水许可和水资源费征收管理条例》(以下简称《水资源费条例》)第二十八条规定,“水资源费征收标准由省、自治区、直辖市人民政府价格主管部门会同同级财政部门、水行政主管部门制定,报本级人民政府批准,并报国务院价格主管部门、财政部门

和水行政主管部门备案。其中,由流域管理机构审批取水的中央直属和跨省、自治区、直辖市水利工程的水资源费征收标准,由国务院价格主管部门会同国务院财政部门、水行政主管部门制定”。即水资源费政策的决策权在省级政府,由价格主管、财政、水行政主管三个部门共同制定。

2008 年,财政部、国家发展改革委和水利部共同发布的《水资源费征收使用管理办法》(以下简称《水资源费办法》)在《水资源费条例》的基础上,进一步明确了水资源费的相关规定。基于《水资源费条例》和《水资源费办法》的相关规定,我国各省制定了本省的水资源费政策。例如,2009 年 4 月河南省颁布的《河南省取水许可和水资源费征收管理办法》进一步规定,“省水行政主管部门负责全省取水许可和水资源费征收管理制度的组织实施和监督管理。县级以上水行政主管部门按照本办法的规定,负责本行政区域内取水许可制度的实施和水资源费的征收管理工作”(第五条),“企业缴纳的水资源费计入生产、经营成本或者费用,行政事业单位缴纳的水资源费在行政事业费中列支。城镇公共供水价格应当包含水资源费,由供水企业统一向水资源费征收机关缴纳”(第三十条)。

中国的环境经济政策见表 10-2。

表 10-2 中国环境经济政策一览

政策名称	政策类型	法律或政策依据	制定部门	执行部门	政策对象	备注
环境保护税	税收	《中国人民共和国环境保护税法》(2018 年 1 月 1 日施行)	全国人民代表大会常务委员会	各级税务和环境部门	直接向环境排放应税污染物的企业事业单位和其他生产经营者	取代了排污收费政策
资源税、资源补偿费	税收、收费	《中华人民共和国资源税暂行条例》(1994 年 1 月 1 日施行)	国务院	财政部商国务院有关部门	开采或者生产应税产品的单位和个人	
		《矿产资源补偿费征收管理规定》(1994 年 4 月 1 日施行)	国务院	地质矿产部门、财政部门	开采矿产资源应缴纳补偿费的单位和个人	
		《中华人民共和国矿产资源法实施细则》(1994 年 3 月 26 日施行)	国务院	地质矿产部门	开采矿产资源应税产品的单位和个人	
		《中华人民共和国资源税暂行条例》(2011 年 9 月 30 日修订)	国务院	财政部商国务院有关部门、税务部门等	开采或者生产应税产品的单位和个人	
		《中华人民共和国资源税暂行条例实施细则》(2011 年 11 月 1 日施行)	财政部和国家税务总局	各级财政和税务机关	开采石油、天然气、煤炭、其他非金属矿原矿、固体盐的应纳税单位和个人	

续表

政策名称	政策类型	法律或政策依据	制定部门	执行部门	政策对象	备注
水资源费、供水价格、污水处理费	收费、价格	《取水许可和水资源费征收管理条例》(2006年4月15日施行)	国务院	各省价格主管部门、财政部门、水利行政主管部门	直接从江河、湖泊或地下取用水资源的单位和个人	
		《关于印发〈水资源税改革试点暂行办法〉的通知》(2016年5月9日施行)	财政部、国家税务总局、水利部	各级财政、税务、水利行政主管部门	与水资源税改革试点相关的取用水资源的单位和个人	地方试点
		《中华人民共和国城市供水条例》(1994年10月1日施行)	国务院	县级及以上人民政府价格主管部门、城市供水行政主管部门	用水单位和个人	
		《关于加快建立完善城镇居民用水阶梯价格制度的指导意见》(2013年12月31日施行)	国家发展和改革委员会、住房和城乡建设部	各级发改部门、住建部门	城镇居民	
		《关于制定和调整污水处理收费标准等有关问题的通知》(2015年1月21日施行)	国家发展和改革委员会、财政部、住房和城乡建设部	各级发改、财政、住建部门	污水处理厂和服务人口	
环保电价	价格	《燃煤发电机组脱硫电价及脱硫设施运行管理办法》(试行)(2007年5月29日施行)	国家发展和改革委员会、国家环境保护总局	各省发展改革委、物价局、经贸委、环保局等	各电网公司、各大发电企业	
		《关于扩大脱硝电价政策试点范围有关问题的通知》(2012年12月28日施行)	国家发展和改革委员会	各省发展和改革委员会、物价局、环保局等	各电网公司、各大发电企业	
		《关于施行燃煤电厂超低排放电价支持政策有关问题的通知》(2016年1月1日施行)	国家发展和改革委员会、环境保护部、国家能源局	各省发展改革委、物价局、环保局等	各电网公司、各大发电企业	

续表

政策名称	政策类型	法律或政策依据	制定部门	执行部门	政策对象	备注
碳市场	市场、价格	《关于开展碳排放权交易试点工作的通知》(2011 年 10 月 29 日施行)	国家发展和改革委员会	北京市、天津市、上海市、重庆市、广东省、湖北省、深圳市发展改革委	北京市、天津市、上海市、重庆市、广东省、湖北省、深圳市相关碳排放企业	
		《全国碳排放权交易市场建设方案(发电行业)》(2017 年 12 月 18 日施行)	国家发展和改革委员会	各省、各相关部委等	发电行业中符合规定的企业	
环境财政	财政、专项资金	《2007 年政府收支分类科目》(2007 年 1 月 1 日施行)	财政部	各级财政部门	公共财政中用于环境保护的支出	2007 年首次将"环境保护"类单独列支,2011 年更名为"节能环保"类
		《关于印发〈可再生能源发展专项资金管理暂行办法〉的通知》(2015 年 4 月 2 日施行)	财政部	各级财政和能源管理部门	可再生能源企业或使用可再生能源的个人	
		《关于印发〈大气污染防治专项资金管理办法〉的通知》(2016 年 7 月 20 日施行)	财政部、环境保护部	各级财政和环境保护行政部门	与大气污染防治相关的单位	
		《关于印发〈水污染防治专项资金管理办法〉的通知》(2016 年 12 月 7 日施行)	财政部、环境保护部	各级财政和环境保护行政部门	与水污染防治相关的单位	
生态补偿	财政、补贴	《关于健全生态保护补偿机制的意见》(2016 年 4 月 28 日施行)	国务院办公厅	各省级政府、国务院各部委、直属机构	生态保护区域与生态收益区域	
		《关于印发〈中央对地方重点生态功能区转移支付办法〉的通知》(2017 年 8 月 2 日施行)	财政部	各级财政部门	重点生态功能区	

续表

政策名称	政策类型	法律或政策依据	制定部门	执行部门	政策对象	备注
绿色金融	绿色信贷、债券、保险、基金、绿色证券	《关于构建绿色金融体系的指导意见》(2016年8月31日施行)	中国人民银行、财政部、国家发展和改革委员会、环境保护部、银监会、证监会、保监会	各级绿色金融管理部门	与绿色金融相关的金融机构与融资机构	
		《关于开展环境污染责任保险试点工作的通知》(2015年10月8日施行)	云南省人民政府办公厅	云南省相关部门及下辖市	与环境污染责任保险试点相关的企业和保险机构	地方试点
可再生能源发电补贴	价格、补贴	《关于完善风力发电上网电价政策的通知》(2009年8月20日施行)	国家发展和改革委员会	各级发改部门、电网公司	风力发电上网企业	
		《关于完善太阳能光伏发电上网电价政策的通知》(2011年7月24日施行)	国家发展和改革委员会	各级发改部门、电网公司	太阳能光伏发电上网企业	
		《关于发挥价格杠杆作用促进光伏产业健康发展的通知》(2013年8月26日施行)	国家发展和改革委员会	各级发改部门、电网公司	太阳能光伏发电上网企业	
		《关于适当调整陆上风电标杆上网电价的通知》(2015年1月1日施行)	国家发展和改革委员会	各级发改部门、电网公司	风力发电上网企业	
		《关于完善陆上风电光伏发电上网标杆电价政策的通知》(2016年1月1日施行)	国家发展和改革委员会	各级发改部门、电网公司	陆上风电和光伏发电上网企业	
		《关于调整光伏发电陆上风电标杆上网电价的通知》(2017年1月1日施行)	国家发展和改革委员会	各级发改部门、电网公司	太阳能光伏发电上网企业	
		《关于2018年光伏发电项目价格政策的通知》(2018年1月1日施行)	国家发展和改革委员会	各级发改部门、电网公司	太阳能光伏发电上网企业	

续表

政策名称	政策类型	法律或政策依据	制定部门	执行部门	政策对象	备注
可再生能源发电补贴	价格、补贴	《关于2018年光伏发电有关事项的通知》(2018年5月30日施行)	国家发展和改革委员会、财政部、国家能源局	各级发改部门、财政部门、电网公司	太阳能光伏发电上网企业	
新能源汽车补贴	补贴	《关于调整新能源汽车推广应用财政补贴政策的通知》(2016年12月29日施行)	财政部、科技部、工业和信息化部、国家发展和改革委员会	各级财政、工信、科技和发改部门	新能源汽车生产企业和用户	
		《关于调整完善新能源汽车推广应用财政补贴政策的通知》(2018年2月12日施行)	财政部、工业和信息化部、科技部、国家发展和改革委员会	各级财政、工信、科技和发改部门	新能源汽车生产企业和用户	
排污许可交易	市场、价格	《关于进一步推进排污权有偿使用和交易试点工作的指导意见》(2014年8月6日施行)	国务院办公厅	天津、河北、内蒙古等11个省(区、市)	试点省区市的相关企业	地方试点

要点总结

环境经济政策主要具备三种功能:筹集收入、调节行为和提供服务。评估环境经济政策的效果就是看环境经济政策的功能是否实现。一项环境经济政策可能具有一种功能,也可能同时具有多种功能。其中,收入功能在一定程度上具有累退性,与调节功能可能互补也可能抵消。为了确保实现政策功能,环境经济政策应该动态调整。

污染者付费原则是污染治理和环境保护的基本原则,污染者应当承担污染控制和环境损害的全部费用。污染者付费的核心思想是应当由污染者承担污染行为所造成的全部损失,即污染者应承担防治污染、赔偿环境损失以及治理污染的全部费用。

决定环境容量有效利用(或者污染物有效排放)水平的关键因素是边际治理成本和边际损害成本。有效率的污染水平可能不是零,而是边际治理成本与边际损害成本相等条件下的排放水平。

根据如何发挥市场在解决环境问题上的作用,环境经济政策分为"调节市场"和"建立市场"两类。"调节市场"主要利用现有的市场来实施环境管理,"建立市场"主要通过建立新的市场机制来解决环境问题。环境经济政策功能的实现需要具备一定的基础和条件,主要包括比较完备的市场体系、相应的法律保障、公开的环境信息和相应的管理能力。

思考题

1. 环境经济政策的基本功能包括哪些?主要特点是什么?
2. 如何全面理解污染者付费原则?

3. 什么是有效率的污染水平?
4. 环境经济政策的一般形式有哪些?
5. 环境经济政策的实施条件有哪些?

参考文献

1. Gaines S E. The polluter-pays principle: from economic equity to environmental ethos[J]. Texas International Law Journal,1991,26(3):463.
2. Goulder L H,Parry I W H. Instrument Choice in Environmental Policy[J]. Review of Environmental Economics and Policy,2008,2(2):152-174.
3. Howarth W. Cost Recovery for Water Services and the Polluter Pays Principle. ERA Forum,2009,10(4):565-587.
4. Motta Ronaldo Seroa da,Reis Eustaquio J. The Application of Economic Instruments in Environmental Policy: the Brazilian Case. Nairobi: OECD/UNEP,1994.
5. OECD. Managing the Environment: The Role of Economic Instrument. Paris: OECD,1994.
6. OECD. The Polluter Pays Principle. Paris: OECD,1975.
7. Tietenberg T. Environmental and Natural Resource Economics[M]. 10th Ed. New York:Pearson Education,Inc,2015.
8. 董战峰. 中国环境经济政策报告 2015[R]. 北京:环境保护部环境规划院,2016.
9. 葛察忠. 环境经济研究进展(1-11 卷)[M]. 北京:中国环境出版社,2009-2017.
10. 国家环境保护局,国家计划委员会. 中国环境保护行动计划[M]. 北京:中国环境科学出版社,1994.
11. 何强,井文涌,王翊亭. 环境学导论[M]. 3 版. 北京:清华大学出版社,2004.
12. 蒋洪,朱萍. 公共经济学[M]. 上海:上海财经大学出版社,2006.
13. 马中. 环境经济与政策:理论及应用[M]. 北京:中国环境科学出版社,2010.
14. 马中. 中国水价政策研究[M]. 北京:中国环境出版社,2014.
15. 沈满洪. 环境经济手段研究[M]. 北京:中国环境出版社,2001.
16. 世界银行环境局. 里约后五年-环境政策的创新[M]. 北京:中国环境科学出版社,1998.
17. 王金南. 环境经济刺激手段的应用与研究[R]. 北京:中国环境科学研究院管理研究所,1993.
18. 夏光. 环境政策创新:环境政策的经济分析[M]. 北京:中国环境科学出版社,2002.
19. 杨云彦,陈浩. 人口、资源与环境经济学[M]. 湖北:湖北人民出版社,2011.

第十一章

环 境 税

环境税是一项有效保护环境的经济政策，征收环境税能够促进污染减排，还是财政收入的来源。本章介绍环境税的基本原理、环境税的功能效用和中国的环境税政策。

第一节　环境税的原理

一、环境税的定义

环境税是所有具有保护生态环境的作用功能的税种的总称，是对与特定环境要素相关的税基所征收的具有强制性、无偿性的税收。从总体上看，环境税大致分为两类：一是为保护环境、控制污染物排放，以污染物排放量为税基专门征收的税种，即排污税，也叫狭义的环境税；二是并非以环境保护为目的但对环境保护有作用的产品和服务间接课税。

（一）直接对污染征税：排污税

对污染物排放直接征税被认为是有效治理污染的政策手段。其理论依据是竞争市场条件下，征收庇古税可以有效消除环境污染外部性。排污税对于减少污染物排放具有显著作用，但是在执行过程需要掌握污染者的排放信息，需要一定的监管执行成本。不适用于移动污染源。

环境税的征税目的是减少污染物排放，保护和改善环境，因此环境税也是一种行为税。环境税作为行为税，其收入具有波动性。在特定的征税条件下，环境税收入既有可能减少，也有可能增加。

通过征收环境税，如果改变了污染者行为，例如，治理污染减少污染物排放，或者通过清洁生产减少污染物排放，无论采取何种形式减少污染物排放，环境税应纳税额就会减少。如果通过征收环境税，污染者的行为没有改变，也就是没有减少污染物排放，此时的环境税就只具有收入功能，而没有减排功能。

如果动态改变征税条件，在环境税减排功能实现的情况下，收入功能也有可能实现。如果为了满足更高的环境质量标准，污染物排放标准就会提高，从而产生更高水平的税率。此时，原先达标排放不缴或少缴环境税的企业，对于更严格的排放标准，会因为排放不达标缴纳环境税，造成环境税收入增加。但税率更高的环境税会促进企业继续减排，以达到更严格的排放标准，进一步减排后环境税收入又会减少。这样的循环往复，环境税收入表现为波动性，如图 11－1 所示。

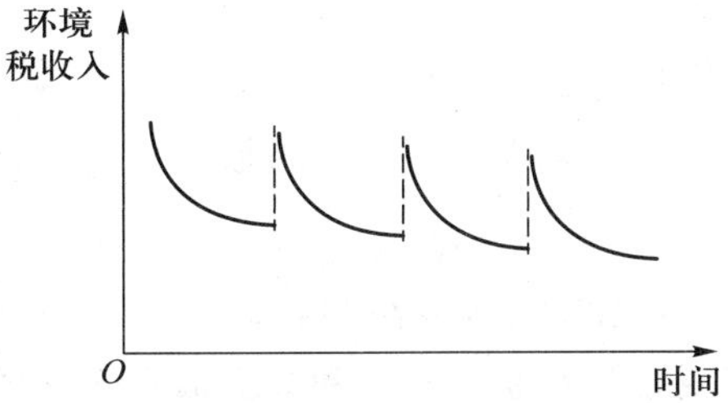

图 11－1　针对某种污染物的环境税收入变动趋势

例如,《中华人民共和国环境保护税法》规定,城镇生活污水处理厂排放的污水达到国家或地方规定的排放标准的,不交环境保护税,超过排放标准的要缴纳环境保护税。如果国家或地方提高了排放标准,原来达标排放不交环境保护税的污水处理厂就成为超标排放,需要缴纳环境保护税。因此,针对一种污染物,随着排放标准的提高,有可能不断地产生环境税收入。另外,随着应税污染物的种类增加,环境税收入也会有阶段性的增长。

专栏 11-1 行为税

行为税是国家为了限制或控制某些特定行为或获得某种收入而课征的一类税收。行为税的征税对象,是除商品流转、劳务收入、收益、所得、财产占有、特定目的、资源开采和占用等行为之外的其他各种应税行为。行为税包括的税种较多,各个税种的具体课征对象差异甚大,所以此类税收中各税种的课征制度也不相同。

行为税有以下几个主要特点:

1. 具有较强灵活性。当行为调节的目的已经达到,可以停止征税。
2. 具有收入不稳定性。由于被调控的行为发生变化,进而影响税收,行为税的收入不稳定。
3. 征收管理难度大。征收面比较分散,征收标准也比较难确定,征收管理比较复杂。
4. 调节有力。能有效地配合国家的法律制度政策,“寓禁于征”,引导行为方向,针对性强,可弥补其他税种调节的不足。

(二)间接对污染征税:产品税

间接对污染征税,主要是向那些最终会导致污染的商品和行为征税。例如,汽车燃油消费税,其征税对象是燃油消费量,而不是燃油燃烧产生的污染物排放量。与庇古税相比,这种间接对污染征税的方式能简化税收的计量和监管,但减少污染排放的效果比较差。例如,虽然征收燃油消费税会减少燃油消费,间接减少污染物排放,但如果税率过低,或者税率固定而油价上涨,都可能不会因税减少燃油消费量,即没有调节功能,只有收入功能。又例如,汽车购置税,购买新车时,缴纳的购置税是基于汽车的排放量。但实际的行驶里程未加以考虑。因此,汽车购置税只是在购车时一次性激励购买低排量的汽车,此后未提供任何减排激励。而且新车(一般来说污染水平低)的价格要高于旧车(总的来说污染水平高)。因此,消费者可能倾向于购买旧车或者短期内不购买新车。这就潜在地导致了污染水平的短期提高。此外,由于新车辆通常采用新技术,如更加省油的发动机,因此对新汽车征收的一次性税实际上是对环保技术征税。

尽管对污染间接征税在效率、创新方面存在一些潜在的弊端,但其简单的管理方式仍然推进了税收的执行。间接污染征税通常是在征收其他税的基础上,选择少数的消费品再次征收的一个税种,其执行过程容易监管。在机动车辆的例子中,直接对污染征税,需要确定碳、氮的排放量,会增加成本。而对燃油征税,只需在已征税(诸如消费税)的基础上再征税即可。

二、环境税税率的确定

(一)庇古税

1920 年,庇古在《福利经济学》一书中首先提出应当根据污染所造成的危害对排污者征税,用税收弥补私人成本和社会成本之间的差距,使二者相等,这就是“庇古税”。现在把针对污染物排放征收的各种税费统称为庇古税。

庇古税是要把污染者强加给他人的外部成本内部化。因此,污染者将不仅考虑常规生产成本，还要考虑其他形式的社会成本。该理论认为，理想状态下的庇古税是消除污染外部性的政策手段之一，具有较高的经济效率，包括“静态效率”（即实现既定环境目标时的总成本最小化）和“动态效率”（即为减少污染的技术创新提供持续的激励）。

图 11-2 为庇古税示意图。图中 MNPB 为企业的边际私人纯收益，MEC 为边际外部（损害）成本，这两条曲线相交于 E 点，与 E 点相对应的污染物排放量（Q）就是有效率的污染水平。

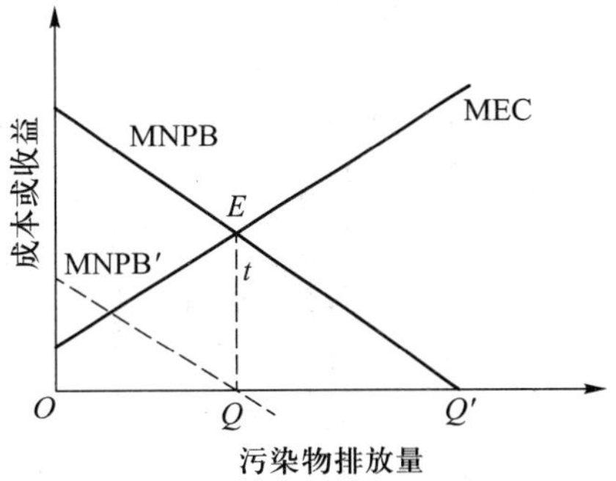

图 11-2　庇古税示意图

如果 MEC 没有成为内部成本，污染者为了追求最大限度的私人纯收益，可以把生产规模扩大到 MNPB 线与横轴的交点 Q'。随着生产规模扩大，污染物的排放量也增加到 Q'，大大超过 Q 的水平。如果政府向污染者征收环境税，对每一单位排放量征收特定数额（如图 11-2 中 t）的环境税，MNPB 线就将向左平行移动到 MNPB′线的位置。该线与横轴相交于 Q 点，表示厂商将根据利润最大化的追求，把生产规模和污染物的排放量控制在有效率的污染水平上。因此，t 是最优环境税率，它使有效率的污染水平等于 Q。最优庇古税可以定义为：使排污量等于最优污染水平时的环境税。

制定最优庇古税不仅需要知道 MEC 的信息，而且需要知道 MNPB 的信息。但是政府往往难以得到这类信息，这就是信息不对称问题。信息不对称是实施庇古税的一个重要障碍，因此，很难根据边际私人纯收益 MNPB 和边际外部（损害）成本 MEC 确定有效率的污染水平。但是，如果知道确定环境无退化的排放水平，据此知道相应的边际治理成本，就可以根据环境无退化的边际治理成本制定环境税的税率。也就是说，确定环境无退化的排放水平比确定边际外部（损害）成本要容易。只要政府确定的排放水平更接近而不是更偏离有效率的污染水平，据此制定的环境税就是有效率的。

（二）最优环境税率的确定

对于政府征收的环境税，污染者可以有三种选择，缴纳环境税；减少生产规模以减少污染物排放；提高污染治理能力以减少污染物排放。第一种选择是有资金收入但没有减排，第二和第三种选择都会有减排。污染者对上述三种选择的最优决策可以用图 11-3 表示。

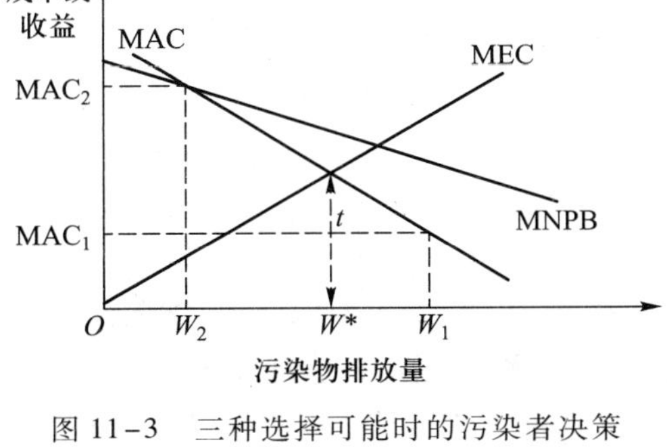

图 11-3　三种选择可能时的污染者决策

图 11-3 的纵轴代表成本（C）或收益（B），由于污染者可以通过提高污染治理能力减少污染物排放量，因而污染物排放量不再随着生产规模变动同比例变动。图 11-3 横轴中的 W 代表污染物排放量，污染物排放量越大，就离原点 O 越远。MEC 线是边际外部成本曲线。MNPB 线代表污染者没有提高污染治理能力，其污染物排放量随着生产规模扩大而同比例增加的条件下，污染者的边际私人纯收益曲线。MAC 线是污染治理边际成本曲线。MAC_1 和 MAC_2 分别代表不同污染物排放量和环境污染程度 W_1 和 W_2 条件下的边际治理成本。污染物排放量越少，环境污染程度越低，进一步治理污染的难度就越大，相应的边际治理成本也

就越高，所以，在图 11-3 上，MAC 曲线从左上方向右下方延伸，MAC_2 大于 MAC_1。

由于存在着通过治理污染减少污染物排放的可能性，污染者的决策和环境税的税率都会发生变化。对污染者来说，环境税的税率是无法控制的。在只有减产或缴纳环境税两种选择的时候，如果政府对某一污染物排放量征收的环境税税率高于污染者的边际私人纯收益，污染者就只有减产一种选择。如果存在着减产、提高污染治理能力和缴纳环境税三种选择，政府对某一污染物排放量征收的环境税税率既高于污染者的边际私人纯收益，又高于其边际治理成本，污染者就可以在减产或提高污染治理能力两者中做出选择。在图 11-3 中，W_2 点的右边，污染者的边际私人纯收益高于边际治理成本，因而在这一区间，利润最大化动机将促使污染者提高治理能力而不是减产；而在 W_2 到原点这一区间，污染者的边际私人纯收益低于边际治理成本，污染者就会宁可减产也不提高污染治理能力。因此，在从原点到 W_2 之间，MNPB 可以看作减产是减少污染排放的唯一选择时的边际治理成本曲线。

在前面的分析中，确定环境税税率的原则是当污染物的排放量达到最优污染水平时，政府征收的环境税税率应该正好相当于污染者的边际私人纯利益，而最优污染水平则由 MNPB 和 MEC 两条曲线的交点来决定。但是，污染者的边际私人纯收益是随着生产规模（产量）的变动而变动的，而边际外部成本是随着污染物排放量或环境污染程度的变动而变动的。只有在污染者的污染物排放量随生产规模的变动而同比例变动的条件下，才能够用上述两条曲线的交点来确定最优污染水平。由于第三种选择（污染者提高污染治理能力）的出现，在图 11-3 中，污染者的污染物排放量随生产规模变动而同比例变动的情况，仅仅适用于从 W_2 点到原点这一区间，即仅仅在污染者的边际治理成本高于其边际私人纯收益的条件下适用。在 W_2 点右边，由于在特定污染水平条件下污染者的边际治理成本低于其边际私人纯收益，污染者在扩大生产规模的同时，可以用提高污染治理能力的办法，控制污染物的排放。既然在 W_2 点的右边，厂商的生产规模与污染物排放量之间，已经没有确定的对应关系，根据 MNPB 线与 MEC 线的交点来确定最优污染水平，以及根据污染物排放量达到最优污染水平时厂商的边际私人纯收益确定环境税税率，就失去了依据。

如果存在污染者提高污染治理能力的可能性，最优污染水平以及环境税税率就应当根据 MAC 线与 MEC 线的交点来确定。从图 11-3 可以看出，当污染物的排放量低于 W^* 时，污染者支付的边际治理成本高于社会付出的边际外部成本，此时，对社会来说，不治理比治理有利，因为污染者付出的治理成本也是社会总成本的一部分；反之，当污染物的排放量高于 W^* 时，污染者支付的边际治理成本低于社会付出的边际外部成本，此时，对社会来说，治理比不治理有利。因为污染者为追求利润最大化将污染物排放量增加到超过 W^* 的程度，从而损害全社会的利益，就应该根据 W^* 时的边际外部成本来确定环境税的税率（t），这样，污染者从自身利益考虑，就会将污染物排放量控制在 W^* 的水平上。

（三）最优环境税率的数学推导

与根据 MNPB 线与 MEC 线的交点确定环境税的税率相比，根据 MAC 线与 MEC 线的交点来确定环境税的税率是从总成本最小化的原则出发的。即最优污染水平是总成本（总损害成本加总治理成本）最低的污染物排放量。其原理可以通过数学推导来说明。

令 Q_C 为污染控制下的产值，Q_N 为无污染控制时的产值。

那么

$$Q_C = Q_N - \text{TAC} \tag{11-1}$$

式中:TAC——总控制成本。

令有污染控制情况下环境服务的价值为 E_C,无污染控制情况下环境服务的价值为 E_N。那么

$$E_C = E_N + \text{TEC} \tag{11-2}$$

式中:TEC——总外部成本。

污染控制下的社会总效益(TSB)为产值(Q_C)加上环境服务的价值(E_C)。

$$\begin{aligned}\text{TSB} &= Q_C + E_C = Q_N - \text{TAC} + E_N + \text{TEC} \\ &= Q_N + E_N - (\text{TAC} - \text{TEC})\end{aligned} \tag{11-3}$$

(11-3)式中 TSB 最大化等同于总成本最小化。因为污染(W)影响 TSB、TAC 和 TEC,所以可以对 W 求导,为使 TSB 最大化,需满足:

$$\frac{\partial \text{TSB}}{\partial W} = \frac{\partial \text{TAC}}{\partial W} - \frac{\partial \text{TEC}}{\partial W} = 0 \tag{11-4}$$

即

$$\text{MAC} = \text{MEC} \tag{11-5}$$

如果征收的环境税(t),可以满足社会纯收益最大化,即总成本最小化的条件,则:

$$t = \text{MEC} \tag{11-6}$$

三、环境税的经济效率

与命令控制手段(排放标准加罚款)相比,达到同样的环境目标,环境税可以提高经济效率,主要表现在以下几个方面。

(一) 降低减排成本

环境税能以较少的费用达到排污标准。图 11-4 说明了这个道理。

在图 11-4 中,横轴表示污染排放的减排量(排污控制量)。纵轴表示成本和环境税税率。假定某一生产过程中污染者只有三家,MAC_1、MAC_2、MAC_3 表示生产同样产品的这三家污染者的边际治理成本。因为使用了不同的治理技术,不同污染者的 MAC 不同。对于同样的污染减排量,污染者 1 的成本最高,污染者 2 次之,污染者 3 最低。为简化分析起见,假定政府的目标是将污染物的排放量削减 $3Q_2$,并假设线段 $Q_1Q_2 = Q_2Q_3$,且 $Q_1 + Q_2 + Q_3 = 3Q_2$。

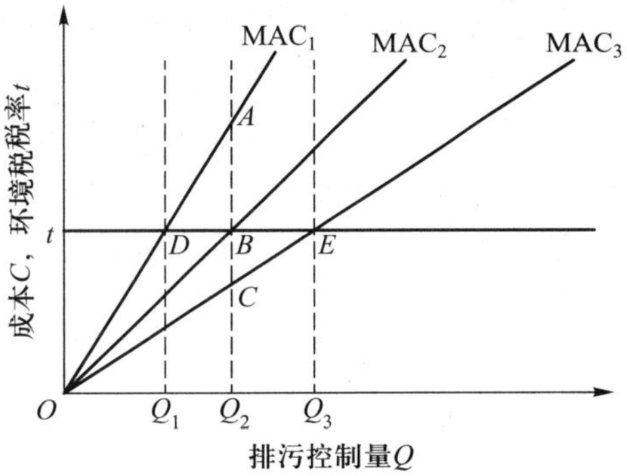

图 11-4　环境税与命令控制手段比较

如果政府设定统一的排放标准,强制所有的污染者各自削减相当于 Q_2 的污染物排放量,污染者 1、2、3 的边际治理成本将分别达到 A、B、C。如果政府设定环境税税率为 t,三家污染者将会根据各自的治理成本,在缴纳环境税和治理污染之间进行权衡,根据总成本最小化的原则,选择不同的污染控制水平。例如,对工厂 1 来说,排污控制量从零增加到 Q_1,治理污染比缴税便宜。但是超过 Q_1,$\text{MAC}_1 > t$,缴税合算。由图可见,污染者 1 的治理成本最高,减排量最少;污染者 3 治理成本最低,减排量最多;污染者 2 的治理成本和减排量均居中。

为了比较命令控制手段(排放标准加罚款)和环境税情况下的总成本,需要计算 MAC 曲线以下的面积:

在排放标准加罚款情况下：

$$总治理成本=S_{\Delta}OAQ_2+S_{\Delta}OBQ_2+S_{\Delta}OCQ_2$$

在环境税情况下：

$$总治理成本=S_{\Delta}ODQ_1+S_{\Delta}OBQ_2+S_{\Delta}OEQ_3$$

两者之差：

$$\begin{aligned}&(S_{\Delta}OAQ_2+S_{\Delta}OBQ_2+S_{\Delta}OCQ_2)-(S_{\Delta}ODQ_1+S_{\Delta}OBQ_2+S_{\Delta}OEQ_3)\\&=S_{梯形}Q_1DAQ_2-S_{梯形}Q_2CEQ_3\end{aligned}$$

因为 $S_{梯形}Q_1DAQ_2>S_{梯形}Q_2CEQ_3$，所以，达到同样的减排量，环境税比命令控制手段（排放标准加罚款）的成本要低。

（二）降低监督管理成本

监督管理是运用行政或法律手段控制污染者的行为；征收环境税是运用经济手段改变污染者面临的外部环境。实施监督管理时，政府必须首先确认企业排污超过了排放标准，才能采取相应的措施。在征收环境税时，政府根据污染者的生产规模征收，政府只需要确定哪些类别产品的生产和消费会导致环境污染，企业的生产规模有多大（可以根据企业生产的产品数量确定，也可以根据企业使用的主要原材料的数量确定），该企业是否安装了环保设施，而不一定强制某一企业将其污染物的排放量控制在什么水平。因而与确定污染物排放量是否超标相比，征收环境税需要的交易成本相对较低。换句话说，由于征收环境税时政府必须确认的只是企业所从事的经济活动是否会导致污染，从总体上而不是逐个企业地控制环境污染的程度（污染者的生产规模由他们自己确定），因而与监督管理逐个企业确认污染程度相比，征收环境税需要的交易成本是比较低的。

（三）有利于污染治理技术进步

实行统一的排放标准时，政府必须首先确认企业排污是否超过了标准，然后才能采取相应的措施。只要排污没有超过排放标准，污染者无需缴纳罚款，也没有不断寻求低成本污染治理技术的积极性。在征收环境税时，只要政府根据污染者的污染物排放量或生产规模征收，即使排污没有超过排放标准，污染者也必须缴纳一定数量的环境税，企业就有不断寻求低成本的污染治理技术以少缴环境税的积极性。

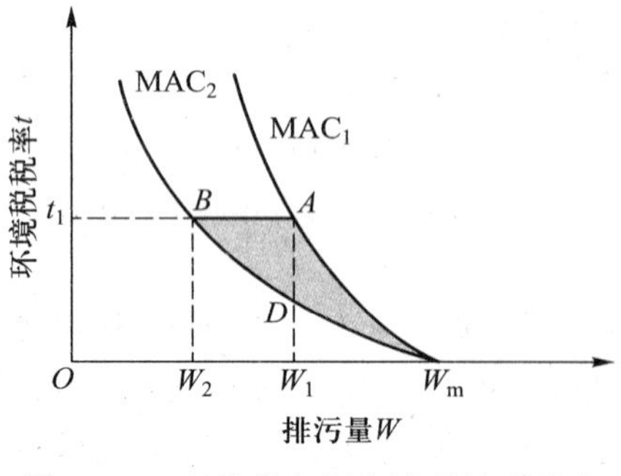

图 11-5 环境税与污染治理技术进步

如图 11-5 所示，假设 MAC_1 为排污者现有的边际治理成本曲线。如果环境税税率确定在图 11-5 中所示的 t_1 水平，那么根据环境税的激励功能，该污染者将会把排污水平从排污量 W_m 降低到污染边际治理成本等于环境税税率时的水平 W_1。此时，污染者承担的费用由两部分组成：一部分是污染者交纳的环境税，其值等于 Ot_1AW_1 的面积；另一部分是排污者的污染治理费用，其值等于 AW_1W_m 的面积。污染者承担的总费用为面积 Ot_1AW_m。

假设污染者改进污染治理技术，使边际治理成本曲线从 MAC_1 下降到 MAC_2，而对污染者的环境税税率依然为 t_1。显然，根据环境税的激励功能，污染者为使其承担的环境税最小将会把排污水平从 W_1 降低到 W_2。

在这种情况下，污染者承担的费用为面积 Ot_1BW_2 和面积 BW_2W_m 之和，即面积 Ot_1BW_m。可以看出，由于污染治理技术进步或边际治理成本的降低，污染者实际承受的费用降低了，降低额为面积 ABW_m。节省的费用意味着排污者得到的相应的经济效益。在一定的环境税税率下，污染治理技术进步越大，即 MAC_2 与 MAC_1 之间差异越大，污染者的费用节省也越大。环境税客观上起到了促进污染治理技术进步的作用。

四、环境税的双重红利效应

双重红利（double dividend），是指由于征收环境税，减少污染排放，改善环境而带来的环境改善红利（第一重红利）和除环境改善红利之外的其他红利（第二重红利）。即一方面通过环境税的征收，减少污染排放，改善了环境；另一方面能够减少一些低效率税收对社会经济的负面影响，对经济发展、社会福利等方面产生积极作用。

对“双重红利”的完整阐述是由皮尔斯（David W. Pearce）于 1991 年提出的。皮尔斯在对碳税的分析中指出“政府可实施财政中性的碳税改革，将碳税收入用于减轻诸如所得税、公司税等激励扭曲性税种的税负”，当碳税的征收固定在最合适的水平时，可以最大限度地减少二氧化碳排放量，达到既定的二氧化碳排放削减目标，可以看作环境税征收的静态目标，同时，开征碳税可以激励纳税人从事减少二氧化碳排放量的技术创新，从而产生动态效率。由于所得税等税种会对资本和劳动产生资源配置的扭曲效应，如果以环境税来取代对扭曲性税种的征收，就会减少税制的效率损失，进而产生第二重红利。

环境税的双重红利实现受一定条件约束。首先，双重红利中的环境改善红利建立在开征环境税可促使企业污染减排，改善环境质量的假设之上。但环境税能否促使企业减排，取决于企业对环境税构成成本的感知敏感程度。如果企业的纳税成本大于其减少污染排放的成本，则企业会减排污染；反之，若税收成本小于企业的减排成本，则企业会采取纳税而不是减排，环境税就不会对环境改善有作用。因此，为实现双重红利中的第一重红利，需根据环境质量标准因地制宜、因行业而异地制定合理的环境税税率，在该税率水平下，能促使企业减少污染物排放达到不降低当地环境质量标准。但此时也将产生一个悖论，即随着污染物排放下降，环境质量改善，环境税收入将逐步降低，则对税制优化的第二重红利的作用将逐渐降低。该悖论的解决仅依赖对单种污染物开征不变税率环境税是无法做到的，如果根据环境质量要求，不断提高税率标准，并且拓展环境税的征税范围，对多种污染物征税，方能在一定时期内保证环境税的收入水平，实现税制改进的第二重红利。

第二节　环境税与其他政策手段的比较

一、环境税与命令控制政策

命令控制政策是政府利用法规、标准和许可制度，直接约束和限制污染行为的措施。命令控制政策依赖集中制定标准和强制执行，但缺乏弹性和效率。从经济学角度看，并不是最好的选择。环境标准的制定是否科学、可行难以预料，尤其是面对各种类型的污染源，必须要了解产生污染的产品和活动的大量信息。

在命令控制政策下，如果达到规定的污染物排放标准，污染者就不会再提高污染治理水平。因为这样对企业本身没有经济效益，只会增加成本。环境税可以使污染者自由选择有效率的减排方式。也可以利用企业追求利润最大化的动机，研究开发高效率的污染治理技术。如前所述，最优环境税能够使环境污染的社会成本最小化，提高全社会的福利水平。

命令控制政策的管理成本通常比较高，必须通过公共财政资金支付。与命令控制政策相比，环境税可以筹集到资金收入，用于支付管理和执行成本。

二、环境税与补贴政策

环境税和补贴政策治理污染效率可以做以下比较：在存在补贴政策的情况下，生产者会选择一个最优的产量水平使得自己的净利润最大化。此时生产者的边际成本等于私人边际成本 C 加上失去补贴的边际机会成本 Y，所以补贴政策会激励生产者减少产量至社会最优水平。如果不考虑生产者进入和退出一个行业，补贴和税收能导致相同的结果，但是当存在生产者进出行业时，税收减少了社会总体污染，而补贴则增加了社会总体污染。

我们可以通过下面的图形来理解：图 11-6 给出了存在进出行业情况下的税收作用，图 11-6(a)表示一个典型的生产者的行为，而图 11-6(b)表示全行业的行为。

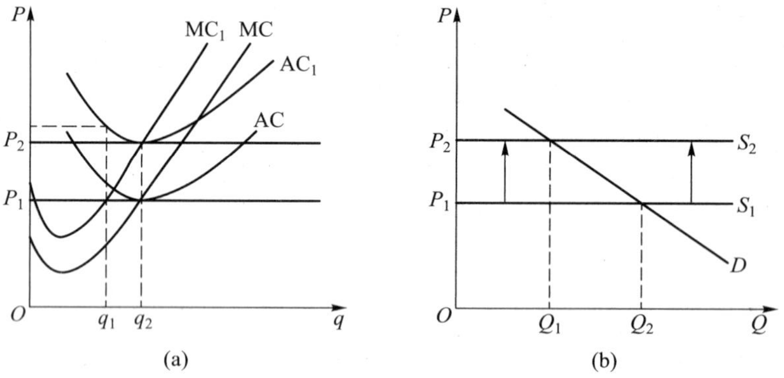

图 11-6 环境税的短期和长期影响

在没有征收环境税之前，生产者生产 q_2 的产量。我们假定市场是完全竞争的，生产者不能获取超额经济利润。在图 11-6(b)中，在市场价格为 P_1 时，整个行业的总产出为 Q_2。现在如果加征环境税，则如图 11-6(a)所示：

$$\mathrm{AC}_t = \mathrm{AC}+t$$
$$\mathrm{MC}_t = \mathrm{MC}+t$$

征税的结果是平均成本曲线 AC 和边际成本曲线 MC 都平行地上移。如果市场价格停留在 P_1，生产者就会在边际收益 P_1 等于新的边际成本 MC_t 所确定的产量上生产，那么它就会生产 q_1，这样它就有负的经济利润。这个负的经济利润将迫使一些生产者离开该行业，这样总供给曲线就从 S_1 移动到 S_2，如图 11-6(b)所示。当达到新的市场价格 P_2 时，留在该行业的生产者在征税的情况下又一次达到经济利润为 0，此时总供给曲线才会停止移动。这导致总的产出水平从 Q_2 下降到 Q_1，这样总的污染水平也相应地降低了。我们可以看到，虽然留在该行业的每个生产者仍然生产 q_2 的产量，但是由于留在该行业的生产者数量减少了，所以总的产出和污染减少了。从长期看，征收环境税的目的就达到了。

再来考虑补贴的情况，可以知道补贴对边际成本的影响与税收一样，但是对于平均成本的影响是不同的。在税收情况下，平均成本曲线是平行上移的，但是在补贴情况下平均成本曲线是向左下方移动。图 11-7(a)显示出补贴对于单个生产者的影响。如果生产者最初利润为 0，假定市场价格停留在 P_2，那么补贴促使它将产量降低到 q_1，并获得正的经济利润。然而这种正的经济利润将会吸引新的生产者加入该行业，这样总供给曲线向下移动，结果市场价格降低到 P_1，总的产量水平从 Q_1 提高到 Q_2。现在，即使单个生产者的产量水平下降了，单个生产者的污染水平也下降了，但是由于该行业的生产者数量增加，所以总的污染水平事实上是提高的。由于该行业是自由进入的，这样补贴就吸引了更多的生产者进入，虽然它们中的每一个的污染水平都下降了，但是结果却是总的污染水平上升了。

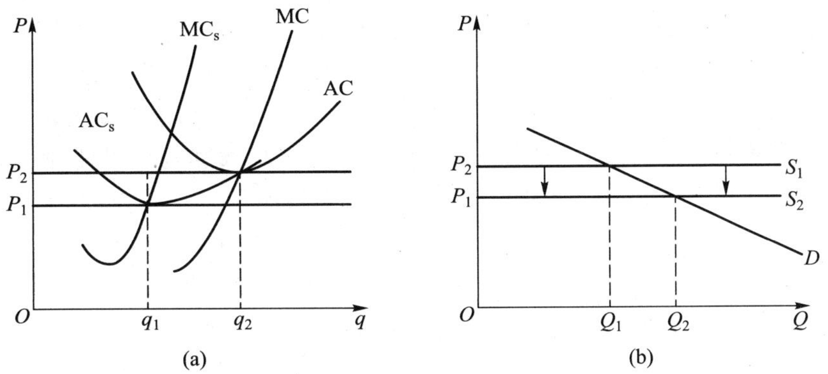

图 11-7　环境补贴的短期和长期影响

从长期看来，在行业自由进出的情况下，税收和补贴导致了不同的结果。而且政府对于生产者的收益性存在着信息不对称，即不能确定生产者的类型是高利润率还是低利润率的，从而就会导致“信息租”的出现。也就是说如果不存在补贴，那些低利润的生产者的利润率是负的，它们本应该退出该行业，但是现在存在补贴，使得这些生产者就会继续留在该行业，继续得到它们本不应该得到的补贴。

第三节　中国的环境税费政策

一、中国环境税费概述

排污收费是中国实施时间最长的环境经济政策。自 1982 年正式确立之后，排污收费政策实施了 36 年，直到 2018 年 1 月 1 日被环境保护税取代。中国现行的环境保护税实际上是“费改税”，即由原来的排污收费“平移”而来，在税率设定上有所提高，在征管方式上由原来的环保行政部门征收改为由税务局征收，环境保护税收入归入地方财政。不论是排污收费，还是环境保护税，其主要目的是保护环境，可归为狭义环境税的范畴。

广义上，环境税还包括消费税、财产税(车船税和车辆购置税)、城市维护建设税以及增值税和企业所得税关于环境保护的优惠政策。

消费税具有较强的选择性，是按照消费流转额对特定消费品和消费行为进行征税。消费税是国家实施消费政策、引导消费结构、调节消费行为、获得财政收入的重要政策手段。我国消费税的15个税目中，9个税目涉及的商品消费可能对环境产生影响，包括小汽车、摩托车、游艇、成品油、实木地板、木制一次性筷子、鞭炮焰火、电池、涂料。在设立这些税目时，考虑了这些消费品在消费过程中带来的环境影响，制定了不同的税率，从价格上引导消费，推动消费行为向着有利于环境保护的方向转变。

车船税采用定额税率，以车船为征税对象，向拥有车船的单位和个人征收。车船税按照非机动车船的税负低于机动车船，小吨位船舶的税负低于大船舶的原则确定各级税额。车船税的差别定税旨在鼓励消费者选择对环境影响较小的车船，从而有助于改善和保护环境。

车辆购置税是对在境内购置规定车辆的单位和个人征收的一种税，它由车辆购置附加费演变而来。车辆购置税的作用是合理筹集建设资金、规范政府行为、调节收入差距、配合打击走私和维护国家权益。车辆购置税实行从价定率的办法计算应纳税额。随着配套政策的出台，车辆购置税也具有了与乘用车消费税和车船税类似的节能减排、保护环境作用。

城市维护建设税征收的目的是加强城市的维护建设，扩大和稳定城市维护建设资金的来源。城市维护建设税的收入用于城市的公用事业和公共设施的维护建设，其中包括城市环境保护基础设施。城市维护建设税以纳税人实际缴纳的消费税、增值税、营业税税额为计税依据，分别与消费税、增值税、营业税同时缴纳。城市维护建设税税率是：纳税人所在地在市区的，税率为7%；纳税人所在地在县城、镇的，税率为5%；纳税人所在地不在市区、县城或镇的，税率为1%。

二、中国的环境保护税

中国共产党十八届三中全会提出，“完善税收制度。深化税收制度改革，完善地方税体系，把高耗能、高污染产品及部分高档消费品纳入征收范围。加快资源税改革，推动环境保护费改税”。2016年12月第十二届全国人民代表大会常务委员会第二十五次会议通过了《中华人民共和国环境保护税法》，环境保护税在我国正式确立，自2018年1月1日开征。中国的环境保护税向规范化、法制化迈出了重要一步。

（一）环境保护税政策制定

中国的环境保护税政策体系包括全国人大常委会制定的《中华人民共和国环境保护税法》、国务院制定的《中华人民共和国环境保护税法实施条例》和各省级人民政府制定的环境保护税征收办法。

1. 法律依据

（1）目标

《中华人民共和国环境保护税法》第一条规定，“为了保护和改善环境，减少污染物排放，推进生态文明建设，制定本法”。

（2）征收对象

《中华人民共和国环境保护税法》第二条规定，“在中华人民共和国领域和中华人民共和国管辖的其他海域，直接向环境排放应税污染物的企业事业单位和其他生产经营者为环境保护税的纳税人，应当依照本法规定缴纳环境保护税”。第三条规定，“本法所称应税污染物是指大气污染物、水污染物、固体废物和噪声”。根据这一规定，我国的环境保护税是基于污染物排放征收的,也就是通常意义的“污染排放税”。

(3) 税目、税额和计税依据

《中华人民共和国环境保护税法》第六条规定:“应税大气污染物和水污染物的具体适用税额的确定和调整,由省、自治区、直辖市人民政府统筹考虑本地区环境承载能力、污染物排放现状和经济社会生态发展目标要求,在本法所附《环境保护税税目税额表》规定的税额幅度内提出,报同级人民代表大会常务委员会决定,并报全国人民代表大会常务委员会和国务院备案。”

环境保护税的税额表见 11-1。

表 11-1 环境保护税税目税额表

税目		计税单位	税额	备注
大气污染物		每污染当量	1.2 元至 12 元	
水污染物		每污染当量	1.4 元至 14 元	
固体废物	煤矸石	每吨	5 元	
	尾矿	每吨	15 元	
	危险废物	每吨	1 000 元	
	冶炼渣、粉煤灰、炉渣、其他固体废物(含半固态、液态废物)	每吨	25 元	
噪声	工业噪声	超标 1—3 分贝	每月 350 元	1. 一个单位边界上有多处噪声超标,根据最高一处超标声级计算应纳税额;当沿边界长度超过 100 米有两处以上噪声超标,按照两个单位计算应纳税额。 2. 一个单位有不同工作地点作业场所的,应当分别计算应纳税额,合并计征。 3. 昼、夜均超标的环境噪声,昼、夜分别计算应纳税额,累计计征。 4. 声源一个月内超标不足 15 天的,减半计算应纳税额。 5. 夜间频繁突发和夜间偶然突发厂界超标噪声,按等效声级和峰值噪声两种指标中超标分贝值高的一项计算应纳税额。
		超标 4—6 分贝	每月 700 元	
		超标 7—9 分贝	每月 1 400 元	
		超标 10—12 分贝	每月 2 800 元	
		超标 13—15 分贝	每月 5 600 元	
		超标 16 分贝以上	每月 11 200 元	

根据《环境保护税税目税额表》,对大气和水污染物排放,各地区可采用差异化税额。大气污染物每污染当量的税额在 1.2 ~ 12 元之间,水污染物每污染当量的税额在 1.4 ~ 14 元之间。各省级行政区的环境保护税税额见表 11-2。

表 11-2 各省(区、市)环境税税额汇总

序号	省市	大气污染物适用税额标准/(元/每污染当量)	水污染物适用税额标准/(元/每污染当量)
1	北京	12 元	14 元
2	上海	2018 年 1 月 1 日起,二氧化硫 6.65 元、氮氧化物 7.6 元;其他 1.2 元;2019 年 1 月 1 日起,二氧化硫 7.6 元、氮氧化物 8.55 元	2018 年 1 月 1 日起,化学需氧量 5 元,氨氮 4.8 元,第一类水污染物 1.4 元,其他 1.4 元
3	天津	二氧化硫 6 元,氮氧化物 8 元,烟尘 6 元,一般性粉尘 6 元,其他 1.2 元	化学需氧量 7.5 元,氨氮 7.5 元,其他 1.4 元
4	重庆	2018—2020 年,2.4 元; 2021 年起,3.5 元	3 元
5	河北	一档 9.6 元,其他 4.8 元;二档 6 元,其他 4.8 元;三档 4.8 元	一档 11.2 元,其他 5.6 元;二档 7 元,其他 5.6 元;三档 5.6 元
6	河南	4.8 元	5.6 元
7	山东	二氧化硫、氮氧化物 6 元,其他 1.2 元	常规排放源排放的化学需氧量、氨氮和五项主要重金属 3 元,其他 1.4 元
8	山西	1.8 元	2.1 元
9	辽宁	1.2 元	1.4 元
10	吉林	1.2 元	1.4 元
11	浙江	1.4 元,四类重金属污染物 1.8 元	1.4 元,五类重金属污染物 1.8 元
12	江苏	南京市为 8.4 元,无锡市、常州市、苏州市、镇江市为 6 元,徐州市、南通市、连云港市、淮安市、盐城市、扬州市、泰州市、宿迁市为 4.8 元	南京市为 8.4 元,无锡市、常州市、苏州市、镇江市为 7 元,徐州市、南通市、连云港市、淮安市、盐城市、扬州市、泰州市、宿迁市为 5.6 元
13	江西	1.2 元	1.4 元
14	湖南	2.4 元	3 元
15	湖北	二氧化硫和氮氧化物 2.4 元,其余 1.2 元	化学需氧量、氨氮、总磷和五项主要重金属(铅、汞、铬、镉、类金属砷)2.8 元,其余 1.4 元
16	福建	1.2 元	五项重金属、化学需氧量和氨氮 1.5 元,其他 1.4 元
17	广东	1.8 元	2.8 元
18	云南	2018 年,1.2 元;2019 年 1 月起,2.8 元	2018 年,1.4 元;2019 年 1 月起,3.5 元
19	四川	3.9 元	2.8 元
20	贵州	2.4 元	2.8 元
21	甘肃	1.2 元	1.4 元
22	青海	1.2 元	1.4 元
23	海南	2.4 元	2.8 元
24	陕西	1.2 元	1.4 元

续表

序号	省市	大气污染物适用税额标准/（元/每污染当量）	水污染物适用税额标准/（元/每污染当量）
25	广西	1.8 元	2.8 元
26	宁夏	1.2 元	1.4 元
27	新疆	1.2 元	1.4 元
28	内蒙古	2018 年,1.2 元;2019 年,1.8 元;2020 年,2.4 元	2018 年,1.4 元;2019 年,2.1 元;2020 年,2.8 元
29	安徽	1.2 元	1.4 元
30	黑龙江	1.2 元	1.4 元
31	西藏	1.2 元	1.4 元

从表 11-2 可以看出,各省环境保护税税额设置差距很大。全国只有北京市适用了最高税额,应税大气污染物适用税额为每污染当量 12 元,应税水污染物适用税额为每污染当量 14 元。吉林、辽宁、江西、甘肃、青海、陕西、宁夏、新疆、安徽、黑龙江、西藏等 11 个省级行政区对大气和水污染物适用最低税额。

《中华人民共和国环境保护税法》第七条规定了计税依据:应税大气污染物和水污染物按照污染物排放量折合的污染当量数确定;应税固体废物按照固体废物的排放量确定;应税噪声按照超过国家规定标准的分贝数确定。

与排污费征收标准相比,环境保护税的基本税额与国家规定的排污费标准基本一致,但规定省、自治区、直辖市人民政府可以在《中华人民共和国环境保护税法》所附《环境保护税税目税额表》规定的税额幅度提高税额,同时规定省级政府“可以根据本地区污染物减排的特殊需要,增加同一排放口征收环境保护税的应税污染物种类数”。

2. 功能

《中华人民共和国环境保护税法》作为一项环境经济政策,具有筹集资金的功能,征收的税款成为地方政府的财政收入;同时也具有调节行为的功能,可以促使污染者考虑污染环境的成本,激励企业减少排放,改善环境质量。

（二）环境保护税执行

1. 环境保护税的征收

《中华人民共和国环境保护税法》第十四条规定,“环境保护税由税务机关依照《中华人民共和国税收征收管理法》和本法的有关规定征收管理。环境保护主管部门依照本法和有关环境保护法律法规的规定负责对污染物的监测管理。县级以上地方人民政府应当建立税务机关、环境保护主管部门和其他相关单位分工协作工作机制,加强环境保护税征收管理,保障税款及时足额入库”。

《中华人民共和国环境保护税法》第十五条规定,“生态环境主管部门和税务机关应当建立涉税信息共享平台和工作配合机制。生态环境主管部门应当将排污单位的排污许可、污染物排放数据、环境违法和受行政处罚情况等环境保护相关信息,定期交送税务机关。税务机关应当将纳税人的纳税申报、税款入库、减免税额、欠缴税款以及风险疑点等环境保护税涉税信息,定期交送生态环境主管部门”。

2. 环境保护税的免征和减征

《中华人民共和国环境保护税法》第四条规定，有下列情形之一的，不属于直接向环境排放污染物，不缴纳相应污染物的环境保护税：

（1）企业事业单位和其他生产经营者向依法设立的污水集中处理、生活垃圾集中处理场所排放应税污染物的；

（2）企业事业单位和其他生产经营者在符合国家和地方环境保护标准的设施、场所贮存或者处置固体废物的。

《环境保护税法》第十二条规定，下列情形暂予免征环境保护税：

（1）农业生产（不包括规模化养殖）排放应税污染物的；

（2）机动车、铁路机车、非道路移动机械、船舶和航空器等流动污染源排放应税污染物的；

（3）依法设立的城乡污水集中处理、生活垃圾集中处理场所排放相应应税污染物，不超过国家和地方规定的排放标准的；

（4）纳税人综合利用的固体废物，符合国家和地方环境保护标准的；

（5）国务院批准免税的其他情形。

前款第五项免税规定，由国务院报全国人民代表大会常务委员会备案。

《中华人民共和国环境保护税法》第十三条规定，"纳税人排放应税大气污染物或者水污染物的浓度值低于国家和地方规定的污染物排放标准百分之三十的，减按百分之七十五征收环境保护税。纳税人排放应税大气污染物或者水污染物的浓度值低于国家和地方规定的污染物排放标准百分之五十的，减按百分之五十征收环境保护税"。

要点总结

环境税是所有具有保护生态环境的作用功能的税种的总称，是对与特定环境要素相关的税基所征收的具有强制性、无偿性的税收。从总体上看，环境税大致分为两类：一是为保护环境、控制污染物排放，以污染物排放量为税基专门征收的税种，即排污税，也叫狭义的环境税；二是并非以环境保护为目的但对环境保护有作用的产品和服务间接课税。

根据庇古税原理，环境税旨在将环境外部成本内部化。理论上，可根据企业边际外部成本曲线、边际治理成本曲线、边际私人纯收益曲线确定最优的环境税税率。环境税作为治污手段，可体现出经济效率，包括降低减排成本、降低监督管理成本、有利于污染控制技术革新等。在税收中性原则下，环境红利具有双重红利效应，即一方面促进环境质量改善，另一方面促进就业和经济增长。

环境税与命令控制、补贴政策相比，具有效率优势。环境税能够筹集资金收入。环境补贴导致行业生产规模扩张，增加了污染，环境税则更有利于污染的控制。

中国排污收费是提出最早且普遍实行的环境经济政策，2018 年 1 月 1 日起排污收费被环境保护税取代。不论是排污收费，还是环境保护税，均可归为狭义环境税/费的范畴。广义上，环境税还包括消费税、财产税（车船税和车辆购置税）、城市维护建设税以及增值税和企业所得税关于环境保护的优惠政策。中国施行的环境保护税，大气污染物每污染当量的税额在 1.2～12 元之间，水污染物每污染当量的税额在 1.4～14 元之间。各省（区、市）可根据当地实际确定税额，各地制定的税额表现出明显差异性。

思考题

1. 什么是环境税？环境税包括哪些类型？
2. 最优环境税率是如何确定的？
3. 环境税的经济效率体现在哪些方面？
4. 什么是环境税的双重红利？
5. 与命令控制、补贴政策相比，环境税有何优势？
6. 中国的环境税费政策有哪些？

参考文献

1. 菲尔德 B，菲尔德 M. 环境经济学[M]. 3 版. 北京：中国财政经济出版社，2006.
2. 查尔斯·D·科尔斯塔德. 环境经济学[M]. 北京：中国人民大学出版社，2011.
3. 陈共. 财政学[M]. 9 版. 北京：中国人民大学出版社，2017.
4. 葛察忠. 中国环境税的研究与实践[J]. 上海环境科学，2001，(8)：378-406.
5. 黄渝祥，刘俊. 政策、法规的选择与评价方法[J]. 当代财经，2005，(8)：52-55.
6. 加雷斯·D·麦尔斯. 公共经济学[M]. 北京：中国人民大学出版社，2001.
7. 经济合作与发展组织. 环境税和绿色税制改革[M]. 台北：台湾地球日出版社，1998.
8. 厉以宁，章铮. 环境与资源经济学[M]. 北京：中国计划出版社，1995.
9. 史学文. 环境税的简单经济学分析[J]. 税务研究，2003，(11)：40-43.
10. 汤姆·蒂坦伯格，琳恩·刘易斯. 环境与自然资源经济学[M]. 8 版. 北京：中国人民大学出版社，2011.
11. 威廉·J·鲍莫尔，华莱士·E·奥茨. 环境经济理论与政策设计[M]. 2 版. 北京：经济科学出版社，2003.
12. 吴健. 重点国家环境税进展研究[R]. 提交国家税务总局，2012.
13. 杨朝飞. 积极探讨"费改税"稳妥推进排污收费制度的革命性变革(上)[J]. 环境保护，2010，(20)：8-12.
14. 张帆. 环境与自然资源经济学[M]. 上海：上海人民出版社，1998.
15. Pearce D W. The Role of Carbon Taxes in Adjusting to Global Warming[J]. Economic Journal, 1991, 101(407): 938-948.
16. Pearce D W, Turner R K. Economics of Natural Resources and the Environment[M]. Baltimore: Johns Hopkins University Press, 1989.
17. OECD. The Political Economy of Environmentally Related Taxes. Paris: OECD Publishing, 2006.
18. OECD. Taxation, Innovation and the Environment. Paris: OECD Publishing, 2010.

第十二章

排污许可交易

排污许可交易是基于市场的环境经济政策,产权理论和科斯定理是其理论依据。排污许可交易通过市场机制对环境容量资源进行优化配置。排污许可交易具有费用效果好、提前达标、管理灵活等特点,在污染治理、环境保护中发挥重要作用。本章介绍排污许可交易的理论基础,分析应用条件和作用功能,介绍美国二氧化硫排污许可交易和欧盟温室气体排放交易体系的经验。

第一节　排污许可交易的理论基础

一、产权理论

产权(property right)就是财产权利。阿尔钦(Armen A. Alchian)(1987)认为,"产权是一个社会所强制实施的选择一种经济物品的使用权利"。首先,产权是人们在资源稀缺条件下使用资源的规则,这种规则是依靠法律、习俗和道德来维护的,产权具有强制性、排他性。第二,产权是一组权利,是对某种经济物品的多种用途进行选择的权利,而不是一种单项的权利。产权包括财产的所有权和由此派生的占有权、支配权、使用权、收益权,广义的产权还包括为实现上述权利所必须具备的各种权利体系和规则。第三,产权是行为权利,产权反映的不是人与物的关系,而是人们之间一组被相互认可的行为关系。它规定了人们使用资源时的行为规范,它规定了人们可以做什么,不可以做什么,不遵守这些规范将承担什么成本,因此反映了人们使用资源时的责、权、利关系。它决定着人们使用财产的态度和行为方式,不同的产权制度安排会形成财产使用中不同的激励机制。

根据产权的排他性程度将产权分为以下三种类型或形式:

一是,私有产权。私有产权(private property rights)是对某种经济物品可能具有的用途进行选择的排他性权利分配,私人权利的所有者有权排除他人行使这种权利。私有产权并不意味着所有的权利都掌握在一个人手中,它可以由两个或多个人拥有。同样是一种有形资产,不同的人可以拥有不同的权利。只要每个人拥有的权利互不重合,多个人同时对某一资源或资产行使的权利仍是私有产权。在这里,私有产权的关键在于其对所有权权利行使的决策及其承担的后果完全是私人做出的。

二是,共有产权。共有产权(communal property rights)是指将权利分配给共同体的所有成员。其特点是,某个人对一种资源行使某项权利时,并不排斥他人对该资源行使同样的权利,如现代社会在人行道上行走的权利等。与私有产权相比,共有产权最重要的特点在于产权在个人之间是完全不可分的,每个人都无权声明这个资源是属于他的财产。而共有产权在共同体内部不具有排他性,可能造成资源过度使用。例如,清洁的空气是共有的,但由于使用的无排他性,容易造成对环境容量的过度使用而发生污染。

三是,国有产权。国有产权(state-owned property rights)意味着只要国家按可接受的政治程序来决定谁可以使用或不能使用这些权利,它就能排除任何人使用这一权利。

二、科斯定理

科斯定理说明了产权安排与资源配置之间的关系,也是新制度经济学的核心内容。

专栏 12-1　科斯与新制度经济学

科斯(Ronald H. Coase)(1910-2013)出生在英国,毕业于伦敦经济学院。1991 年因对经济组织产生原理的阐述,推动法学、经济史和组织理论的发展,获诺贝尔经济学奖。他被认为是新制度经济学的鼻祖,产权理论的奠基人。1937 年,科斯在以他的本科论文为基础发表的《企业的性质》一文中,就阐明了产权理论的一些基本概念。在 20 世纪 60 年代之前,经济学界基本上因袭庇古的传统,认为在解决外部性问题时应该引入政府干预力量。科斯在 1960 年发表的《社会成本问题》中提出了科斯定理(Coase Theorem),认为通过谈判交易可以解决外部性问题。科斯定理被认为是“法律和经济学”的一次突破。

科斯定理是由三个定理组成。

科斯第一定理:如果市场交易费用为零,不管初始产权如何安排,当事人之间的谈判都会导致那些财富最大化的安排,即市场机制会自动地使资源配置实现帕累托最优。科斯第一定理成立的关键假设是市场交易费用为零。从宏观上说,优化资源配置就是把资源用到需要的地方,为社会带来最大福利;从微观上说,使资源掌握在最需要它,能给拥有者带来最大福利的主体手里。如果产权的初始安排就能保证资源最优配置,产权交易也就没有必要。但这种情况极少存在,即使存在也是极为短暂的,因此,产权必须不断交易,即调整产权安排,才可能不断地使产权安排满足资源最优配置的要求。如果市场交易费用为零,重新安排产权没有任何阻力和成本。即使初始安排对于实现资源配置的帕累托最优来说是不合理的,市场机制也会自动地无代价地改变这种初始安排,将资源配置到需要的领域和最有用的人手里。

科斯第二定理:如果交易费用不为零,不同的产权安排会带来不同的资源配置,因此产生不同的效率。此时,产权初始安排会影响资源配置的经济效率,但不能通过无成本市场交易优化产权。产权调整只应在效率提高的效益大于交易成本时发生。为了优化资源配置,产权调整是必要的。产权调整可以采取重组企业、政府管制、市场交易方式。无论采取哪种方式,都服从调整的效益大于成本的规则。

科斯第三定理:由于制度设计和实施成本,制度选择将导致不同效率。不同产权制度下交易成本不同。清晰的产权安排有助于降低交易成本。要从产权制度的成本收益比较的角度,选择合适的产权制度。

产权制度的选择主要包括四个方面:

第一,如果不同产权制度下的交易成本相等,制度成本决定产权制度的选择;

第二,如果必须建立一种产权制度,这种制度不同的设计和实施方式有不同的成本,则应该考虑这种设计和实施成本；

第三，如果设计和实施一种制度的成本大于实施该制度的收益，则该制度没有必要建立；

第四，即使现存制度不合理，如果建立新制度的成本足够高，或新制度的成本大于收益，则制度变革没有必要。

科斯第二定理是科斯第一定理的反命题，也是科斯定理组的核心部分，科斯第三定理是对科斯第二定理的补充，解决科斯第二定理的问题。

三、排污许可交易的原理

排污许可交易是在满足环境质量要求的条件下，基于污染物排放总量控制，确定污染者的环境容量资源使用权（排污许可），允许污染者在市场上交易排污许可，实现环境容量资源的有效配置。首先，政府环保部门根据区域环境质量目标和现状环境质量，判断区域环境容量，确定污染物排放总量控制目标，总量控制目标明确了环境容量资源的稀缺性，使容量资源成为经济物品。其次，根据总量控制目标，将排放总量分割成若干排污许可分配给污染者，分配排污许可可以采取竞价拍卖、定价出售或无偿分配。第三，这些排污许可可以在排污交易市场上交易买卖。

在有效排放监管的条件下，只要污染者之间存在边际治理成本差异，通过排污许可交易，就可能使交易双方都受益：治理成本低（低于交易价格）的污染者多削减（少排放），剩余的排污许可可用于出售；治理成本高（高于交易价格）的污染者通过购买排污许可少削减（多排放）。当污染者间治理最后一个单位污染物的边际成本相等时，交易就会停止。通过市场交易，排污许可从治理成本低的污染者流向治理成本高的污染者。结果是社会以最低成本实现污染物减排，环境容量资源实现高效率的配置。

如图 12-1 所示，污染者 1 和 2 合法地各获得 50 t 的同种污染物的排放许可。污染者 1 由于某种原因，例如，减少生产、改造生产工艺、安装治理设施等，只排放 40 t 污染物，剩余 10 t 排污许可。污染者 2 由于某种原因，例如，扩大生产规模，需要排放 60 t 污染物，缺少 10 t 排污许可。如果存在排污交易市场，污染者 1 将剩余的 10 t 排污许可以双方接受的价格卖给污染者 2。两个污染者的排放总量仍然是 100 t，但双方都受益了。在交易中，排污许可代表的环境容量资源实现了最优配置。

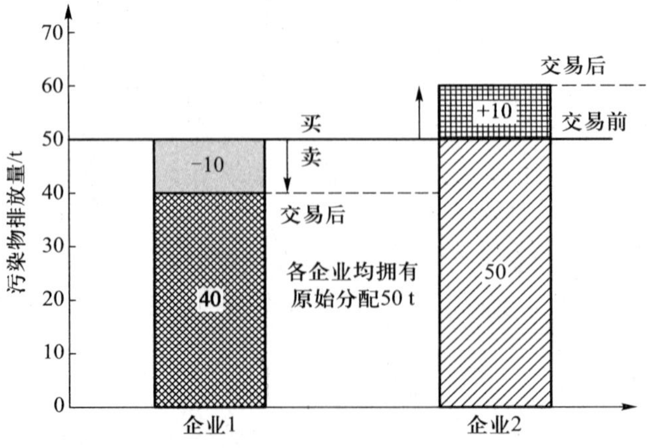

图 12-1　排污许可交易示意图

总量控制下排污许可交易的经济学意义表现在：总量控制通过限定环境容量资源的使用，明确环境容量资源的稀缺性，提出有效利用环境容量的需求；把允许排放的污染物总量分配到各个污染源，借此确定排污机构的排放许可（使用权），为利用市场机制再配置容量资源提供了产权制度基础。通过建立可交易的排污许可市场，环境容量资源可能利用市场机制实现有效率的配置。排污交易市场将根据供求关系产生排污许可价格，该价格等于企业的边际治理费用。最终结果必然是污染源通过调节污染治理水平，达到所有企业的边际治理费用都相等，并且等于排污许可的市场价格，即排污许可有效配置的边际条件，从而满足有效控制污染的边际条件，以最低治理费用保证环境质量目标。

第二节　排污许可交易的微观效应和宏观效应

一、微观效应

假设每个污染者都有一定的初始排污许可（q_i^0），那么所有污染者初始排污许可的总和在数量上等于允许的排污总量。设第 i 个污染者未进行任何治理时的排污量为 $\bar{e}_i$（也称为未治理排污量），选择的治理水平为 r_i，根据企业追求费用最小化的原则，可建立该污染源决策的目标函数为：

$$(C_{T_i})_{\min}=C_i(r_i)_{\min}+P(\bar{e}_i-r_i-q_i^0) \tag{12-1}$$

这里 P 是污染者要得到一个排污许可愿意支付的价格，或是以这个价格将一个排污许可出售给其他污染者。令 $\mathrm{d}C_{T_i}/\mathrm{d}r_i=0$，得到第 i 个污染者的目标函数的解为：

$$\frac{\mathrm{d}C_i(r_i)}{\mathrm{d}r_i}-P=0 \tag{12-2}$$

从公式可以清楚地得出结论，只有当排污许可的市场价格与污染者的边际治理成本相等时，污染者的费用才会最小。在自身利益驱动下，排污许可交易市场将自动产生这样的排污许可价格，该价格等于污染者的边际治理费用。最终结果必然是污染者通过调节污染治理水平（r_i），达到所有污染者的边际治理费用都相等，并且等于排污许可的市场价格。从而满足有效控制污染的边际条件，以最低治理费用实现减排目标。

排污许可交易可以有效减排，提高费用有效性的作用很容易理解。只要污染者控制污染的费用存在差别，如果排污许可可以交易，那些治理污染费用低的污染者，就愿意通过治理，大幅度地减少排污，卖出剩余排污许可而受益。对治理污染费用高的污染者来说，治理污染比购买排污许可费用高，就成为排污许可的买方。只要污染治理费用效果的分配没有达到最佳程度，交易机会总是存在的。当所有的机会都得到充分利用，资源分配的费用效果就达到了最佳。见图 12-2。

在图 12-2 中，纵轴代表治理成本和价格，横轴代表污染排放削减量。假设：

（1）整个市场由污染者 A、B、C 构成，交易只能在三者之间进行；

（2）污染者 A、B、C 的边际治理成本曲线分别为 MAC、MBC 和 MCC；

（3）根据环境质量要求，共削减污染物排放量 $3Q$，政府按等量原则将排污许可初始分配给三个污染者，即 A、B、C 三个污染者持有的排污许可均比它们现有污染物排放量减少了 Q。

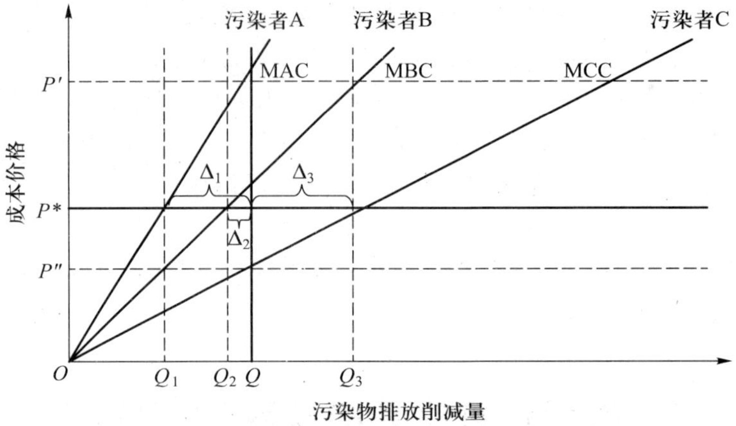

图 12-2 排污许可交易微观效应示意图

情况一：排污许可的市场价格是 P'，由于 P' 高于 B、C 两个污染者将污染物排放量削减 Q 时的边际治理成本，因而 B、C 都愿意多治理，少排污，出售一定数量的排污许可。但 P' 相当于 A 将污染物排放量削减 Q 数量时的边际治理成本，对于 A 来说，既然持有的排污许可证只要求它削减 Q 数量的污染物排放量，而这一部分污染物的边际治理成本又等于 P'，A 就没有必要去购买更多的排污许可。市场只有卖方没有买方，排污交易无法进行。

情况二：排污许可的市场价格是 P''，由于 P'' 低于 A、B 两个污染者将污染物排放量削减 Q 时的边际治理成本，因而 A、B 都愿意购买一定数量的排污许可。但 P'' 相当于 C 将污染物排放量削减 Q 数量时的边际治理成本，对于 C 来说，进一步削减污染物排放量，并将相应的排污许可以 P'' 的价格出售得不偿失，因而它不会进一步削减污染。市场只有买方没有卖方，排污交易无法进行。

情况三：排污许可的市场价格是 P^*，由于 P^* 低于 A、B 两个污染者将污染物排放量削减 Q 时的边际治理成本，因而对于 A、B 而言，将污染排放削减量从 Q 减少到 Q_1、Q_2 并从市场上购买 Δ_1、Δ_2 数量的排污许可是有利可图的；对于 C，P^* 相当于它将污染物排放量削减 Q_3 数量时的边际治理成本，因而愿意出售 Δ_3 数量的排污许可。由于 $\Delta_1+\Delta_2=\Delta_3$，排污许可供求平衡，交易得以进行。

其他情况：排污许可的市场价格位于 P'、P^*（或 P^*、P''）之间，这是排污交易市场最常见的情况，这时排污许可的买方和卖方都存在，但排污市场需求量 $\Delta_1+\Delta_2=\Delta_3$ 小于（大于）供给量 Δ_3，价格将下降（上升）直至达到 P^*。

从对图 12-2 的分析很容易看出排污许可市场价格的形成过程，同时它还证明了一个重要结论（定理），只有在所有污染源的边际治理成本相等的情况下，减少指定排污量的社会总费用才会最小。

二、宏观效应

排污许可交易市场宏观效应示意图见图 12-3。图 12-3 中，横轴代表污染物排放量，纵轴代表成本和价格。S 和 D 分别代表排污许可供给和需求；MAC 和 MEC 分别代表边际治理成本和边际外部成本。

从图 12-3 中可以看出排污许可供给曲线和需求曲线的特点：由于政府发放排污许可的目

的是保护环境而不是赢利，因而排污许可的总供给曲线 S 是一条垂直于横轴的线，表示排污许可的发放数量不会随着价格的变化而变化。由于污染者对排污许可的需求取决于其边际治理成本，所以可以将图中的边际治理成本曲线 MAC 看成是总需求曲线 D。

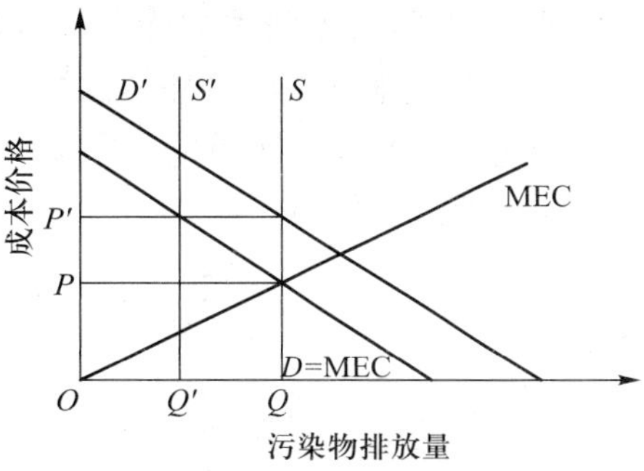

图 12-3　排污许可交易市场宏观效应示意图

市场调节将使排污许可的总供求在市场主体发生变化时重新达到平衡。污染者的破产，将导致排污许可的市场需求减少，需求曲线左移，市场价格下降，其他污染者将多购买排污许可，少削减污染物排放量，在保证总排放量不变的前提下，减少了过度治理，节省了控制污染的总费用。新污染者的加入，将导致排污许可的市场需求增加，需求曲线 D 移到 D'，总供给曲线保持不变，因而每单位排污许可的市场价格也就上升到 P'。如果新污染者的经济效益高，边际治理成本低，只需要购买少量排污许可就足以使其生产规模达到合理水平并赢利，那么，该污染者就会以 P' 的价格购买排污许可，那些感到得不偿失的污染者则不会购买。显然，这对于优化资源配置是有利的。

第三节　不同类型污染的应用

根据污染物在环境中的混合性、吸收性和积累性，污染物的类型大致可分为三类：均匀混合吸收性污染物、非均匀混合吸收性污染物、均匀混合积累性污染物。针对不同类型的污染物，排污许可交易也要采取不同形式。

一、均匀混合吸收性污染物

"均匀混合吸收性污染物"是指相对其排污速率，自然环境对它们的吸收能力足够大，在环境中不随时间而积累，现状污染水平与过去的排放量无关的污染物。

对于均匀混合吸收性污染物，决定现状环境浓度的是污染物排放总量，与污染源分布状态无关。在空气污染区内排放相同污染物的所有污染源都负有同等的治理责任，都能对污染受体产生影响。挥发性有机化合物就是均匀混合吸收性污染物，它的排放产生臭氧，与排放地点关系不大。

这类污染物的特性（均匀混合性和吸收性）可以提高排污许可证的费用有效性。均匀混合性使得在制定治理政策时不用考虑污染源的具体位置，吸收性可使治理过程不考虑污染物积累问题。

对于均匀混合吸收性污染物，费用有效的分配排污许可，可以使得每个污染源的边际治理费用等于一个常数。这说明边际治理费用对所有的污染源都相同。如果某污染源治理第一个单位排污量的边际治理费用高于有些污染源，那么这个污染源就不必采取治理行动。

为均匀混合吸收性污染物设计的费用有效的污染物减排称为"排污许可系统"。排污许可是以可容许排污率（例如吨/年或公斤/小时）表示。允许的排污水平将正好满足环境质量标准。某些污染物的排放参数随季节发生变化，排污许可量也应随季节而变化。如果排污许可系统反映季节变化的影响，不同季节就应有不同的边际治理费用。

如果需要减排才能满足环境目标，在排污许可交易体系下，每个污染源获得排污许可以后，排污许可市场将自动产生价格，图 12-4 说明排污许可价格如何确定，为什么排污许可交易可以实现费用效果好的减排。

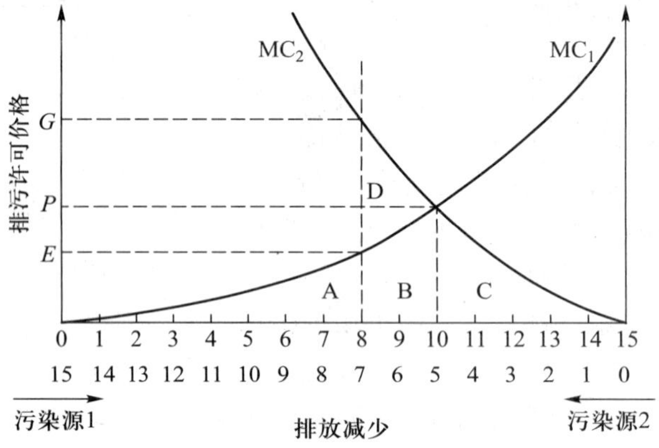

图 12-4 费用效果与排污许可系统

图 12-4 中假设只有两个污染源。每个污染源污染物产生量是 15 单位，即总污染物产生量是 30 个单位。污染控制目标是总许可排污 15 个单位。也就是说，两个污染源加在一起，必须减排 15 单位污染物才能满足控制目标。图中污染源 1 的边际减排费用（MC_1）的坐标方向由左向右，污染源 2 的边际减排费用（MC_2）的坐标方向从右向左。横坐标轴上的 15 个小格代表要减排的 15 单位污染物。图中表达了在两个污染源间分配减排 15 单位污染物的所有可能。曲线 MC_1 表示全部减排责任分配给污染源 1 时，减排量与费用的关系，曲线 MC_2 则表示污染源 2 负担全部减排责任时，减排量与费用的关系。坐标轴上两原点中间的点代表不同程度的共同分担责任。

可以看出，要在两个污染源中费用效果好地分配减排责任，污染源 1 应减排 10 个单位的污染物，污染源 2 减排 5 个单位的污染物。在这个特定的分配责任条件下，减排费用由（A+B+C）面积表示。（A+B）的面积是污染源 1 的减排费用，C 是污染源 2 的减排费用。其他分配方案将提高总减排费用。

图 12-4 还证明了一个重要定理，只有在所有污染源的边际减排费用相等的情况下，指定污染物减排量的减排费用才会最小。因为边际费用曲线在费用效果最好的分配点相交，所以该点边际费用是相同的。对假设的曲线形状而言，其他分配方式边际减排费用都不会相等。

从图 12-4 中还能看出，假设交易之前，污染源 1 产生 15 个单位污染物，许可它排放 7 个单位污染物，就要减排 8 个单位污染物。同样，污染源 2 产生 15 个单位污染物，许可它排放 8 个单位污染物，就要减排 7 个单位污染物。在这种情况下，总减排费用为（A+B+C+D）面积，而污染源 2 的边际减排费用 G 远远大于污染源 1 的边际减排费用 E，所以双方都有进行交易的动机。如果污染源 2 能以低于 G 的价格从污染源 1 购买排污许可，它就能降低自己的费用。而污染源 1 如果能以高于 E 的价格出售许可，它也能得到好处。因为 G 大于 E，所以肯定存在交易可能。

排污许可交易发生之后，污染源 1 会多减排污染物，以产生排污许可，而污染源 2 则会少减排污染物，代之以购买排污许可，直至两者的边际减排费用相等时为止。这时总的减排费用为

(A+B+C)面积,与排污许可交易前的总减排费用相比,减少了 D 面积。也就是说,利用排污许可交易市场,管理部门即使缺乏减排费用方面的信息,也可以费用有效地分配减排责任,以较低的减排费用,实现污染控制目标。

二、非均匀混合吸收性污染物

"非均匀混合吸收性污染物"是在环境中非均匀扩散,环境对它们的吸收能力足够大,在环境中不随时间而积累,现状污染水平与过去排放量无关的污染物。

决定非均匀混合吸收性污染物现状环境浓度的除了污染物排放量,还有污染源的分布状态。污染源位置与污染控制目标至关重要。许多大气和水污染物,如悬浮颗粒物、二氧化硫、生化需氧量等都属于这一类。

对于这类污染物,政策目标是根据在特定监测位置上的污染物环境浓度的最高许可值确定的。污染物排放量和污染源分布状态影响环境浓度。在排污率相同的情况下,集中分布的污染源比分散分布的污染源环境影响大,因为排放的污染物集中在较小的环境空间中。

与均匀混合吸收性污染物不同,这类污染物在各污染源间进行费用有效的排污许可分配时,不是减排的边际费用相同,而是在每个监测器位置污染浓度下降的边际费用相同。

季节不仅影响非均匀混合吸收性污染物的许可排污量(这点与均匀混合吸收性污染物一样),而且还影响污染物扩散模式。风速和风向通常都随季节变化。由于这种季节影响,费用效果好的排污许可分配常常不仅涉及不同季节区域减排标准,还涉及各污染源排污许可的分配。

为非均匀混合吸收性污染物费用有效的排污许可分配设计的许可系统称为"环境许可系统"。因为这个系统是与每个监测器相联系的许可市场,所以每个污染源必须从监测器许可市场中逐个获取足够的许可,以使其排污率合法化。

可以根据管理需求确定许可的单位。如果小污染源多,需要许可数量多,例如,可以发放 1 000 个许可,每个许可单位是容许浓度的 1/1 000。如果需要许可数量少,可发放 100 个许可,每个许可单位是容许浓度的 1/100。

表 12-1 是一个简化的案例,说明排污许可交易如何发挥作用和为什么能够发挥作用。这个案例只包括两个污染源和一个监测器(表 12-1)。通过分析单一监测器,也能够解释多监测器的情况。

表 12-1　非均匀混合吸收性污染物环境许可交易的费用效果

污染源 1($d_{11}=1.0$)			
减排单位数	减排边际费用/(元·单位$^{-1}$)	降低的浓度单位数[①]	降低浓度的边际费用[②]/(元·单位$^{-1}$)
0.5	0.5	0.5	0.5
1.0	1.0	1.0	1.0
1.5	1.5	1.5	1.5
2.0	2.0	2.0	2.0
2.5	2.5	2.5	2.5
3.0	3.0	3.0	3.0
3.5	3.5	3.5	3.5

续表

减排单位数	减排边际费用/(元・单位$^{-1}$)	降低的浓度单位数①	降低浓度的边际费用②/(元・单位$^{-1}$)
污染源1(d_{11}=1.0)			
4.0	4.0	4.0	4.0
4.5	4.5	4.5	4.5
5.0	5.0	5.0	5.0
5.5	5.5	5.5	5.5
6.0	5.5	5.5	5.5
6.5	6.5	6.5	6.5
7.0	7.0	7.0	7.0
污染源2(d_{12}=0.5)			
减排单位数	减排边际费用/(元・单位$^{-1}$)	降低的浓度单位数①	降低浓度的边际费用②/(元・单位$^{-1}$)
1	1	0.5	2
2	2	1.0	4
3	3	1.5	6
4	4	2.0	8
5	5	2.5	10
6	6	3.0	12
7	7	3.5	14

注:① 第一列的减排单位数乘以转移因子 d_{ij}。
② 第二列的减排的边际费用除以转移因子 d_{ij}。

假设两个污染源减排边际费用曲线相同,反映在表中是两个污染源的前两列数据完全相等。两个污染源的主要差别是它们相对于监测器的位置不同。假定污染源1距监测器近,所以它的转换因子比污染源2的转换因子大(1.0对0.5)。

假设环境质量目标是降低7.5个浓度单位,初始排污许可是污染源1减排4个浓度单位,污染源2减排3.5个浓度单位。如果采用命令控制政策,污染源1减排4个浓度单位(4个排污单位),污染源2减排3.5个浓度单位(7个排污单位)。这样能够满足环境质量标准要求(4排污单位)。污染源1的减排费用为18(0.5+1+1.5+2+2.5+3+3.5+4)元,污染源2的减排费用是56(2+4+6+8+10+12+14)元,两个污染源的总减排费用为74元。

如果建立排污许可交易市场,污染源可以出售超额减排的浓度单位。在上述案例中,如果污染源1减排6个浓度单位,比要求的4个单位多减排两个单位,就可以向污染源2出售两个浓度单位;污染源2从污染源1买到两个浓度单位,就可以只减排1.5个浓度单位(3个排污单位),多排放两个浓度单位(4个排污单位)。此时,环境质量标准没有降低,污染浓度依然降低7.5个单位,但是经过排污许可交易市场重新分配后,减排费用降低了。

污染源1多减排两个浓度单位,以高于成本的价格出售这些排污许可。在上例中,排污许可可以卖到6元每单位,因为这是两个污染源降低污染浓度边际费用的均衡值。以这个价格交易,污染源1多花费21(4.5+5+5.5+6)元治理,至少收入24(6+6+6+6)元,收益3元;污染源2

至少付出24元购买两个浓度单位的许可，节省了44(8+10+12+14)元的减排费用，收益20元。这项交易双方都有利可图。污染源1的减排费用为15(0.5+1+1.5+2+2.5+3+3.5+4+4.5+5+5.5+6-24)元，污染源2的减排费用是36(2+4+6+24)元。总费用为51元，比实施命令控制政策费用低23元。

因为两个污染源降低的污染浓度，使之满足指定标准的边际费用相等，这种排污许可交易的均衡就是达到了最佳费用效果。

把上例扩展到多监测器，需要为每个监测器单独发放排污许可。每个市场上的排污许可价格将反映出在监测器位置上实现环境标准的降低浓度的边际费用。在其他情况相同的条件下，如果监测器位于污染源高度集中地区，与之相关的排污许可价格就高，监测器位于污染源较少的地区时，相关的排污许可价格就低。

在多监测器情况下，有两个原因造成了污染源之间的排污许可市场和边际减排费用的变化。第一，对于特定的监测器，降低浓度边际费用相同并不意味着边际减排费用相同。具有较高转移因子的污染源将面临较高的边际减排费用。第二，如果某些监测器位置需要更严格的浓度控制，那么与这些监测器相关并具有较高转移因子的污染源将面临更高的边际减排费用。

与监测器地点相关的费用差异可以为污染源选址提供参考信息。污染严重地区减排费用大，这可能促使污染源另选地点修建。减排费用可能是公司决定选址时需要考虑的因素之一。

酸雨这样的区域性污染也符合非均匀混合吸收性污染物的特征。由于高空气流的扩散作用，离污染源很远的地区也会受到污染的影响。对于这样的区域性排放与污染的作用关系，排污许可系统要求污染源与所有受其影响的监测器地区建立排污许可关系，不管污染源在附近还是在很远的地方。远距离监测器的排污许可也应按容许的环境浓度确定，通过转换因子把排污和环境浓度联系起来。当然控制区域性污染要比当地污染困难得多。

三、均匀混合积累性污染物

均匀混合积累性污染物是由于环境没有吸收降解能力而在环境中绝对积累起来的物质。有些积累性污染物的环境污染水平与排放地点无关，例如氯氟烃。有些积累性污染物的环境污染水平与排放地点有关，例如铅。均匀混合积累性环境污染的水平等于初始污染水平加上从起始时间到该年的所有污染物排放量，即增加一单位排污量同时也增加一单位环境污染。

积累性污染物在环境中的存量是无法减少的，环境标准一旦达到，就不能再排放污染物。积累性污染物费用有效的减排是在不同污染源、不同时间分配排放许可，就是在满足环境约束条件下，实现最低现值治理成本的排污许可分配，污染治理的边际成本随时间上涨，排污量随时间减少。在一定时间内所有污染源的边际治理成本是相等的。

当环境中积累性污染物达到限值，任何排放都必须禁止。这时的边际治理成本与完全治理(零排放)相关，所有污染源边际治理成本不一定相等。为均匀混合积累性污染物排污许可费用有效分配设计的许可系统称为“积累性排污许可系统”。排污许可没有时间约束，污染者拥有对何时排污的自由。与前面两种许可系统相对比，积累性排污许可不考虑排污率，而是限定总的排污量(不是吨/年，而是吨)。一旦达到最高限额，就不再允许任何排放。在交易市场上排污许可是可耗竭资源，一旦用掉，就退出流通。

建立积累性排污许可交易市场，首先确定许可排放总量。这一总量由环境质量约束决定。许可排污总量等于污染控制目标减去环境中已有的污染量。排污许可发放之后，通过交易就会形成市场价格。随着排污许可的使用,排污许可的可供应量逐年减少,需求则逐年增加。排污许可的价格在上涨中达到供需平衡。

污染源通过选择治理水平对排污许可价格上涨做出反应。治理水平使边际治理成本与排污许可价格相等。由于排污许可价格增长率等于边际治理成本增长率,这也是实现费用有效分配排污许可必需的条件。

有些污染源会保存一些排污许可以备将来使用。污染源过早用掉排污许可,就是放弃了这些许可在将来以更高价格反映的更大价值。短期行为将增加企业的支出,但这不符合理性经济人假设,即每个污染源都会尽量减少支出,排污许可交易可以减少污染物排放,推迟达到环境污染限值的时间。

第四节 排污许可交易的条件和功能

一、实行排污许可交易的条件

如上所述,在环境保护的各种政策手段中,排污许可交易对市场机制的利用最充分,如果条件合适,它可以对环境保护起到积极的作用。但是,也正因为排污许可交易有赖于市场机制,而且需要政府发挥作用,因而采用这种手段就需要一系列条件。

(一)明确并递减的污染物排放总量目标和分配程序

排污许可交易建立的基础是在明确污染物排放总量目标,通常是规定某种污染物在一定时期内的最终年度排放总量和为了实现最终总量控制目标而规定的年度排放总量。为了实现最终总量控制目标,在减排时期内,年度总量控制目标是不断递减的。制定污染物排放总量目标需要考虑环境质量要求、环境污染程度、环境容量大小、经济社会的可接受度等方面的因素。在污染物排放总量目标约束下,按照特定的分配机制(例如,免费分配、拍卖等),将允许的排放许可配额公平、合理地分配到污染源,这是排污许可交易实行的最基本条件。

(二)界定交易空间范围

排污许可交易的总体目标是削减一个区域的污染物排放量,从而实现区域环境质量的改善。交易是实现区域环境目标的手段,而不是目的。因此,只有那些污染排放的环境影响(基本)相同的污染源之间的交易才有意义。通过交易将污染从一个地方转移至另一个地方的交易,不符合排污许可交易制度设计的初衷。因此,需要根据拟控制污染物的特征,科学界定交易的空间范围。比如,对于产生温室效应的二氧化碳,属于均匀混合累积性污染物,即污染排放量超过环境吸收能力而在环境中积累起来,其环境影响不因排放地点而异。由于排放一单位二氧化碳,其环境影响在全球范围内不因地理位置而异,理论上可在全球范围内建立碳排放交易市场、以实现碳减排目标。

对于污染的受体损害因地理位置而异的污染物,即便是在特定的流域或区域内,不同地点的污染排放造成的影响也不完全相同,如悬浮颗粒物、二氧化硫、生化需氧量等。对于此类污染物,理论上的排污许可交易需要赋予不同地点污染物以特定的系数。在现实中,由于赋予不同地点污染源以不同系数,可能大大增加制度交易成本,在美国酸雨计划下的二氧化硫排污许可交易的政策实践中,忽略了由于地理位置带来的环境影响差异。但一个重要的前提是,允许交易的污染源对同一个特定区域的环境质量有基本相同的影响。

（三）污染减排成本差异

与排放标准等命令-控制型政策手段相比，排污许可交易的优势是可以低成本实现特定的污染减排目标。如果污染源之间的减排成本相同，在一定的排污许可分配规则下，将出现所有企业均有排污许可富裕或不足的情形，将导致排污许可交易市场缺失供给方或需求方，交易就难以达成。因此，排污许可交易政策实施需要污染源减排成本存在较大的差异性。如果污染源排放标准非常严格，污染治理技术的进步不足以使企业在减排成本上呈现出较大差异性，也会削弱排污许可交易政策的适用性。

（四）排污计量和政府监管

污染排放量与市场价值挂钩后，不实的或质量差的排放计量将是排污许可交易得以实行的重要障碍。这要求提高污染源排污计量的有效性，保证污染物排放数据的质量。污染者购买排污许可是因为没有排污许可证就不能排污。如果政府无法确定排污许可证的分布状况，或者虽然能够确定，但无法制止无证排污（无法制止的原因，可能是管理能力不足，也可能是污染者有法不依），那么排污许可就不成为一种可实施的产权，排污许可交易也就无法进行。因此，政府对污染源排放的严格监管也是排污许可交易的必要条件。

二、排污许可交易的功能

排污许可交易的主要功能包括以下几个方面：

（一）费用有效性

图 12-2 的分析说明，在政府管理机构没有增加排污许可的供给，即总的环境状况没有恶化的前提下，通过排污许可交易，边际治理成本比较高的污染者将买进排污许可，而边际治理成本比较低的污染者将出售排污许可，其结果是全社会总的污染治理成本最小化，即排污许可交易可以达到污染物减排的费用有效性。

（二）目标灵活性

由于非对称信息的存在，政府决策可能出现失误，也可能落后于形势；而环境标准和排污费征收标准的修改有一定的程序，同时，修改涉及各方面的利益，因而利益相关者都会力图影响政府决策，可能导致修改久拖不决。有了排污许可交易后，政府管理机构可以通过发放或购买排污许可来影响排污许可价格，从而控制环境标准，使环境目标的调控更具灵活性。

排污许可需求的变动会影响排污许可的市场价格。在图 12-5 中，假设新的排污者进入该行业，这将使排污许可总需求曲线从 D_0 移到 D_1。如果政府管理机构希望保持原有的总排污量，会使发放的排污许可数量不变，排污许可供给曲线仍为 S_0，而排污许可价格从 P_0 上升到 P_2。新进入者或购买排污许可，或添置污染处理设备控制污染，成本最小化仍然得以实现。如果管理机构认为由于新企业进入，排污许可需求增加，需要增加允许的排污量，便可以发放更多的排污许可，使排污许可供给曲线右移到 S_2，排污许可价格下降到 P_2。相反，如果管理机构认为需要严格排污量的控制，就可以自行进入市场，买进若干排污许可，使排污许可供给曲线左移到 S_1，价格上升到 P_3。总之，政府可以通过市场操作来

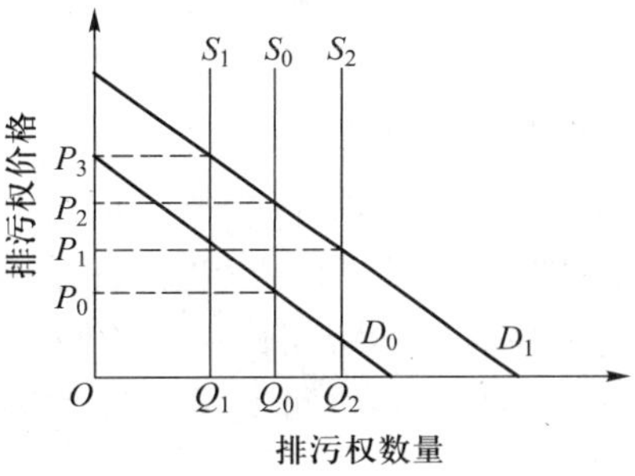

图 12-5　排污许可供给和需求的变化

控制排污许可供给量的价格,这和中央银行的证券市场操作类似。

(三)管理成本低

管理部门如果要有效确定污染物排放标准,就要收集并处理大量的信息,包括各类污染源所有可能的减排技术,这些技术在不同减排水平上的成本。排放标准的信息需求意味着管理成本较高。相对而言,排污许可交易把信息成本转移到污染源身上,污染源是最有能力取得信息并根据信息采取对策的控制过程参与者。因此,排污许可交易不仅可以减轻管理部门的信息获取成本,信息责任的分配也更加合理。

(四)加速技术进步

在排放标准下,企业只要做到达标排放即可,对减排技术的要求仅限于达标,因此提供的是一次性激励。排污许可交易的实施为企业进一步减排提供了经济刺激,这种减排激励具有持续性,不因达标而消失,可以加快污染治理和清洁生产技术的进步。对于企业而言,可交易的排污许可不仅刺激污染源尽快采用已有的污染治理技术,还促进不断开发新的、更有效的技术,从而加快技术进步。

第五节 美国二氧化硫排污许可交易

一、二氧化硫排污许可交易政策的提出

20 世纪 80 年代,美国每年硫氧化物的排放总量超过 $2\ 000\times10^4$ t,其中 75% 来自火力发电厂,20% 左右来自其他工业污染源,5% 来自交通污染源。50 家设备落后的老火力发电厂的硫氧化物排放量就占了总排放量的一半。

二氧化硫(SO_2)排放是导致美国东部地区酸雨的主要原因。如果 SO_2 排放总量每年削减 800×10^4 ~ $1\ 200\times10^4$ t,将大大降低酸雨和二氧化硫的污染水平,由此带来健康改善的经济效益每年为 120 亿~400 亿美元,因能见度改善带来的经济效益每年为 35 亿美元。[①]

1990 年美国国会通过了《清洁空气法》修正案,修正案提出了"酸雨计划(Acid Rain Program)",该计划选择火电行业作为控制对象。明确规定在火电行业实施 SO_2 排放总量控制和交易政策(Cap and Trading),该计划的目标是到 2010 年,美国的 SO_2 年排放量将比 1980 年减少 $1\ 000\times10^4$ t。分两个阶段来实现这一目标:

第一阶段从 1995 年 1 月到 1999 年 12 月,要求到 1999 年,110 家高污染发电厂的 263 个重点 SO_2 排放源比 1980 年减少 350×10^4 t SO_2 排放量;第二阶段从 2000 年 1 月到 2010 年 12 月,控制对象扩大到了 2 000 多家发电厂,包括所有装机容量在 2.5×10^4 kW 以上的电厂,目标是到 2010 年它们的 SO_2 年排放总量比 1980 年减少 $1\ 000\times10^4$ t。

2010 年,美国在清洁空气跨州法则(CAIR)中引入了 SO_2 排污许可交易,以控制 SO_2 作为颗粒物前体物质的跨州传输。2010 年至今,酸雨计划下的 SO_2 排污许可交易与跨州颗粒物污染控制下的 SO_2 排污许可交易并行实施。2015 年,酸雨计划下的 SO_2 排污许可交易包括 3 520 个化

---

① Resouces for the Future. 1990 Integrated Assessment Report. National Acid Precipitation Assessment Program. USA: Resouces for the Future, 1985. Chestnut L G, Robin L Dennis. Economic Benefits of Improvements in Visibility: Acid Rain Provisions of the 1990 CAAA[J]. Journal of the Air & Wastte Management Association, 1997, 47(3): 395-402.

石燃料发电单位(units),跨州颗粒物污染控制下 SO_2 排污许可交易涉及 2 820 个单位,其中的 2 225 个单位(79%)同时被酸雨计划下的交易计划覆盖。

二、酸雨计划下的 SO_2 排污许可交易政策体系

美国 SO_2 排污许可证交易政策以 1 年为周期,通过确定参加单位、初始分配许可证、再分配许可证和审核调整许可证四部分工作来完成污染控制的管理目标。美国 SO_2 排污许可交易政策体系结构示意图见图 12-6。持有一个 SO_2 排放许可证意味着一个电厂的某个排污源有权在给定的年份或该年后的任意一年排放 1 t SO_2。每年的年末,所有持证单位持有的许可证数量不能少于它实际的 SO_2 年排放量。不管一个单位持有多少许可证,它的排污量不能超过基于健康考虑的环境标准。许可证是完全市场化的商品,一旦分配下去,就可以买卖交易或储存到银行以备将来使用。

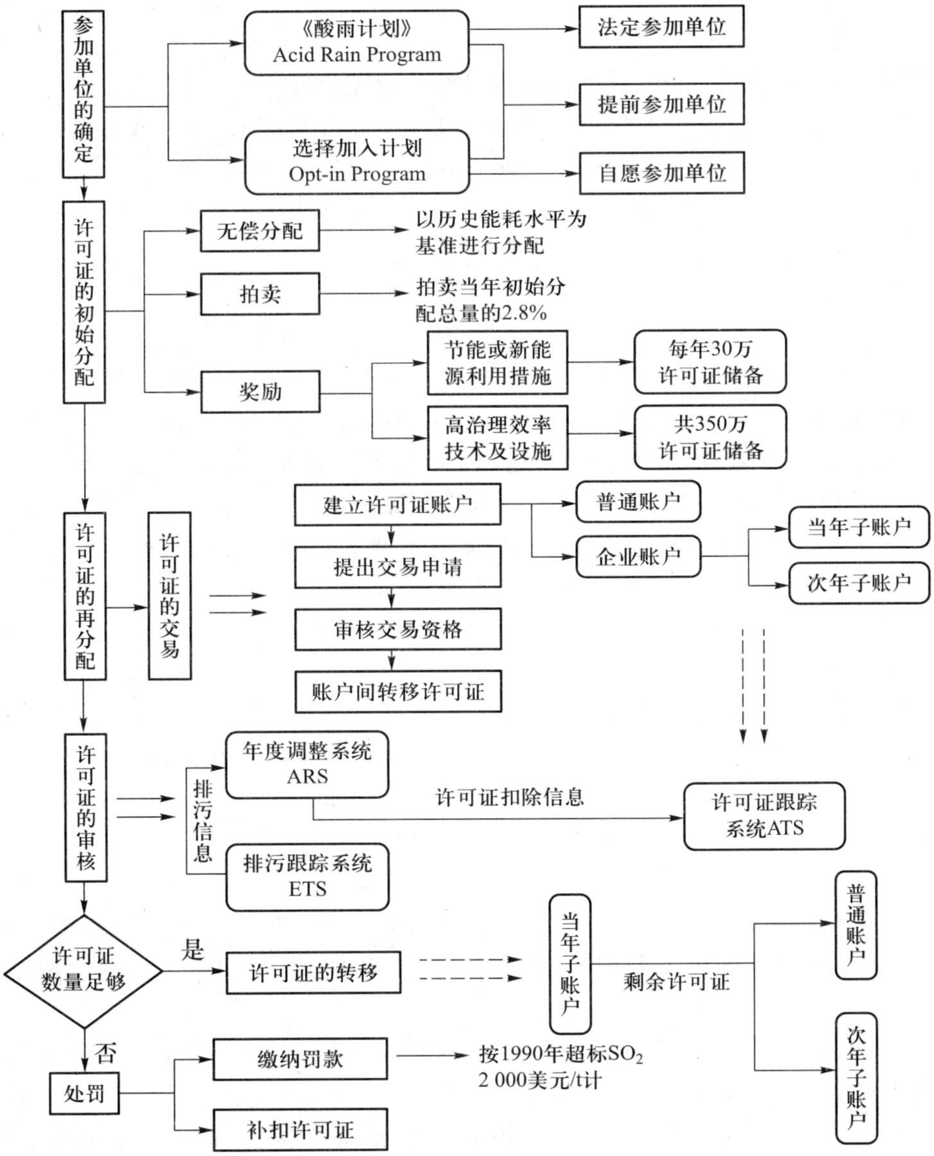

图 12-6　美国 SO_2 排污许可交易政策体系结构示意图

(一)参加机构的确定

确定参加 SO_2 排污交易的机构主要有两类:一是1990年《清洁空气法》修正案在酸雨计划中列出的法定参加者,包括被列入酸雨计划第一阶段控制对象的110家高污染发电厂的263个重点污染源和第二阶段在此基础上增加的三类机构:2 128家装机容量超过 2.5×10^4 kW的发电厂;1991年后投产运营的新发电厂;装机容量低于 2.5×10^4 kW,但将要扩大到 2.5×10^4 kW以上的老发电厂。二是选择加入计划(Opt-in Program)批准的自愿参加者。选择加入计划可以使更多的 SO_2 排放源在自愿的基础上加入排污许可交易体系,从而减少实现 SO_2 年排放量削减 $1\ 000\times10^4$ t目标的总费用。因为选择加入的排污机构 SO_2 削减成本肯定低于交易体系的平均成本(表现为许可证价格),否则它们不会自愿加入,所以它们的加入必将降低整个体系内的平均削减成本。

(二)许可证的分配

美国的酸雨计划在 SO_2 长期减排目标之下,以年为单位分配可用于交易的 SO_2 排放许可,年度许可发放总量呈现递减趋势,反映出减排目标的递减特征。具体而言,在第一阶段,1995—1998年的年度排放许可分别为 870×10^4 t、830×10^4 t、710×10^4 t和 700×10^4 t;第二阶段,2000—2002年的年度排放许可分别为 $1\ 000\times10^4$ t、960×10^4 t和 950×10^4 t。

在美国的 SO_2 排污许可交易政策体系里,排污许可证的初始分配有三种形式:无偿分配、拍卖和奖励。这三种形式分配的许可证总量相对稳定,第一阶段年平均570万个,第二阶段年平均895万个。

无偿分配是许可证初始分配的主要渠道,从1995年开始每年分配一次,分配量为初始分配总额的97.2%。分配的依据是参加机构的基准能耗水平,即1985—1987三年平均能耗。如果某参加机构1985年之后才开始运行,基准能耗水平改为投产最初三年的平均水平。

因为许可证对于确保 SO_2 排放削减计划和发电能力都起着至关重要的作用,《清洁空气法》修正案在酸雨计划中特别授权美国联邦环保局负责每年拍卖少量许可证。拍卖可以保证新建的 SO_2 排放源获得投产运营必需的排放许可,而又不使 SO_2 排放总量增加。另外,拍卖可以提供许可证的市场价格,反映治理 SO_2 的社会平均成本,对于削减计划的进一步完善、管理有指导作用。美国联邦环保局从每年初始分配总量中预留2.8%作为拍卖特别储备。第一阶段每年的拍卖特别储备为15万个许可证;第二阶段为每年25万个。拍卖许可证的另一个来源是私人持有者(如参加机构、投资者、中间人等)提供的许可证。

在美国的 SO_2 排污交易政策体系中,还设立了两个专门的许可证储备,用于奖励企业的减排行为。其中一个节能和可再生能源奖励储备(conservation and renewable energy reserve),有30万个许可证用于奖励企业提高能源效率或使用可再生能源。

(三)许可证的交易

许可证交易是酸雨计划的核心环节。通过交易,重新分配许可证,实际上是重新分配了 SO_2 削减责任,使削减成本低的污染源削减较多的 SO_2 排放量,实现 SO_2 排放总量控制下的费用最小。

交易主体按其持有许可证的目的分为三类:排放者、投资者和环保者。排放者是 SO_2 交易体系的参加机构,它们购买许可证是为了在年度审核时,持有足够相当于其 SO_2 排放量的许可证,以满足环保局制定的排放规则。投资者包括经纪人、企业等,类似于股票交易低买高卖,从中赢利,这部分交易主体虽然为数不多,但对于完善、活跃许可证市场发挥着重要作用。环保者参与许可证交易的目的主要是购入并储存许可证,使市场上许可证的总量减少,相应的 SO_2 的排放量减少,改善环境质量。环保者包括环保团体、个人,政府有时也充当这一角色,在环境质量恶化时,会买进大量许可证。

(四) 许可证的审核

用排放许可交易政策实现 SO_2 排放总量控制的重要前提是确保许可证和 SO_2 排放量的对应关系。环保局对交易体系参加机构每年进行一次许可证审核和调整,检查各排污机构的当年账户中是否持有足够的许可证用于 SO_2 排放。

审核的主要方法是从企业账户中扣除当年应扣许可证,检查是否有剩余,若不足,实行惩罚;若有剩余,将许可证余额转移至该企业账户的次年账户或普通账户。

美国联邦环保局主要依靠 3 个数据信息系统进行审核:排放跟踪系统(ETS,emissions tracking system)、年度调整系统(ARS,annual reconciliation system)和许可证跟踪系统(ATS,allowance tracking system)。

排污跟踪系统由各参加机构的连续监测装置(CEM,continuous emissions monitoring)提供支持,保证 SO_2 排放数据的及时、完整和精确性。年度调整系统的主要任务是计算出各账户年终要扣除的许可证数量。许可证跟踪系统是唯一的许可证签发、交易、达证审核的官方记录。该系统的主要作用是为环保局提供有效的、自动监测各参加机构是否达证的手段。同时 ATS 为许可证市场提供了许可证持有者、许可证交易日期等信息。

完整、精确的排污信息是有效实行排污许可证交易政策的关键。只有当排污许可证交易政策与实际排污量对应起来,才能使许可证真正成为保证环境质量前提下的可自由交易的商品。这种对应关系的确立,一方面要求准确及时地把握参加机构持有许可证的信息,另一方面要求准确及时地把握该机构的实际排污信息。前者由 ATS 提供,后者由 ETS 提供,而 ETS 的基础是排污连续监测。

三、酸雨计划下 SO_2 排污许可交易的实施效果

美国酸雨计划下 SO_2 排污许可交易政策已实施 20 多年,在市场构建、污染物削减、成本节约等方面均取得了良好的效果。

(一) 市场交易活跃

在 SO_2 排污许可交易制度实施初期的 1994—2002 年,市场交易活跃,交易次数和交易量增长迅速。根据 ATS 统计,1994—1997 年间,共有 3 331 次交易,交易量 4 910 万吨,而这段时期环保局发放的许可证总量是 1 800 万吨,市场流通率高达 270%。企业间交易(即外部交易)占总交易的比重增长很快,从 1994 年的不到 10%,发展到 1997 年超过 50%。

经历了 2003 年波动后,交易次数迅速回升,2006 年达到 6 378 次,为历史最高值。其后,随着 SO_2 排放量得到有效控制,SO_2 排污许可交易次数快速下降,至 2016 年仅为 892 次。许可证跟踪系统(ATS)统计的 1994—2016 年 SO_2 排污许可证交易次数情况见图 12-7。

SO_2 交易市场价格呈现出与交易次数类似的变化趋势。许可证的市场价格表征 SO_2 达证排放的社会平均治理成本。图 12-8 所示,在市场启动至 2003 年,SO_2 交易价格基本在 200 美元/t 以下,远低于当时专家预测的 580 美元/t 平均价格(专家估计的市场价格在 180 美元/t 到 981 美元/t 之间)。这说明,实行交易政策后减排成本低的发电厂承担了更多的减排要求,从而降低了社会平均治理成本。

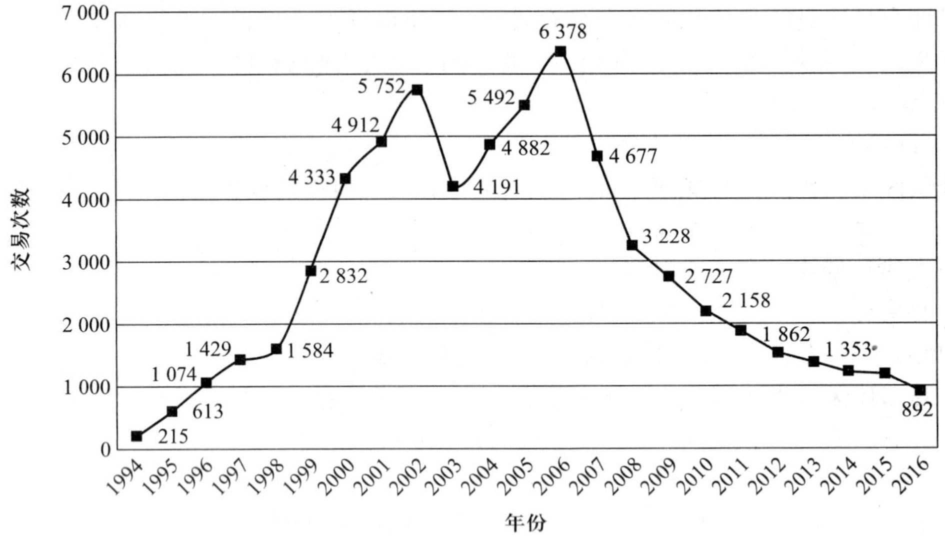

图 12-7 1994—2016 年 SO_2 排污许可证交易次数情况

数据来源：美国环境保护署网站。

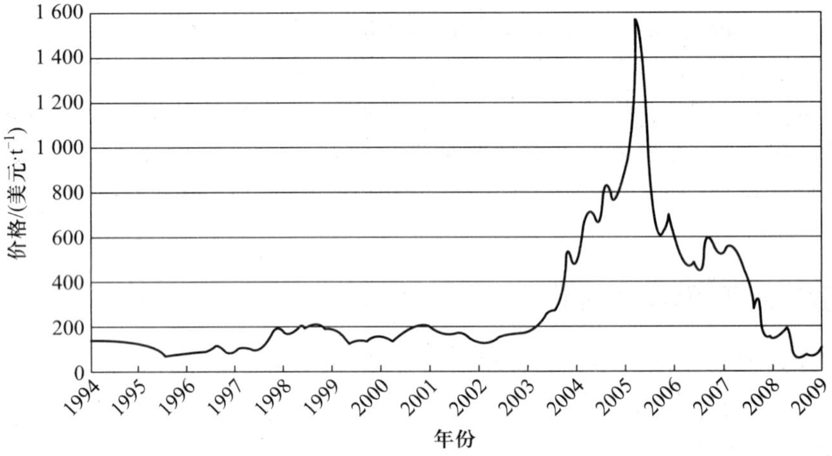

图 12-8 美国 SO_2 排污许可交易月度价格(1994—2009 年)

数据来源：Hitaj C, Stocking A. Market efficiency and the U. S. market for sulfur dioxide allowances[J]. Energy Economics, 2016, 55: 135-147.

图 12-8 所示，2004 年开始，美国 SO_2 排污许可的市场价格快速上升，最高超过了 1 500 美元/t。随着 SO_2 的减排量提高，许可证价格持续下降。在 2011 年之后，酸雨计划下的 SO_2 排污许可的价格降至接近于零的极低值。

（二）减排成本大幅降低

排污许可交易政策使火电厂减排决策更具灵活性，实现 SO_2 减排目标具有费用有效性。1990 年，美国联邦环保局评估了不同政策下实现酸雨计划规定的 SO_2 减排目标所需的总费用，结果是：不实施交易政策每年的费用大约 50 亿美元，实施完全竞争市场下的交易政策，每年只需要 40 亿美元。

Keohane 评估了美国 SO_2 排污许可交易的减排成本，与控制排放强度的管制政策相比，许可交易政策每年可节约成本1.5亿~2.7亿美元。Shadbegian等人估算的1995年美国SO_2实际治理费用为5.58亿美元，照此估计，由于排污许可交易政策的实施，每年可节约火电厂SO_2减排成本的21%~33%。

除了污染源可以节省削减费用，政府的管理费用也将大幅降低。政府的管理行为在交易政策下大大简化，环保局只需确保排污监测系统的有效运转，不再需要掌握企业的控制技术、达标计划等传统管理要求的大量信息。

（三）促进技术进步和能源结构优化

与命令控制型环境政策相比，市场型环境政策的一个重要优势可能是更能促进技术进步。图12-9所示，在许可交易制度下，美国火电厂SO_2排放强度快速下降，从2000年1.04 lb/mmBtu①下降到2010年的0.53 lb/mmBtu，降低了49%，这得益于燃煤脱硫技术的进步。尽管在命令控制政策下，火电企业也会开展研发活动促进技术进步，但重点是降低安装和运行成本，在SO_2排污许可交易制度下，企业更专注于降低运行成本和提高处理效率。

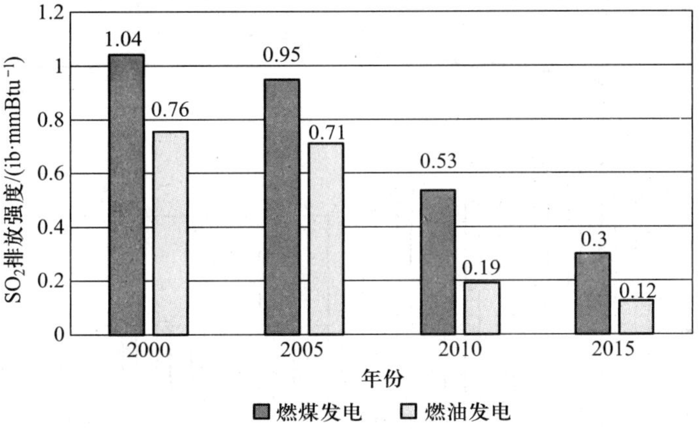

图12-9　美国火电厂SO_2排放强度变化

数据来源：美国环境保护署网站.（2017）.2015 Program Progess：Cross-State Air Pollution Rule and Acid Rain Program. Washington DC：Environmental Protection Agency.

由于天然气发电SO_2排放量少，相对于煤炭、石油是清洁能源，SO_2排污许可交易能够促进火力发电行业燃料结构的优化。图12-10所示，2000—2015年，美国火力发电行业的燃煤占比明显下降，天然气逐渐上升。2000年，煤炭占火力发电燃料的比重达81%，2015年该比重仅为59%。

（四）有效控制了酸雨污染

在SO_2排污许可交易制度下，火力发电企业在发电量稳中有升的过程中，SO_2排放量大幅下降。图12-11所示，1990年，美国火电行业SO_2排放量为1 570万t，在排污许可交易计划启动的1995年为1 180万t，到了2010年大幅削减为520万t，低于2010年的排放配额（895万t，约为1980年火电行业排放水平的一半）。

在SO_2排污许可交易政策的帮助下，美国的酸雨计划取得了极大成功。美国2013—2015年硫沉降约为3.7 kg/hm^2，比1989—1991年12.7 kg/hm^{2}的水平下降了70.9%，酸雨污染程度

① lb，磅，1 lb=0.45 kg；Btu，热量单位，1 Btu=1 055 J。

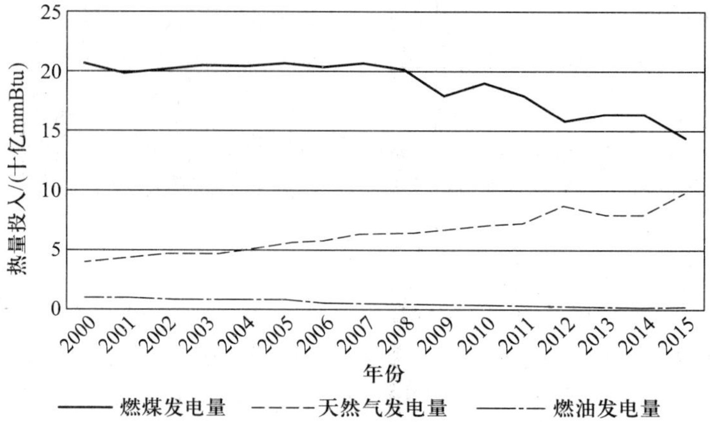

图 12-10　美国火力发电燃料投入结构

数据来源：美国环境保护署网站。

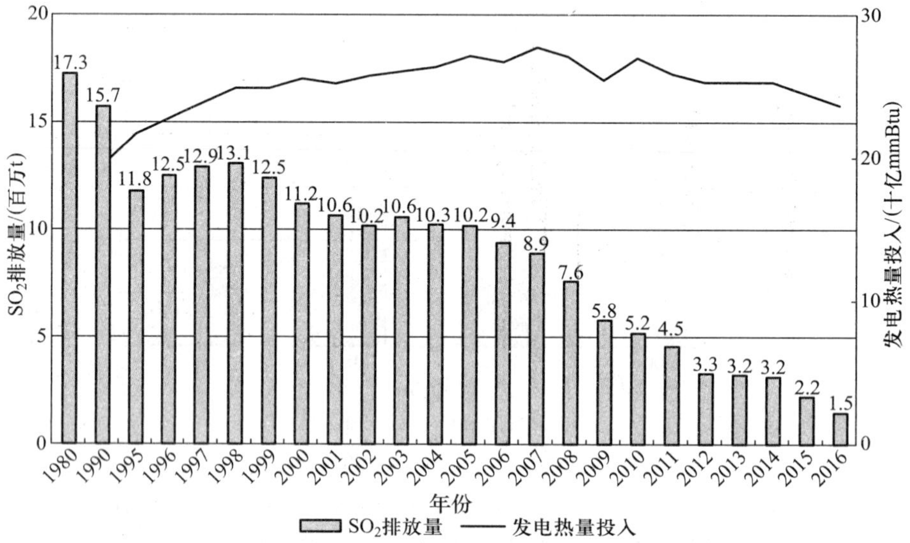

图 12-11　美国受限制火电厂 SO_2 排放量与发电量的趋势图

数据来源：美国环境保护署网站。

大幅下降。表 12-2 列举了美国四个区域硫酸型酸雨控制效果，四个区域 2013—2015 年的硫沉降较 1989—1991 年下降了 67%—75%。美国空气中 SO_2 的浓度也显著降低。2008—2010 年，美国东海岸、中西部、东北部、东南部空气中硫浓度较 1989—1991 年的水平分别下降了 51%、52%、57%和 48%。

表 12-2　美国硫酸型酸雨控制效果

指标	区域	1989-1991 年平均	2013-2015 年平均	变化率(%)
总硫沉降（kg-S/公顷）	美国东海岸	16	4	-75
	美国中西部	15	5	-67
	美国东北部	9.5	2.5	-74
	美国东南部	10.4	3.3	-68

数据来源：美国环境保护署网站。

第六节 欧盟温室气体排放交易

一、概况

建立欧盟排放交易体系(European Union Emission Trading System,EU-ETS)的目的是帮助欧盟成员国达成《京都议定书》中所承诺的温室气体减排目标。作为欧盟气候变化政策的基石,EU-ETS是一个符合成本效益原则减少温室气体排放的政策工具,各个成员国加入和实行欧盟碳排放交易体系不会比不加入或者不实行负担更高的减排成本。作为世界上第一个多国参与的排放交易体系,也是目前全球最大的碳排放总量控制与交易体系,EU-ETS覆盖31个国家(28个欧盟国家,加上冰岛、列支敦士登和挪威)的超过11 000个高能耗设施(发电厂和工业企业),以及在上述国家运营的航空公司的温室气体排放,占欧盟温室气体排放量的45%[①]。

1986年公布的《单一欧洲法令》(The Single European Act)和1997年通过的《京都议定书》(Kyoto Protocol)为利用市场机制应对气候变化提供了法律支持。《单一欧洲法令》正式提出建立欧洲各国的政治合作和单一的欧洲市场,强调气候变化是一个跨国界的、全世界共有的问题,需要寻找一种成本有效的应对办法[②]。1997年欧盟在《京都议定书》中承诺,到2012年其温室气体排放量将比1990年削减8%。为此,1998年6月,欧盟委员会发布了题为《气候变化:后京都议定书的欧盟策略》(Climate Change:Towards an EU Post-Kyoto Strategy)的报告,提出应在2005年前建立欧盟内的温室气体排放交易机制。2001年,欧盟温室气体排放交易机制意见稿提交欧盟委员会并正式讨论。2003年欧盟通过的第87号指令(Directive 2003/87/EC,简称欧盟排放贸易指令)为温室气体排放交易确立了法律地位,规定温室气体排放交易自2005年1月开始实施;并由此创立了"欧盟排放许可"(European Union Allowance,EUA),使欧盟温室气体排放成为受法律保护的资产。2004年欧盟通过第101号指令(Directive 2004/101/EC,以下称连接指令),将EU-ETS直接与《京都议定书》的灵活机制连接;2015年,EU-ETS正式实施。此后,2008/101/EC、2009/29/EC等指令的发布,进一步规范和推进的EU-ETS的发展。

二、欧盟排放交易体系主要内容

(一)交易实施的时间阶段

欧盟排放交易体系的建立采取分阶段推进的方式。第一阶段为试验阶段(2005—2007年),主要目的是"在行动中学习"(learning by doing),为搭建适合欧盟的排放交易体系奠定基础。第二阶段为发展阶段(2008—2012年),这一阶段与《京都议定书》的履约时间一致,在排放交易体系所覆盖的国家、行业、温室气体种类以及具体交易机制领域实现了拓展。第三阶段是改革阶段(2013—2020年),核心在于总量确定和配额方式等领域的改变,以适应碳排放市场的需求。

(二)交易的范围与总量限额

在第一阶段27个欧盟成员国加入EU-ETS。到第二阶段,冰岛、列支敦士登和挪威三个国

① 参见欧盟委员会网站"欧盟排放交易体系简介"。

② 参见The Single European Act。

家加入 EU-ETS 体系。随着克罗地亚 2013 年加入欧盟，成为第 28 个欧盟成员国，第三阶段的 EU-ETS 已经覆盖了 31 个国家。

在第一阶段，交易的温室气体只是二氧化碳（CO_2）；到了第二阶段，氧化亚氮（N_2O）被选择性纳入交易体系；第三阶段，交易的气体包括了 CO_2、N_2O 以及全氟化物。

交易涉及的行业也不断扩展。第一阶段包括能源（主要包括热力输出>20 MW 的发电厂、炼焦业）、炼油、黑色金属生产加工、水泥、玻璃、陶瓷、造纸等行业；第二阶段除了包括第一阶段的行业外，增加了航空业；第三阶段进一步扩充到铝业、石化、氨、硝酸、己二酸和乙醛酸生产等行业。

EU-ETS 在前两个阶段只规定了温室气体减排目标，即第一阶段的排放总量限额为 22.90 亿吨/年，第二阶段排放总量限额为 20.98 亿吨/年。第三阶段是以 2013 年的排放量 20.84 亿吨/年为起点，每年减排 1.74%，确保到 2020 年时实现在 1990 年基准上减排 20% 的目标。

（三）排放许可分配机制

1. 国家间排放许可分配

在第一阶段，欧盟采取分权化治理机制，碳排放总量是各成员国排放许可量加总得到（也就是自下而上的模式）；各国的排放许可量则是由各成员国自行制定本国的“国家分配计划（National Allocation Plans，NAPs）”确定的，但需要欧盟委员会的批准。由于各国担心减排成本过高和对于经济增长的过高预期，以及 EU-ETS 刚刚启动缺乏完善的基础数据，使得各国的排放许可量过多，这直接导致了随后碳价格不断下跌，甚至接近于零①。

到了第二阶段。欧盟委员会加强了其在各国 NAPs 决策中的作用，批准后的各国许可排放量与 2005 年相比下降了 6.5%。但这仍未改变各国自行决定许可排放量的做法，排放量过大的问题依然存在。

NAPs 给予成员国权力过大，成员国利用 NAPs 制度保护本国相关产业，避免因碳成本增加而失去竞争力，导致了 NAPs 在运行中发生异化，最终成为本国产业的保护伞。有鉴于此，到了第三阶段。欧盟改革了许可排放量确定的方式，摒弃了 NAPs，采用在欧盟层面根据京都议定书确立的减排目标直接决定国家许可排放量。

2. 排放许可分配的依据

在 EU-ETS 实施的前两个阶段，所有成员国免费排放许可的分配遵循“祖父法则（Grandfathering Rule）”，即根据减排机构的历史碳排放量确定其在总排放许可中的份额。这种基于历史排放量分配的排放许可做法，在实施过程中存在降低减排意愿、“鞭打快牛”、迟滞减排等问题，也不利于新加入 EU-ETS 的机构，造成排放许可分配不公平②。

这一分配原则在第三阶段得到了改变，免费分配原则由祖父法则转变为“标杆法（Benchmarking）”，即以欧盟范围内的具体部门（甚至具体产品层次）最有效率的 10% 的排放设施的排放标准计算，以其单位产出的排放量作为基准。这样即便是获得免费配额的排放设施依然需要购买部分排放许可，从而促进了排放许可交易市场的发展。

3. 排放许可发放的方式

在第一阶段。95% 的排放许可是免费分配的，剩余部分由各成员国通过拍卖或者其他方式分配。第二阶段免费许可的比例下降至 90%。但由于第一、二阶段许可排放量过度宽松，使得

① 参见欧盟委员会网站。

② 参见中国社会科学网。

实际拍卖的许可占比非常低（第一阶段不足 1%，第二阶段不足 4%）。

到了第三阶段，排放许可分配逐渐采取拍卖形式。2013 年起，除了东欧 8 国（保加利亚、塞浦路斯、捷克、爱沙尼亚、匈牙利、立陶宛、波兰和罗马尼亚）外，欧盟内所有电力行业的全部碳排放许可都要通过拍卖获得。对于工业行业，虽然 2013 年仍有 80% 的排放许可是无偿分配的，但这一比例到 2020 年将减少至 30%，也就是说将有 70% 的许可将通过拍卖获得。

考虑到“碳泄漏”风险的存在（见专栏 12-2），处于高风险的行业在第三阶段仍可根据历史标杆免费获得全部初始排放许可，而对于那些“碳泄漏”风险相对较低的行业，免费许可比例将从 2013 年的 80% 逐年递减，最终在 2020 年降至 30%。

专栏 12-2　碳泄漏（carbon leakage）

“碳泄漏”是指出于对减排成本和不同国家气候变化政策差异的考虑，一些行业——主要是能源密集型行业——会将生产过程转移到管制相对宽松的国家。这种行为最终可能会导致温室气体排放总量的上升。

资料来源：The EU Emissions Trading System（EU ETS），2013.

（四）监管机制

为保证碳交易体系的顺利运转，欧盟逐步建立并形成了统一的排放许可发放、注册、转让、注销制度，以及监测、报告和核查制度（monitoring，reporting and verification，MRV）。2013 年 1 月 1 日起，各成员国的国家注册系统将由欧盟统一的注册系统所取代。参加欧盟碳交易体系的企业需具备检测和报告温室气体排放量的技术能力，并遵循 MRV 的相关规定，接受独立第三方机构的核查，以及公众和非政府组织的监督。同时欧盟建立了严格的处罚制度，对于超过排放许可的排放量，在 EU-ETS 实施的第一阶段，处罚金额为 40 欧元每吨当量二氧化碳；自第二阶段起，处罚金额上升至 100 欧元每吨当量二氧化碳。

（五）灵活履约机制

灵活履约机制是指减排主体可利用外部减排手段以降低减排成本。EU ETS 规定履约企业可以利用从清洁发展机制（clean development mechanism，CDM）和联合执行机制（joint implementation，JI）中获得的核证减排量（certified emission reduction，CER）和排放减量单位（emission reduction unit，ERU）来抵消其排放量，这一规定赋予了 EU ETS 更多的灵活性和开放性，增加了碳市场的流动性，不但有利于发展中国家获得相应的技术和资金，也有利于降低发达国家的减排成本。但为了保证总量减排目标的实现，欧盟对各国使用 CDM 与 JI 的比例进行限制，同时对 ERU 和 CER 的来源也作了严格规定。第三阶段，排放者可使用 CDM 与 JI 的比例为第二阶段配额的 11%①。

为了提高 EU-ETS 的灵活性和效率，欧盟规定，排放许可可以储蓄和借贷。储蓄机制是指允许碳排放许可预存到下一个履约周期；借贷是指允许排放机构提前使用未来的排放许可完成当前的减排目标。储蓄机制有利于激励企业尽早开展减排行动，通过现在减排产生的排放许可既可用于抵销企业未来的额外排放，也可以将节省的排放许可在碳市场出售以获得利润，从而可以充分调动排放机构的积极性。借贷机制有利于企业在较长的时间内充分调节排放许可的

① 参见欧盟委员会网站。

使用,帮助企业制定较为长远的减排计划与生产计划,从而实现长期的效益。欧盟规定,每个阶段的排放许可可以在不同年份间储蓄和借贷;但第一阶段的排放许可不能存储于第二阶段及以后使用;但从第二阶段开始,允许把本阶段的排放许可存储到下一阶段使用。

(六)第四阶段展望

2015 年 7 月,欧盟提出了对现行 EU-ETS 的修改法案,以适应 2020 年以后的温室气体减排形势。相比于现行的 EU-ETS,第四阶段(2021—2030)进一步加大了温室气体减排的目标,为了响应欧盟《2030 年气候与能源政策框架》以及《巴黎协议》的目标,欧盟提出 EU-ETS 第四阶段的温室气体减排目标是比 2005 年下降 43%。同时,第四阶段,EU-ETS 继续沿用第三阶段配额总量逐年递减的方式,但线性递减系数(linear reduction factor, LRF)由目前 1.74% 提高到 2.20%。同时交易所涵盖的范围也有所扩大,欧盟议会提出从 2023 年起对欧盟港口内部、抵达、出发的船舶计算二氧化碳排放量。此外,为了促进电力和工业行业的温室气体减排,第四阶段将设立现代化基金(modernization fund),将排放许可拍卖收益的 2% 纳入其中,用于支持 10 个低收入成员国的能源电力行业现代化发展①。

要点总结

产权是财产权利,是一个社会所强制实施的选择一种经济物品的使用权利。产权具有强制性、排他性,与资源的稀缺性密切相关。科斯定理是现代产权经济学关于产权安排与资源配置之间关系思想的集中体现,也是现代产权经济学的核心内容。

排污许可交易的理论思想来源于科斯定理。排污许可交易的微观效应体现在通过排污许可的交易,可以实现特定减排量下,减排成本最小化;排污许可交易的宏观效应是通过价格机制费用有效地调节排污许可的供求关系。针对均匀混合吸收性污染物、非均匀混合吸收性污染物、均匀混合积累性污染物,排污许可交易的制度设计应体现区别差异,采取不同形式。

排污许可交易的实施条件包括:明确并递减的污染物排放总量控制目标,合理的交易空间范围界定,污染减排成本差异和有效的排污计量和政府监管。良好运行的排污许可交易制度,能够实现减排费用有效性、减排目标灵活性、管理成本降低、加速技术进步等功能。

美国酸雨计划下的 SO_2 排污许可交易自 1994 年起实施,在市场构建、成本节约、技术进步、酸雨控制等方面均取得了成功。欧盟温室气体排放许可交易是全球最大的碳市场之一,在碳减排方面发挥了重要作用。

思考题

1. 产权的含义是什么,有哪些主要特征?
2. 科斯定理的主要内容是什么?
3. 简述排污许可交易的主要思想和理论基础。
4. 排污许可交易的宏观和微观效应是什么?
5. 排污许可交易在不同类型污染中的应用有哪些差别?
6. 排污许可交易的条件有哪些?

---

① 参见欧盟委员会网站。

7. 排污许可交易有哪些功能？
8. 简述美国酸雨计划下的 SO_2 排污许可交易制度。
9. 简述欧盟温室气体的排放交易。

参考文献

1. 波特内. 环境保护的公共政策[M]. 李艳芳,译. 北京:三联书店,1993.
2. 公衍照,吴宗杰. 欧盟碳交易机制及其启示[J]. 山东理工大学学报(社会科学版),2013,29(1):9-14.
3. 科斯,阿尔钦. 财产权利与制度结构——产权经济学与新制度学派译文集[M]. 上海:三联书店,1991.
4. 科斯,诺斯. 财产权利与制度变迁[M]. 上海:三联书店,1994.
5. 科斯. 论生产的制度结构[M]. 上海:三联书店,1994.
6. 蓝虹. 环境产权经济学[M]. 北京:中国人民大学出版社,2005.
7. 厉以宁,章铮. 环境与资源经济学[M]. 北京:中国计划出版社,1995.
8. 厉以宁. 西方福利经济学述评[M]. 北京:商务印书馆,1984.
9. 卢现祥,朱巧玲. 新制度经济学[M]. 北京:北京大学出版社,2007.
10. 马中,Dan Dudek,吴健,等. 论总量控制与排污许可交易[J]. 中国环境科学,2002,(1):90-93.
11. 马中,蓝虹. 约束条件、产权结构与环境资源优化配置[J]. 浙江大学学报(人文社科版),2004,(6):72-77.
12. 马中,杜丹德. 总量控制与排污许可交易[M]. 北京:中国环境科学出版社,1999.
13. 吴健. 排污许可交易:环境容量管理制度创新[M]. 北京:中国人民大学出版社,2005.
14. 张五常. 经济解释[M]. 北京:商务印书馆,2002.
15. Alchian A A,Woodward S. Reflections on the theory of the firm[J]. Journal of Institutional & Theoretical Economics,1987,413(1):110-136.
16. Bryner,Gary C. Blue Skies,Green Politics:The Clean Air Act of 1990. Washington,DC:Resources for the Future,1993.
17. Chestnut L G,Robin L D. Economic Benefits of Improvements in Visibility:Acid Rain Provisions of the 1990 CAAA[J]. Journal of the Air & Waste Management Association,1997,47(3): 395-402.
18. Evans D A,Woodward R T. What Can We Learn from the End of the Grand Policy Experiment? The Collapse of the National SO_2 Trading Program and Implications for Tradable Permits as a Policy Instrument[J]. Annual Review of Resource Economics,2013,5(1):325-348.
19. Hitaj C,Stocking A. Market Efficiency and the U S Market for Sulfur Dioxide Allowances[J]. Energy Economics,2016,55:135-147.
20. Keohane N O. What Did the Market Buy? Cost Savings under The US tradeable Permits Program for sulfur Dioxide. Working Paper YCELP-01-11-2003,Yale Center for Environmental Law and Policy.
21. Morris D,Worthington B. Cap or Trap? How the EU ETS Risks Locking-in Carbon Emissions. London:Sandbag,2010.

22. Popp D. Pollution Control Innovations and the Chean Air Act of 1990[J]. Journal of Policy Analysis and Management, 2003, 22(4): 641-660.

23. Resouces for the Future. 1990 Integrated Assessment Report: National Acid Precipitation Assessment Program. USA: Resources for the Future, 1985.

24. Shadbegian R J, Gray W, Morgan C. Benefits and Costs from Sulfur Dioxide Trading: A Distributional Analysis. Acid in the Environment: Lessons Learned and Future Prospects. Boston: Springer, 2007.

25. Tietenberg T H. Emissions Trading: An Exercise in Reforming Pollution Policy[J]. Washington DC: Resources for the Future, 1985.

26. Tietenberg T, Lewis L. Environmental and Natural Resource Economics[M]. 8th ed. New Jersey: Addison Wesley, 2008.

27. US EPA. Acid Deposition Standard Feasibility Study. EPA 430-R-95-001a. Washington DC: US Environmental Protection Agency, 1995.

28. US EPA. Acid Rin and Related Programs: 2009 Highlights. Washington DC: Environmental Protection Agency, 2010.